Dados Internacionais de Catalogação na Publicação (CIP)
(Câmara Brasileira do Livro, SP, Brasil)

Grenz, Stanley J.
　　Pós-modernismo : um guia para entender a filosofia do nosso tempo / Stanley J. Grenz ; tradução Antivan Guimarães Mendes. – São Paulo : Vida Nova, 2008.

　　Título original: A primer on postmodernism.
　　Bibliografia.
　　ISBN 978-85-275-0387-7

　　1. Pós-modernismo I. Título.

97-0494   CDD-149.9

Índices para catálogo sistemático:
1. Pós-modernismo : Filosofia 149.9

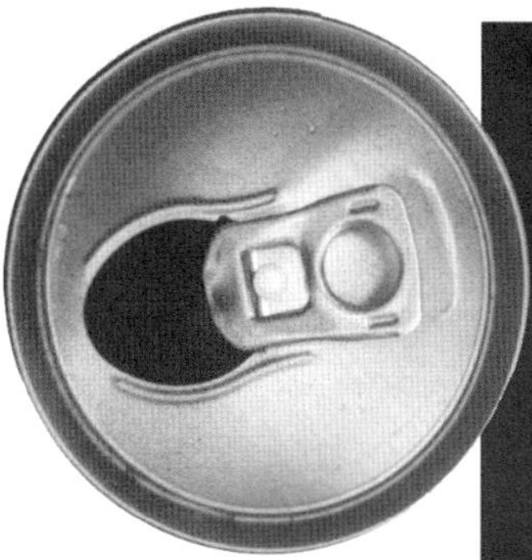

PÓS MODERNISMO

STANLEY J. GRENZ

Um guia para entender a filosofia de nosso tempo

TRADUÇÃO
Antivan Guimarães Mendes

VIDA NOVA

Copyright © 1996 de Wm. B. Eerdmans Publishing Co.
Título do original: *A primer on postmodernism*
Traduzido da edição publicada por William B. Eerdmans Publishing Co. (Grand Rapids, Michigan, EUA)

1.ª edição: 1997
2.ª edição: 2008
Reimpressões: 2011, 2016

Publicado no Brasil com a devida autorização e com todos os direitos reservados por SOCIEDADE RELIGIOSA EDIÇÕES VIDA NOVA, Caixa Postal 21266, São Paulo, SP, 04602-970
vidanova.com.br | vidanova@vidanova.com.br

Proibida a reprodução por quaisquer meios (mecânicos, eletrônicos, xerográficos, fotográficos, gravação, estocagem em banco de dados, etc.), a não ser em citações breves com indicação de fonte.

ISBN 978-85-275-0387-7

Impresso no Brasil / *Printed in Brazil*

COORDENAÇÃO EDITORIAL
Marisa Lopes

REVISÃO
Eulália Pacheco Kregness

Revisão de provas
Ubevaldo G. Sampaio

COORDENAÇÃO DE PRODUÇÃO
Sérgio Siqueira Moura

DIAGRAMAÇÃO
SK editoração

CAPA
Julio Carvalho

SUMÁRIO

PREFÁCIO 7

CAPÍTULO UM
Jornada nas Estrelas e a Geração Pós-moderna 11

CAPÍTULO DOIS
O Espírito Pós-moderno 25

CAPÍTULO TRÊS
A Cosmovisão Pós-moderna 63

CAPÍTULO QUATRO
O Surgimento do Mundo Moderno 89

CAPÍTULO CINCO
Prelúdio ao Pós-modernismo 121

CAPÍTULO SEIS
Os Filósofos do Pós-modernismo 177

CAPÍTULO SETE
O Evangelho e o Contexto Pós-moderno 231

BIBLIOGRAFIA 247

Para Leighton Ford,

*um cristão visionário que se
dedica à formação de líderes
para um mundo pós-moderno*

PREFÁCIO

GOSTARÍAMOS QUE VOCÊ VIESSE A CHARLOTTE, NA CAROLINA DO NORTE, NOS DIAS 26, 27 e 28 de outubro de 1993 para integrar um grupo de especialistas de cerca de doze membros. Trata-se de um grupo que procura discutir o ministério dos que se dedicam a tirar os cristãos da infância espiritual. Esse convite me fora feito por Tom Hawkes, da equipe ministerial de Leighton Ford.

— Não sou a pessoa indicada, respondi-lhe. "Sou um acadêmico, não sou um homem prático".

— Exatamente por isso estamos lhe convidando, disse-me ele. "Nós, os pragmáticos, precisamos que você nos ajude a entender o que significa o pós-modernismo".

O tema, "pós-modernismo", não era exatamente uma novidade para mim. Na verdade, dois livros de minha autoria já haviam levantado a questão da forma da teologia evangélica num contexto pós-moderno emergente. Todavia, a reunião a se realizar em Charlotte impeliu-me a concentrar meus esforços para compreender o significado exato — tanto quanto possível — do pós-modernismo.

A experiência de Charlotte desencadeou a idéia de escrever um livro, uma "introdução" que servisse de auxílio a estudantes, líderes de igreja, jovens obreiros e até mesmo colegas, possibilitando-lhes compreender o comportamento ou a atitude mental que se tem tornado cada vez mais predominante na América do Norte, particularmente (mas não exclusivamente) nos *campi* universitários. Nos telefonemas preliminares que dei a vários editores — dentre eles a Jon Pott, da Eerdmans Publishing Company —, bem como nas discussões que se seguiram na reunião da Academia Americana de Religião (em novembro de 1993), ficou claro o interesse pelo projeto.

Nesse ínterim, o professor David Dockery sugeriu que eu apresentasse uma dissertação no encontro regional do setor sudeste da Sociedade Teológica Evangélica, a se realizar no *campus* do Seminário Teológico Batista do Sul em março de 1994. O evento de que participei em Charlotte lançou os fundamentos para um ensaio, "*Star trek and the next generation: Postmodernism and the future of evangelical theology*" [Jornada nas estrelas e a nova geração: o Pós-modernismo e o futuro da teologia evangélica].

Esse ensaio foi publicado na revista trimestral *Crux* do Regent College em março de 1994 e teve imensa repercussão. Desde então, já foi reimpresso diversas vezes, inclusive na coleção de ensaios da Sociedade Teológica Evangélica, *The challenge of postmodernism: an evangelical engagement* [O desafio do pós-modernismo: um embate evangélico] (editado por David S. Dockery, Wheaton, Ill.: Bridgepoint, 1995).

Depois de elaborado esse estudo, continuei a debruçar-me sobre o pós-modernismo. Queria entender o que advogavam os intelectuais do movimento e em que medida o espírito característico do pós-modernismo permeava nossa cultura. O convite para ministrar um curso no NISET 94, que vem a ser o programa nacional de treinamento da InterVarsity Christian Fellowship [representada no Brasil pela ABU — Aliança Bíblica Universitária], foi a oportunidade de que tanto precisava para fixar uma data de término para a minuta inicial de minhas descobertas bem como para testar suas conclusões no campo. O que o leitor tem em mãos agora é uma versão revisada desse material.

Este livro segue uma disposição um tanto incomum. É possível ver nos capítulos 1 e 7 o escopo completo desta obra. O capítulo de abertura, "Jornada nas estrelas e a geração pós-moderna", apresenta, de forma embrionária, todo o material de que se ocupa integralmente o livro. O capítulo final, "O evangelho e o contexto pós-moderno", apresenta uma resposta sintética ao pós-modernismo, uma resposta preliminar à pergunta "E daí?" Se você não está familiarizado com o pós-modernismo, aconselho-o a ler em primeiro lugar os capítulos mencionados.

Nos capítulos 2 e 3, trato da situação pós-moderna em geral ao discutir a questão "Por que tanto barulho afinal?" Essa seção chama a atenção do leitor para o espírito intelectual e cultural mais amplo que, de forma crescente, molda o contexto em que vivemos e ministramos atualmente.

O material realmente emocionante encontra-se nos capítulos 4, 5 e 6. O pós-modernismo, no fim das contas, é um desenvolvimento intelectual. Nessa seção do livro, faço um levantamento das forças intelectuais que levaram muitas pessoas de nossa sociedade a rejeitarem a modernidade e se lançarem nas águas ainda desconhecidas da pós-modernidade. O ápice dessa discussão consiste na exposição do pensamento dos três maiores gurus pós-modernos: Michel Foucault, Jacques Derrida e Richard Rorty (cap. 6).

O leitor notará que, a despeito da farta documentação desta obra, o texto em si não traz citações extensas. Quando leio livros como este, tenho a tendência de passar por cima desse tipo de material. Meu objetivo principal consiste sempre em descobrir o que diz determinado *autor* sobre o tópico em pauta, e não vaguear pelas opiniões de outros. Parto do princípio de que o leitor, se quisesse debater-se com a leitura dos escritos de pós-modernistas tais como Foucault, Derrida ou Rorty, teria recorrido diretamente a suas obras, e não a esta introdução. Minha preocupação aqui é dar uma visão abrangente do material original desses autores e suprir o leitor com as ferramentas básicas para a compreensão do tópico em questão. Espero que esta discussão preliminar sirva-lhe de auxílio e de incentivo para a leitura posterior das obras dos autores aqui tratados.

Num esforço para dar ao leitor um aperitivo do trabalho das principais vozes engajadas nessa discussão intelectual, pus aqui e ali algumas citações de seus escritos mais representativos. Elas não são parte integrante do texto; ali figuram tão-somente como apêndices. Espero que sirvam para estabelecer uma espécie de diálogo com o texto à medida que a leitura de ambos, citações e textos, se desenvolve. Pode ser também que elas o intriguem a ponto de se sentir desejoso de ler os livros originais dos autores citados.

Ao ler este livro, tenha em mente meu objetivo primordial, que é dar ao leitor uma compreensão dos fundamentos do espírito característico pós-moderno, especialmente de sua orientação intelectual. O pós-modernismo, sem dúvida alguma, está aberto à crítica séria e já foi desafiado em várias frentes por diversos estudiosos. Os cristãos, em última análise, não devem deixar de combater criticamente o pós-modernismo sempre que necessário. Ao mesmo tempo, devem também estar abertos às coisas que o pós-modernismo pode nos ensinar de bom e que funcionam como um corretivo para a modernidade. Seja qual for o caso, é preciso que entendamos total e precisamente o espírito intelectual emergente para que possamos encarnar e proclamar o evangelho de modo convincente num contexto pós-moderno.

Não estou em posição de especificar com exatidão de que modo os cristãos devem ministrar a uma geração pós-moderna, pois sou, no fim das contas, um acadêmico. Deixo aos mais experientes nas coisas práticas — como você, leitor — a tarefa de passar do entendimento da geração de *Jornada nas estrelas* para o serviço em benefício dela.

Por fim, quero agradecer o apoio e a assistência de muitas pessoas na elaboração deste livro: a equipe da Carey Theological College, particularmente a George Capaque, meu assistente de ensino; aos funcionários da Eerdmans, especialmente a Jon Pott, que me incentivou nessa empresa, e a Tim Straayer, que se incumbiu da tarefa de edição. Porém, agradeço principalmente aos estudantes da comunidade de Carey/Regent e de outras instituições acadêmicas que participaram de meus cursos; aos obreiros da InterVarsity, que estiveram presentes aos seminários que ministrei, e aos membros de várias igrejas onde discursei sobre o assunto deste livro; todos ouviram-me pacientemente (às vezes, nem tanto) e ajudaram-me a aguçar minha compreensão desse fenômeno complexo a que chamamos "pós-modernismo". O espírito pós-moderno rompe com o conceito do autor solitário, portanto, reconheço que cada uma dessas pessoas tem sua contribuição na autoria deste livro.

in omnibus glorifecetur Deus
"seja Deus glorificado em todas as coisas"

Stanley J. Grenz
1996

JORNADA NAS ESTRELAS E A GERAÇÃO PÓS-MODERNA
CAPÍTULO UM

A CÂMERA FOCALIZA UMA ESPAÇONAVE FUTURÍSTICA TENDO POR PANO DE FUNDO UM cenário onde se vêem galáxias distantes. A voz do narrador anuncia orgulhosamente o famoso bordão: "O espaço — a fronteira final. Estas são as viagens da nave espacial *Enterprise* em sua missão de 5 anos de explorar novos mundos, novas civilizações, corajosamente indo aonde o homem jamais esteve".

Essas palavras marcavam o início de cada um dos episódios da série de TV, de grande audiência, *Jornada nas estrelas* e, depois, *A nova geração*, cuja temporada final encerrou-se em maio de 1994.

Sob muitos aspectos, *A nova geração* foi simplesmente uma versão atualizada da antiga série *Jornada nas estrelas*, agora situada num tempo futuro, depois da resolução de algumas dificuldades políticas galácticas que atormentavam o universo dos viajantes espaciais da série clássica. Todavia, pouco tempo depois que a nova estirpe de exploradores, sob o comando de Jean-Luc Picard, assumiu o controle da *Enterprise*, comandada em tempos passados pela tripulação do Capitão Kirk, mas agora remodelada, os criadores da série descobriram que o mundo de sua audiência estava em meio a um sutil deslocamento de paradigma: a modernidade estava gerando a pós-modernidade. Conseqüentemente, *A nova geração* tornou-se um reflexo — talvez até mesmo um modelador — da cosmovisão da geração emergente.

As mudanças evidentes na transição de *Jornada nas estrelas* para *Jornada nas estrelas: A nova geração* refletem um processo de transição mais profunda na sociedade ocidental.

Da Modernidade à Pós-modernidade

Há um consenso entre muitos observadores sociais de que o mundo ocidental está em meio a transformações. Na verdade, tudo indica que estamos passando por um deslocamento cultural só comparável às inovações que marcaram o nascimento da modernidade dos escombros da Idade Média: estamos fazendo a travessia da era moderna para a pós-moderna[1]. É claro que os períodos de transição são terrivelmente difíceis de descrever e de avaliar. Tampouco sabemos com certeza que características terá esse período emergente.[2] Não obstante, vemos sinais de que essas alterações monumentais estão engolfando todos os aspectos da cultura contemporânea.

O termo *pós-moderno* talvez tenha sido cunhado e empregado pela primeira vez na década de 30 para se referir a uma importante transição histórica que já estava em andamento[3] e também como

---

[1] *Ver, e.g.,* Diogenes ALLEN, *Christian belief in a postmodern world:* the full wealth of conviction (Louisville, Westminster/John Knox Press, 1989, p. 2).

[2] Alguns pensadores mais audaciosos têm procurado descrever a nova atitude pós-moderna, contudo, seus esquemas tendem a refletir suas simpatias pessoais. Sallie McFague, por exemplo, inclui entre as suposições pós-modernas "uma maior valorização da natureza, um reconhecimento da importância da linguagem para a existência humana, uma admiração refinada pela tecnologia, uma aceitação do desafio que outras religiões colocam para a tradição judaico-cristã, uma sensibilidade apocalíptica, uma sensação de deslocamento do homem branco ocidental e a ascensão dos despossuídos em virtude de seu sexo, raça, ou classe; talvez mais significativa ainda seja a conscientização crescente da interdependência radical da vida em todos os níveis e de todos os modos imagináveis" (*Metaphorical theology*, Philadelphia, Fortress Press, 1982, p. x-xi).

[3] Para uma discussão dos usos mais antigos do termo, ver Margaret ROSE, "Defining the post-modern", in: *The post-modern reader*, editado por Charles Jencks (New York, St. Martin's Press, 1992, p. 119-36).

designação para certos desenvolvimentos nas artes[4]. Todavia, o pós-modernismo não ganhou atenção generalizada até a década de 70. Primeiramente, denotava um novo estilo de arquitetura. Em seguida, invadiu os círculos acadêmicos, primeiramente como um rótulo para as teorias expostas nos departamentos de Inglês e de Filosofia das universidades. Por fim, tornou-se de uso público para designar um fenômeno cultural mais amplo.

Quaisquer que sejam os outros significados que se possam atribuir ao pós-modernismo, conforme indica o termo, sua significação relaciona-se com o deslocamento para além do modernismo. Ele implica, especialmente, uma rejeição da atitude mental moderna, embora tenha sido lançado no âmbito da modernidade. Portanto, para entender o pensamento pós-moderno, é preciso vê-lo no contexto do mundo moderno, que o deu à luz, e ao qual ele se opõe.

A Mente Moderna

Muitos historiadores fixam a data do nascimento da era moderna no alvorecer do Iluminismo, logo após a Guerra dos Trinta Anos. O cenário, contudo, fora armado anteriormente — na Renascença, que elevara a humanidade ao centro da realidade. Típico da nova perspectiva era a visão de Francis Bacon de que os homens podiam dominar a natureza se descobrissem os segredos dela.

Bebendo na fonte da Renascença, o Iluminismo elevou o indivíduo ao centro do mundo.[5] René Descartes lançou as bases filosóficas do edifício moderno ao privilegiar o papel da dúvida, concluindo daí que a existência do ser pensante é a primeira verdade

---

[4] Craig VAN GELDER, "Postmodernism as an emerging worldview", *Calvin Theological Journal* 26 (1991): 412.

[5] Para uma breve discussão do período do Iluminismo e de seu impacto sobre a teologia cristã, ver Stanley J. GRENZ e Roger E. OLSON, *Twentieth-century theology: God and the world in a transitional age* (Downers Grove, Ill., InterVarsity Press, 1992).

que não pode ser negada pela dúvida — um princípio formulado por meio de sua apropriação da máxima de Agostinho *Cogito ergo sum* [Penso, logo existo]. Descartes, portanto, definiu a natureza humana como uma substância pensante e a pessoa humana como um sujeito racional autônomo. Posteriormente, Isaac Newton deu à modernidade seu arcabouço científico ao descrever o mundo físico como uma máquina cujas leis e regularidade podiam ser apreendidas pela mente humana. O ser humano moderno pode muito bem ser descrito como a substância autônoma e racional de Descartes, cujo hábitat é o mundo mecanicista de Newton.

O Projeto do Iluminismo

Os postulados do ser pensante e do universo mecanicista abriram o caminho para a explosão do conhecimento sob a égide daquilo a que Habermas se referia como "Projeto do Iluminismo". A busca intelectual do ser humano elegera como seu objetivo revelar os segredos do universo para pôr a natureza a serviço do homem, criando assim um mundo melhor. Essa busca culminou na modernidade característica do século XX, cujo empenho tem sido infundir na vida um gerenciamento racional capaz de aperfeiçoar a existência humana por intermédio da tecnologia.[6]

O projeto do Iluminismo traz em seu fundamento algumas suposições epistemológicas. A mente moderna supõe, especificamente, que o conhecimento é preciso, objetivo e bom.[7] Além do mais, os modernos supõem que, em princípio, o conhecimento é acessível à mente humana.

---

[6] VAN GELDER, "Postmodernism as an emerging worldview", p. 413.

[7] Para a suposição modernista da objetividade do conhecimento, ver James M. KEE, "Postmodern thinking and the status of the religions," in: *Religion and literature* 22 (verão-outono de 1990): 49.

> O projeto de modernidade formulado no século XVIII pelos filósofos do Iluminismo consiste num desenvolvimento implacável das ciências objetivas, das bases universalistas da moralidade e da lei e de uma arte autônoma consoante a lógica interna delas, constituindo ao mesmo tempo, porém, uma libertação dos potenciais cognitivos acumulados em decorrência de suas altas formas esotéricas e de sua utilização na práxis; isto é, na organização racional das condições de vida e das relações sociais. Os proponentes do Iluminismo [...] cultivavam ainda a expectativa extravagante de que as artes e as ciências não somente aperfeiçoariam o controle das forças da natureza, como também a compreensão do ser e do mundo, o progresso moral, a justiça nas instituições sociais e até mesmo a felicidade humana.
>
> Jürgen HAERMAS, "Modernity: an unfinished project", in: *The postmodern reader*, editado por Charles Jencks (New York, St. Martin's Press, 1992, p. 162-63).

A demanda por um determinado tipo de conhecimento faz com que o pesquisador moderno busque um método que demonstre a correção fundamental das doutrinas filosóficas, científicas, religiosas, morais e políticas.[8] O método iluminista coloca muitos aspectos da realidade sob o escrutínio da razão e avalia aquela com base neste critério.[9] Isto significa que este método crê piamente nas capacidades racionais do ser humano.

A perspectiva iluminista supõe que o conhecimento não somente é exato (e, portanto, racional) como também objetivo. A suposição da objetividade faz com que o modernista reivindique o acesso ao conhecimento desapaixonado. Os sábios modernos professam ser mais

---

[8] Richard LUECKE, "The oral, the local and the timely", *Christian century*, 3 de outubro de 1990, p. 875.

[9] Klaus HEDWIG, "The philosofical pressupositions of postmodernity", *Communio* 17 (verão de 1990): 168.

do que meros participantes condicionados do mundo que observam: declaram-se capazes de vê-lo como observadores imparciais — isto é, contemplam o mundo de uma posição estratégica situada fora do fluxo da história.[10]

A busca pelo conhecimento desapaixonado divide o projeto científico em disciplinas distintas[11] e confere um *status* diferenciado ao especialista como observador neutro cuja perícia é fruto de um campo limitado de esforços.

Além de supor que o conhecimento é exato e objetivo, os pensadores iluministas supõem também que ele é inerentemente bom. Para o cientista moderno, por exemplo, a descoberta de que o conhecimento é sempre bom é axiomático. Essa suposição da bondade inerente do conhecimento torna otimista a perspectiva do Iluminismo. Ela conduz à crença de que o progresso é inevitável, que a ciência, associada ao poder da educação, acabará por nos libertar de nossa vulnerabilidade à natureza, bem como de toda escravidão social.

O otimismo iluminista, juntamente com o enfoque dado à razão, intensifica a liberdade humana. São suspeitas todas as crenças que pareçam reduzir a autonomia ou que se baseiem em alguma autoridade externa e não na razão (e na experiência). O projeto do Iluminismo compreende a liberdade, em grande parte, em termos individuais. Na verdade, o ideal moderno defende a autonomia do eu, o sujeito auto determinante que existe fora de qualquer tradição ou comunidade.[12]

---

[10] Merold WESTPHAL, "The ostrich and the boogeyman: placing postmodernism", *Christian scholar's review* 20 (dezembro de 1990): 115.

[11] Ted PETERS, "Toward postmodern theology", *Dialog 24* (verão de 1985): 221.

[12] A princípio, o projeto do Iluminismo parecia amigável em relação à religião, pois dava à fé um fundamento mais seguro ao situá-la no âmbito da razão humana. Mais tarde, outros pensadores não mais aceitariam o entendimento acerca de Deus e do mundo que havia sido preservado anteriormente. Seu novo ceticismo resultaria numa cosmovisão ateístico-materialista da modernidade tardia. De modo específico, as idéias de Descartes e de Newton eram o sustentáculo de uma dicotomia entre corpo e alma que provocavam uma ruptura total entre a alma humana e o restante da criação. Não era fácil para os modernos posteriores conceberem a atuação divina nesse mundo

JORNADA NAS ESTRELAS E A GERAÇÃO PÓS-MODERNA

Modernidade e Jornada nas Estrelas

À semelhança da ficção moderna de modo geral, a série clássica *Jornada nas estrelas* refletia muitos aspectos do projeto do Iluminismo e da modernidade tardia. A tripulação da *Enterprise* era composta por pessoas de várias nacionalidades que trabalhavam juntas para o bem comum da humanidade. Elas eram a síntese da antropologia universalista moderna. A mensagem era óbvia: somos todos humanos, temos de vencer nossas diferenças e unir nossas forças para cumprir aquilo a que nos propomos: a busca pelo conhecimento preciso e objetivo do universo inteiro, do qual o espaço revela-se como a "fronteira final".

Um dos heróis do antigo seriado era o sr. Spock. Embora fosse o único membro da tripulação oriundo de outro planeta (ele era parte humano e parte vulcano), seu lado não humano, na verdade, servia como um ideal humano transcendente. O sr. Spock era o homem ideal do Iluminismo, completamente racional e sem emoções (ou, pelo menos, capaz de contê-las). Sua racionalidade desapaixonada foi várias vezes a responsável pela solução dos problemas que sobrevinham aos tripulantes da *Enterprise*. Nessas ocasiões, os roteiristas pareciam interessados em defender a idéia de que, no fim das contas, podíamos resolver nossos problemas se puséssemos em prática nossa perícia racional.

O pós-modernismo representa a rejeição do projeto iluminista e das suposições básicas sobre as quais ele se ergueu.

A Mente Pós-moderna

A modernidade tem sido atacada pelo menos desde que Friedrich Nietzsche (1844-1900) desferiu o primeiro golpe contra ela no fim

---

dualístico. A dificuldade em entender o modo por que a alma e o corpo poderiam interagir resultou na caracterização da mente como um *epifenômeno*, um subproduto do cérebro; conseqüentemente, eliminou-se o conceito de alma humana sob a alegação de que se tratava de um "espírito dentro da máquina" desprovido de substância. Ver David Ray GRIFFIN, *God and religion in the postmodern world: essays in postmodern theology* (Albany, State University of New York Press, 1989, p. 21-23, 54-56).

do século XIX; contudo, o ataque frontal em grande escala só começou na década de 70. O impulso intelectual imediato para o desmantelamento do projeto iluminista veio com o surgimento do desconstrucionismo como teoria literária, influenciando um novo movimento na filosofia.

Pós-modernismo Filosófico

A desconstrução surgiu como um prolongamento de uma teoria literária chamada "estruturalismo".

Segundo os estruturalistas, a linguagem é uma construção social e as pessoas desenvolvem documentos literários — textos — na tentativa de prover estruturas de significado que as ajudarão a dar sentido ao vazio de sua experiência. Os estruturalistas argumentam que a literatura nos equipa com categorias que nos auxiliam a organizar e a compreender nossa experiência da realidade. Além do mais, todas as sociedades e culturas possuem uma estrutura comum e invariável.[13]

Os desconstrucionistas (ou pós-estruturalistas) rejeitam este último princípio do estruturalismo. O significado não é inerente ao texto em si, dizem eles, emerge apenas à medida que o intérprete dialoga com o texto.[14] Uma vez que o significado de um texto depende da perspectiva de quem dialoga com ele, são muitos os seus significados, como são muitos também os seus leitores (ou leituras).

Os filósofos pós-modernos aplicaram as teorias do desconstrucionismo literário ao mundo como um todo. Assim como um texto terá uma leitura diferente conforme o leitor, dizem eles, da mesma maneira a realidade será "lida" diferentemente por todo ser dotado de conhecimento que com ela depare. Isto significa que o mundo não tem apenas um significado, ele não tem nenhum centro transcendente para a realidade com um todo.

---

[13] "Structuralism", in: *Dictionary of philosophy and religion*, editado por W. L. Reese (Atlantic Highlands, N.J., Humanities Press, 1980, p. 553).

[14] Essa proposição é freqüentemente creditada a Hans-Georg-Gadamer. Ver, e.g., *Truth and method* (New York, Crossroad, 1984, p. 261).

Com base em idéias semelhantes a estas, o filósofo francês Jacques Derrida reivindica o abandono tanto da "ontoteologia" (tentativa de estabelecer descrições ontológicas da realidade) como da "metafísica da presença" (a idéia de que algo transcendente está presente na realidade).[15] Já que não há nada transcendente que seja inerente à realidade, diz ele, tudo o que emerge no processo de conhecimento é a perspectiva do eu que interpreta a realidade.

Michel Foucault acrescenta uma inusitada nuança moral à alegação de Derrida. Segundo Foucault, toda interpretação da realidade é uma declaração de poder. Já que o "conhecimento" é sempre o resultado do uso do poder,[16] nomear algo significa exercer poder e, portanto, fazer violência ao que é nomeado. As instituições sociais, prossegue Foucault, envolvem-se inevitavelmente em violência quando impõem sua própria compreensão ao fluxo sem centro definido da experiência. Portanto, contrariamente a Bacon, que buscava o conhecimento para dominar a natureza, Foucault declara que toda afirmação de conhecimento é um ato de poder.

Richard Rorty, por sua vez, desfaz-se da concepção clássica da verdade como a natureza reflexa seja da mente ou da linguagem. Segundo Rorty, a verdade não é estabelecida quer pela correspondência de uma afirmação com a realidade objetiva quer pela coerência interna das afirmações em si mesmas. Rorty argumenta que deveríamos simplesmente abandonar a busca pela verdade e nos contentarmos com a interpretação. Ele propõe a substituição da "filosofia sistemática" clássica pela "filosofia da construção", cujo "objetivo é dar prosseguimento ao diálogo e não à descoberta da verdade".[17]

---

[15] DERRIDA, *Of grammatology*, trad. Gayatri Chakravorty Spivak (Baltimore, The Johns Hopkins University Press, 1976, p. 50).
[16] FOUCAULT, "Truth and power", in: *Power/knowledge: selected interviews and other writings,* 1972-1977, editado por Colin Gordon (New York, Pantheon Books, 1980, p. 133).
[17] RORTY, *Philosophy and the mirror of nature* (Princeton, University of Princeton Press, 1979, p. 393).

A obra de Derrida, Foucault e Rorty reflete o que parece ter se tornado o axioma central da filosofia pós-moderna: "Tudo se resume à diferença". Essa visão bane o "uni" de "universo" que buscava o projeto do Iluminismo. Ela abandona a procura por um significado unificado da realidade objetiva. Segundo essa visão, o mundo não possui centro algum, somente pontos de vista e perspectivas distintas. Na verdade, até mesmo o conceito de "mundo" pressupõe uma unidade objetiva ou um todo coerente que não existe "lá fora". No fim das contas, o mundo pós-moderno não passa de um palco onde se assiste a um "duelo de textos".

A Atitude Pós-moderna

Embora filósofos como Derrida, Foucault e Rorty sejam influentes nos *campi* universitários, eles constituem tão somente uma vertente de um deslocamento maior do pensamento que se verifica na cultura ocidental. O que dá coesão à diversidade de opiniões do tecido pós-modernista é o fato de ele questionar as suposições centrais da epistemologia iluminista.

No mundo pós-moderno, as pessoas não estão mais convencidas de que o conhecimento é inerentemente bom. Ao evitar o mito iluminista do progresso inevitável, o pós-modernismo substitui o otimismo do último século por um pessimismo corrosivo. Já não há mais a crença de que, diariamente, de todos os modos, estamos melhorando cada vez mais. Os membros da geração emergente não crêem mais que a humanidade será capaz de resolver os grandes problemas mundiais ou até mesmo que sua situação econômica sobrepujará a de seus pais. A vida na Terra, para eles, é algo frágil; acreditam que a humanidade só continuará a existir se adotar uma nova atitude de cooperação, e não de conquista.

A ênfase dos pós-modernos no holismo tem a ver com sua rejeição à segunda suposição do Iluminismo — ou seja, de que a verdade é exata e, portanto, puramente racional. A mente pós-moderna recusa-se a limitar a verdade à sua dimensão racional e, portanto, destrona o intelecto humano de sua posição de árbitro da verdade.

Segundo os pós-modernos, existem outros caminhos válidos para o conhecimento além da razão, o que inclui as emoções e a intuição. Finalmente, a mente pós-moderna já não aceita mais a crença iluminista de que o conhecimento seja objetivo. O conhecimento não pode ser meramente objetivo, dizem os pós-modernistas, porque o universo não é mecanicista e nem dualista, e sim histórico, passível de relacionamento e pessoal. O mundo não é simplesmente um dado objetivo que está "lá fora" à espera de ser descoberto e conhecido; a realidade é relativa, indeterminada e participável.

Ao rejeitar a suposição moderna da objetividade do conhecimento, os pós-modernos rejeitam também o ideal iluminista do sábio desapaixonado e autônomo. Eles argumentam que o trabalho dos cientistas, como o de qualquer outro ser humano, é condicionado histórica e culturalmente e que nosso conhecimento é sempre incompleto.

A cosmovisão pós-moderna opera com um entendimento da verdade embasado na comunidade. Assim, o que quer que aceitemos como verdade, e até mesmo o modo como a vemos, depende da comunidade da qual participamos. Além disso, e de modo ainda mais radical, a cosmovisão pós-moderna afirma que essa relatividade se estende para além de nossas *percepções* da verdade e atinge sua essência: não existe verdade absoluta; pelo contrário, a verdade é relativa à comunidade da qual participamos.

Com base nessa suposição, os pensadores pós-modernos abandonaram a procura iluminista por uma única verdade universal, *supracultural* e eterna. Em vez disso, concentram-se naquilo que é tido por verdadeiro no espaço específico de uma comunidade. Asseveram que a verdade consiste nas regras fundamentais que facilitam o bem-estar da comunidade da qual se participa. Em conformidade com essa ênfase, a sociedade pós-moderna tende a ser comunitária.

O Pós-modernismo e A Nova Geração

A perspectiva pós-moderna aparece no novo seriado de *Jornada nas estrelas: A nova geração*. A característica da tripulação mudou — é mais diversificada, pois inclui representantes de outras partes do universo. Essa mudança representa a universalidade mais ampla do pós-modernismo: a humanidade já não é mais a única forma avançada de inteligência, pois a evolução espalhou-se por todo o cosmo.

> A sociedade pós-industrial... é também uma sociedade "comunitária" em que a unidade social é a comunidade e não o indivíduo; em que se tem de chegar a uma "decisão social" em contraposição, simplesmente, à soma total das decisões individuais, as quais, quando agregadas, terminam em pesadelos, à semelhança do automóvel solitário e do congestionamento coletivo do trânsito.
>
> Daniel BELL, "The coming of the post-industrial society", in: *The post-modern reader*, editado por Charles Jencks (New York, St. Martin's Press, 1992, p. 264).

Ainda mais importante, a compreensão da busca do conhecimento mudou. A humanidade não é capaz de executar sozinha aquilo a que se propôs; tampouco o fardo da procura recai unicamente sobre os seres humanos. A tripulação da *Enterprise* simboliza a "nova ecologia" da humanidade em parceria com o universo. Sua missão não é mais ir com ousadia "aonde nenhum *homem* jamais esteve" mas "aonde *ninguém* jamais foi".

Na *Nova geração*, o sr. Spock é substituído por Data, um andróide. Em certo sentido, Data é uma versão mais integralmente completa do pensador racional do que Spock, capaz de façanhas intelectuais sobre-humanas. Não obstante isso, a despeito de seu intelecto aparentemente perfeito, ele não é o ideal transcendente humano encarnado por Spock, pois trata-se de uma máquina. Diferente de Spock, ele quer não apenas compreender o que significa ser humano como quer também de fato tornar-se humano. De algum modo, ele se acha incompleto porque não possui senso de humor, emoções e a habilidade de sonhar (e, na verdade, sente que se tornou mais completo ao descobrir posteriormente que o seu criador programara uma capacidade de sonhar em seus circuitos).

Embora Data sempre contribua de modo inestimável para a resolução de problemas, ele é apenas mais um dentre vários que colaboram para a busca de soluções. Além do "mestre da racionalidade", a tripulação da *Enterprise* compõe-se também de pessoas com habilidades nas dimensões afetivas e intuitivas da vida humana. Destaca-se de maneira especial nessa área a Conselheira Trói, uma mulher dotada da habilidade de perceber os sentimentos ocultos dos demais.[18]

As novas viagens da *Enterprise* conduzem sua heterogênea tripulação a um universo pós-moderno. Nesse mundo novo, o tempo não é simplesmente linear, a aparência não é sinônimo de realidade e o racional nem sempre é confiável.

Diferentemente do seriado clássico, que, em sintonia com a tendência moderna, geralmente ignorava as questões relativas a Deus e à fé religiosa, o mundo pós-moderno de *A nova geração* demonstra interesse pelo sobrenatural, o que se pode ver, por exemplo, no estranho personagem "Q". Todavia, sua formulação do divino não se limita meramente àquela da teologia cristã tradicional. Embora possua os atributos divinos clássicos da onisciência e onipotência, "Q", o ser de traços divinos, é moralmente ambíguo e manifesta tanto a benevolência quanto uma inclinação pelo cinismo e pela autogratificação.

Pós-modernidade e Cristianismo Evangélico

É correta a conclusão de George Marsden de que, sob alguns aspectos, o movimento evangélico — com sua ênfase no pensamento científico, na abordagem empírica e no senso comum — é filho da primeira fase

---

[18] As mulheres, contudo, não aparecem estereotipadas em papéis de caráter afetivo; o oficial médico-chefe da nave é uma mulher.

da modernidade.[19] Nossa sociedade, porém, está no meio de uma transição monumental: da modernidade para a pós-modernidade. A geração que está surgindo foi formada num contexto moldado menos pela aquiescência ao projeto do Iluminismo como se vê em *Jornada nas estrelas* do que pela visão pós-modernista de Rorty e de *Jornada nas estrelas: A nova geração*.

A transição da era moderna para a pós-moderna coloca um sério desafio à igreja e à sua missão no contexto de sua nova geração. Confrontados por esse novo estado de coisas, não podemos cair na armadilha do desejo nostálgico pelo retorno daquela modernidade primitiva que deu à luz o movimento evangélico, pois não somos chamados a ministrar a uma época remota, mas aos dias de hoje, cujo contexto acha-se sob a influência da pós-modernidade.

O pós-modernismo apresenta alguns perigos. Não obstante, seria irônico — na verdade, seria trágico — se os evangélicos se tornassem os últimos defensores da modernidade já moribunda. Para alcançar as pessoas no novo contexto pós-moderno, devemos lançar à tarefa de decifrar as implicações do pós-modernismo para o evangelho.

Imbuídos da visão do programa de Deus para o mundo, devemos reivindicar o novo contexto pós-moderno para Cristo, assumindo a fé cristã segundo critérios compreensíveis para a nova geração. Resumindo, sob o pendão da cruz, temos de estar "corajosamente indo aonde nenhum homem jamais esteve".

---

[19] MARSDEN, "Evangelicals, history, and modernity", in: *Evangelicalism and modern America*, editado por George M. Marsden (Grand Rapids, William B. Eerdmans, 1984, p. 98).

O ESPÍRITO PÓS-MODERNO
CAPÍTULO DOIS

O PÓS-MODERNISMO NASCEU EM ST. LOUIS, MISSOURI, NO DIA 15 DE JULHO DE 1972 ÀS 15 horas e 32 minutos.

Logo que foi construído, o projeto de moradia de Pruitt-Igoe em St. Louis foi saudado como um marco da arquitetura moderna. Mais importante ainda, ele representava o epítome da própria modernidade, cujo objetivo era o emprego da tecnologia para a criação de uma sociedade utópica que beneficiasse a todos. Todavia, seus moradores, pouco impressionados, depredaram os edifícios. Os planejadores do governo envidaram muitos esforços para a renovação do projeto. No fim, contudo, depois de sacrificar milhões de dólares no projeto, os planejadores desistiram. Naquela fatídica tarde de meados de julho de 1972, o prédio foi implodido. Segundo Charles Jencks, que tem sido aclamado como "um dos proponentes de maior influência da arquitetura pós-moderna",[1] esse evento simboliza a morte da modernidade e o nascimento da pós-modernidade.[2]

Nossa sociedade está em meio a um deslocamento cultural de proporções imensas. Semelhantemente ao projeto de moradia de

---

[1] Steven CONNOR, *Postmodernist culture* (Oxford, Basil Blackwell, 1989, p. 69).

[2] JENCKS, *The language of post-modern architecture*, 4ª ed. (London, Academy Editions, 1984, p. 9). Ver também Jencks, "The post-modern agenda", in: *The postmodern reader*, editado por Charles Jencks (New York, St. Martin's Press, 1992, p. 24).

Pruitt-Igoe, o edifício que abrigava o pensamento e a cultura na era moderna está ruindo. À medida que a modernidade sucumbe à nossa volta, parece que estamos entrando em uma nova época — a pós-modernidade.

O fenômeno pós-moderno abarca muitas dimensões da sociedade contemporânea. No centro de todas elas, porém, acha-se uma atitude intelectual, um "ismo" — o "pós-modernismo".

Os estudiosos não estão de acordo quanto as implicações do pós-modernismo, entretanto, são unânimes em relação a um ponto: este fenômeno marca o fim de uma cosmovisão única e universal. O espírito pós-moderno resiste às explicações unificadas, abrangentes e universalmente válidas. Ele as substitui por um respeito pela diferença e pela celebração do local e do particular à custa do universal.[3] O pós-modernismo, de modo semelhante, implica uma rejeição da ênfase na descoberta racional por meio do método científico, que era o fundamento intelectual da tentativa moderna de construir um mundo melhor. Em sua base, portanto, a perspectiva pós-moderna é *antimoderna*.

O adjetivo *pós-moderno*, entretanto, não se limita a descrever somente uma atitude intelectual. A rejeição pós-moderna da ênfase na racionalidade, característica da era moderna, encontra expressão em várias dimensões da sociedade contemporânea. Em anos recentes, a estrutura mental pós-moderna aparece em vários dos veículos tradicionais de expressão cultural, dentre eles, a arquitetura, a arte e o teatro. Além disso, o pós-modernismo está cada vez mais presente na sociedade como um todo. Podemos detectar um deslocamento do moderno para o pós-moderno na cultura "pop" que vai dos vídeos musicais desconexos à nova série de *Jornada nas estrelas* chegando até aos aspectos cotidianos da vida contemporânea, como, por exemplo, a nova procura por espiritualidade no mercado e a justaposição dos diferentes estilos de roupas que muitas pessoas usam.

O *pós-modernismo* tem a ver com uma atitude intelectual e com uma série de expressões culturais que colocam em questão os ideais,

---

[3] JENCKS, "The post-modern agenda", p. 11.

princípios e valores que se acham no centro da estrutura mental moderna. A *pós-modernidade*, por sua vez, refere-se a uma época emergente, à era em que estamos vivendo, ao tempo em que a perspectiva pós-moderna molda cada vez mais nossa sociedade. A pós-modernidade é a era em que reinam as idéias, as atitudes e os valores pós-modernos — trata-se de um tempo em que a cultura é moldada pelo pós-modernismo. É a era da sociedade pós-moderna.

Nosso objetivo neste capítulo consiste em observar mais de perto o fenômeno pós-moderno de maneira mais abrangente e compreender um pouco do espírito da pós-modernidade. O que caracteriza as expressões culturais e as dimensões cotidianas mais amplas do mundo da "nova geração"? Que prova há de que uma nova estrutura mental está moldando a vida em nossa sociedade?

O Fenômeno Pós-moderno

O *pós-modernismo* refere-se à atitude intelectual e às expressões culturais que estão se tornando cada vez mais predominantes na sociedade contemporânea. Tudo indica que estamos caminhando para uma nova época cultural, a pós-modernidade, todavia, é preciso que especifiquemos mais detalhadamente as implicações do fenômeno pós-moderno.

A Consciência Pós-moderna

As primeiras provas do espírito característico básico do pós-modernismo foram, em grande medida, negativas. Este espírito decorre da rejeição radical da estrutura mental do Iluminismo que deu origem à modernidade. Podemos achar traços do espírito pós-moderno por toda parte em nossa sociedade. Acima de tudo, porém, ele permeia a consciência da geração emergente e constitui uma ruptura radical em relação às suposições do passado.

A consciência pós-moderna abandonou a crença iluminista do progresso inevitável. Os pós-modernos não deram continuidade ao otimismo que caracterizou as gerações precedentes. Pelo contrário, demonstram um pessimismo corrosivo. Pela primeira vez na história recente, a geração emergente não compartilha da convicção de seus pais de que o mundo está se tornando um lugar melhor para viver. Dos buracos cada vez maiores na camada de ozônio à violência entre adolescentes, esta geração observa nossos problemas crescerem sem cessar. Eles não estão mais convencidos de que a engenhosidade humana será capaz de resolver esses conflitos tão grandes ou de que seu padrão de vida será mais elevado do que o de seus pais.

A geração pós-moderna também está convencida de que a vida na Terra é frágil. Ela acredita que o modelo iluminista da conquista humana da natureza, que data de Francis Bacon, deve ceder lugar rapidamente a uma nova atitude de cooperação com a terra, pois, em seu entender, a sobrevivência da humanidade está ameaçada.

Além desse pessimismo sombrio, a consciência pós-moderna trabalha com uma visão de verdade distinta daquela que as gerações passadas apoiavam.

A compreensão moderna associava a verdade à racionalidade e fazia da razão e da argumentação lógica os únicos árbitros da crença correta. Os pós-modernos questionam o conceito da verdade universal descoberta e provada graças aos esforços racionais. Eles não estão dispostos a conceder que o intelecto humano seja o único determinante daquilo em que devemos crer. Os pós-modernos olham para além da razão e dão guarida a meios não-racionais de conhecimento, dando às emoções e às intuições um *status* privilegiado.

A busca de um modelo cooperativo e de uma maior valorização das dimensões não-racionais da verdade emprestam uma dimensão holística à consciência pós-moderna. O holismo pós-moderno implica a rejeição do ideal iluminista do indivíduo fleumático, autônomo e racional. Os pós-modernos não procuram ser indivíduos totalmente dedicados a si mesmos, desejam, isto sim, ser pessoas "completas".

O holismo pós-moderno implica a integração de todas as dimensões da vida pessoal — afetiva, intuitiva bem como cognitiva. A totalidade implica, também, uma consciência da conexão indelével e delicada com aquilo que jaz além de nós mesmos, em que nossa existência pessoal acha-se incluída e de que se nutre. Esse reino mais abrangente compreende, é claro, a "natureza" (o ecossistema). No entanto, envolve também a comunidade de humanos da qual participamos. Os pós-modernos estão bem cientes da importância da comunidade e da dimensão social da existência. A concepção pós-moderna da totalidade estende-se também ao aspecto religioso ou espiritual da vida. Na verdade, os pós-modernos asseveram que a existência pessoal pode se dar no âmbito da realidade divina.

A convicção de que todas as pessoas acham-se inclusas numa comunidade humana específica leva a um entendimento conjunto da verdade. Os pós-modernos crêem que não somente nossas crenças específicas, mas também nossa compreensão da própria verdade encontram-se enraizadas na comunidade da qual participamos. Rejeitam a procura do Iluminismo pela verdade universal, *supracultural* e eterna e valorizam a busca da verdade como expressão de uma comunidade humana específica. Segundo os pós-modernos, a verdade consiste nas regras básicas que facilitam o bem-estar pessoal na comunidade e o bem-estar da comunidade com um todo.

Nesse sentido, portanto, a verdade pós-moderna tem a ver com a comunidade de que participa o indivíduo. Uma vez que são muitas as comunidades humanas, necessariamente serão muitas também as diferentes verdades. Muitos pós-modernos chegam a crer que essa pluralidade de verdades podem existir umas ao lado das outras. A consciência pós-moderna, portanto, implica um tipo radical de relativismo e pluralismo.

É claro que o relativismo e o pluralismo não são novidades. Todavia, a variedade pós-moderna é diferente das formas antigas. O pluralismo relativista da modernidade tardia era altamente individualista; exaltava o gosto e a escolha pessoais como o ápice da existência. Suas máximas eram "A cada um o que lhe pertence" e "Todos têm o direito a sua própria opinião".

A consciência pós-moderna, pelo contrário, enfatiza o grupo. Os pós-modernos vivem em grupos sociais independentes, cada um dos quais possui sua própria linguagem, suas crenças e seus valores.

Conseqüentemente, o pluralismo relativista pós-moderno procura dar espaço à natureza "local" da verdade. As crenças são consideradas verdadeiras no contexto das comunidades que as defendem.

A compreensão pós-moderna da verdade leva os pós-modernos a se preocuparem menos do que os seus antepassados com o pensamento lógico ou sistemático. Assim como algumas pessoas sentem-se bem ao misturar elementos de vestuário tidos tradicionalmente como incompatíveis, os pós-modernos sentem-se bem ao misturar elementos de sistemas de crenças tradicionalmente considerados incompatíveis. Por exemplo, um cristão pós-moderno confessará tanto as doutrinas clássicas da igreja quanto idéias tradicionalmente não-cristãs, como a reencarnação.

Os pós-modernos não estão também, necessariamente, preocupados em provar que estão "certos" e os outros "errados". Para eles, as crenças são, em última análise, uma questão de contexto social e, portanto, é bem provável que cheguem à conclusão de que "O que é certo para nós talvez não o seja para você" e "O que está errado em nosso contexto talvez seja aceitável ou até mesmo preferível no seu".

Quando foi que surgiu a consciência pós-moderna, com seu pessimismo, seu holismo, seu espírito de comunidade e seu pluralismo relativista?

O Nascimento da Pós-modernidade

Em certo sentido, a pós-modernidade atravessou um período de incubação muito longo. Embora os eruditos discordem quanto a quem teria cunhado pela primeira vez o termo,[4] existe um consenso de que tenha aparecido por volta da década de 30.[5]

---

[4] Para uma proveitosa discussão quanto à origem do termo, ver "Defining the post-modern", de Margaret ROSE, in: *The post-modern reader*, p. 119-36.

[5] Já na década de 30, o termo aparecia como designação para certos desenvolvimentos nas artes. Ver "Postmodernism as an emerging worldview", de Craig van GELDER, in: *Calvin theological journal 26* (novembro de 1991): 412.

Charles Jencks, um dos proponentes mais destacados do pós-modernismo, afirma que a gênese do conceito acha-se na obra do escritor espanhol Federico de Onis. Em sua *Antologia de la poesia española e hispanoamericana* (1934), de Onis parece ter introduzido o termo para se referir a uma reação dentro do modernismo.[6]

O uso primeiro do termo, o mais das vezes, é atribuído a Arnold Toynbee em sua obra monumental de vários volumes *Estudo de história*.[7] Toynbee estava convencido de que se havia iniciado uma nova época, embora, tudo indica, tivesse mudado de opinião quanto a ser a Primeira Guerra Mundial ou já a década de 1870 seu marco inicial.[8]

Segundo Toynbee, a era pós-moderna caracteriza-se pelo fim do domínio ocidental e pelo declínio do individualismo, do capitalismo e do cristianismo. Para o historiador inglês, a transição se deu quando a civilização ocidental desviou-se para a irracionalidade e para o relativismo. Nesse momento, segundo Toynbee, o poder passou da cultura ocidental para as culturas não-ocidentais e para uma nova cultura mundial pluralista.

Embora o termo tenha sido cunhado na década de 30, o pós-modernismo como fenômeno cultural não ganhou impulso senão três ou quatro décadas mais tarde. Sua primeira aparição foi na periferia da sociedade. Durante a década de 60, a atitude que caracterizaria o pós-modernismo cativou artistas, arquitetos e pensadores que buscavam propor alternativas radicais à cultura moderna predominante. Até mesmo teólogos deram sua contribuição, como foi o caso de William Hamilton e Thomas J. J. Altizer, que invocaram

---

[6] JENCKS, *What is post-modernism?* 3ª ed. (New York, St. Martin's Press, 1989, p. 8).

[7] Steven CONNOR, *Postmodernist culture* (Oxford, Basil Blackwell, 1989, p. 65).

[8] Para uma discussão do uso que Toynbee faz do termo e de seu significado, ver "Defining the Post-Modern", de Rose, p. 122-24. Ver também *The post-modern and the post-industrial:* a critical analysis, de Margaret A. Rose (Cambridge University Press, 1991, p. 9-11).

o espírito de Nietzsche para proclamar a morte de Deus.[9] Esses desenvolvimentos variados levaram o "observador cultural" Leslie Fiedler, em 1965, a rotular de "pós-moderna" a contracultura radical da época.[10]

Durante a década de 70, o desafio pós-moderno à modernidade penetrou ainda mais na cultura tradicional. Em meados da década, ele produziu um de seus defensores mais articulados, Ihab Hassan, aclamado como "o promotor mais consistente da idéia da *virada pós-moderna*".[11] Esse autoproclamado porta-voz do pós-modernismo associou o fenômeno ao experimentalismo nas artes e à ultratecnologia na arquitetura.[12]

O espírito pós-moderno, entretanto, expandia-se rapidamente além dessas duas esferas. Professores universitários de vários departamentos de humanidades começaram a discursar sobre o pós-modernismo; alguns deles chegaram mesmo a se apaixonar pelas idéias pós-modernas.

Por fim, a adoção do novo espírito tornou-se tão disseminada que a designação "pós-moderno" cristalizou-se como um rótulo que designava um fenômeno social e cultural diverso. A tempestade pós-moderna estendeu-se sobre vários aspectos da cultura e várias disciplinas acadêmicas, influenciando de modo mais significativo a literatura, a arquitetura, o cinema e a filosofia.[13]

---

[9] Thomas J. J. ALTIZER & William HAMILTON, *Radical theology and the death of God* (Indianapolis, Bobbs Merrill, 1961). Para uma breve discussão desse movimento, ver *Twentieth-century theology: God and the world in a transitional age*, de Stanley J. GRENZ & Roger E. OLSON (Downers Grove, Ill., InterVarsity Press, 1993, p. 156-61).

[10] FIEDLER, "The new mutants", in: *The collected essays of Leslie Fiedler*, v. 2 (New York, Stein & Day, 1971, p. 382, 389).

[11] CONNOR, *Postmodern culture*, p. 204.

[12] HASSAN, "The question of postmodernism", in: *Romanticism, modernism, post-modernism*, editado por Harry R. Garvin (Toronto Bucknell University Press, 1980, p. 117-26).

[13] CONNOR, *Postmodernist culture*, p. 6.

Na década de 80, o deslocamento da periferia para o centro já era total. Paulatinamente, a atitude pós-moderna invadiu a cultura "pop" e até mesmo o mundo cotidiano da sociedade como um todo. As idéias pós-modernas tornaram-se não apenas aceitáveis como populares: era "in" ser pós-moderno. Conseqüentemente, os críticos culturais podiam falar de uma "insustentável leveza do ser pós-moderno".[14] O pós-modernismo nasceu logo que a pós-modernidade tornou-se parte da cultura.

A Mãe da Pós-modernidade

Entre 1960 e 1990, o pós-modernismo emergiu como fenômeno cultural. Mas, por quê? Como explicar a ascensão meteórica desse espírito tão característico em nossa sociedade? Muitos observadores associam a transição às mudanças por que passou a sociedade durante a segunda metade do século XX. Nenhum fator, entretanto, assoma com maior significação do que a chegada da era da informação. Na verdade, a difusão do pós-modernismo caminha lado a lado com a transição, e dela depende, para uma sociedade de informação.[15]

Muitos historiadores rotulam a era moderna de "era industrial", porque foi um período em que predominou a manufatura. Concentrando-se na produção de bens, a modernidade produziu a sociedade industrial, cujo símbolo era a fábrica. A era pós-moderna, diferentemente, enfatiza a produção de informações. Estamos testemunhando a transição de uma sociedade industrial para uma sociedade de informação, cujo símbolo é o computador.

As estatísticas de trabalho mostram claramente que estamos passando de uma sociedade industrial para outra de informações. Na era moderna, a grande maioria das oportunidades de emprego fora

---

[14] Gary John PERCESEPE, "The unbearable lightness of being postmodern", *Christian scholar's review 20* (dezembro de 1990):18.

[15] V., e.g., Paolo PORTOGHESI, "What is postmodern?" in: *The post-modern reader*, p. 211.

da agricultura concentravam-se no setor manufatureiro da economia e implicava a produção de bens. Em fins da década de 70, contudo, apenas 13% dos trabalhadores americanos trabalhavam na manufatura de bens, ao passo que 60% deles ocupavam-se da "manufatura" de informações.[16] À medida que as linhas de montagem requerem cada vez menos trabalhadores, a preparação para carreiras relacionadas com a informação — quer na área de processamento de dados quer na de consultoria — tornou-se praticamente essencial.

A sociedade de informações produziu uma classe totalmente nova de pessoas. O proletariado deu lugar à "comunidade de informações".[17] Para a atividade empresarial, a emergência de uma sociedade pós-moderna significou a passagem de uma técnica moderna de controle centralizado para um novo modelo de "rede". As estruturas hierárquicas foram substituídas por outra modalidade de tomada de decisão com mais participação e descentralização.

A era da informação não somente modificou o trabalho que executamos como também aproximou o mundo de um modo jamais concebido anteriormente. A sociedade de informação opera com base numa rede de comunicação organizada que cobre todo o globo. A eficiência desse sistema integrado é impressionante. No passado, a velocidade de circulação das informações atinha-se à velocidade de deslocamento dos seres humanos. Atualmente, porém, elas podem atravessar o planeta com a velocidade da luz. Mais importante do que a capacidade moderna de viajar ao redor do mundo, de modo relativamente rápido e confortável, é a capacidade pós-moderna de obter informação de praticamente todos os lugares da terra quase que instantaneamente.

Em decorrência do sistema de comunicação global, temos agora ao alcance das mãos o conhecimento de eventos ocorridos pelo mundo afora. Nesse sentido, somos de fato habitantes de uma aldeia global.

---

[16] JENCKS, *What is postmodernism?*, p. 44.
[17] JENCKS, *What is postmodernism?*, p. 44.

O advento da aldeia global produziu efeitos, aparentemente, contraditórios. A cultura de massa e a economia global que estão sendo criadas pela era da informação têm colaborado para a unificação do mundo de um modo que foi jocosamente descrito por um observador como "McMundo".[18] Ao mesmo tempo, porém, que o planeta está se unindo num determinado nível, ele está se desmantelando em outro. O advento da pós-modernidade gerou, a um só tempo, uma consciência global e a erosão da consciência nacional.

O nacionalismo perdeu forças no rastro de um movimento em direção à "retribalização", rumo a uma maior lealdade a um contexto mais local. Esse impulso está presente não somente em países africanos como também em locais onde menos se espera como o Canadá, que passa freqüentemente por ameaças de separação em grande parte fomentadas pela província de fala francesa do Quebec e por sentimentos de marginalização existentes em suas províncias ocidentais. As pessoas estão seguindo cada vez mais a máxima: "Pense globalmente, aja localmente".

O advento da sociedade de informação pós-industrial como sucessora da sociedade industrial moderna contribui para com o fundamento do espírito pós-moderno.[19] A vida na aldeia global imbui seus cidadãos de uma consciência vívida da diversidade cultural de nosso planeta — uma consciência que parece estar nos encorajando a adotar uma nova atitude mental pluralista. Essa nova mentalidade compreende mais do que simplesmente a tolerância por outras práticas e pontos de vista: ela afirma e celebra a diversidade. A celebração da diversidade cultural, por sua vez, requer um novo estilo — o ecletismo — o estilo da pós-modernidade.

A sociedade de informações tem testemunhado também um deslocamento da produção em massa para a produção segmentada.

---

[18] Benjamim BARBER, "Jihad vs. McWorld" (*Atlantic monthly*, março de 1932, p.53).

[19] Para uma discussão das principais obras que proclamam o advento de uma era pós-industrial, ver *The post-modern and the post-industrial*, de ROSE, p. 21-39.

A fabricação repetitiva de objetos idênticos deu lugar à produção em rápida transformação de muitos objetos diferenciados. Estamos nos distanciando da cultura de massa da modernidade, que nos oferecia uns poucos estilos sujeitos à alteração conforme as estações, e rumamos para uma "cultura da experiência" fragmentada, que nos oferece uma variedade quase infinita de estilos. Os alunos do segundo grau, que se definiam antigamente com base em relativamente poucas categorias sociais, tais como os que eram bons no esporte e os que se destacavam nos trabalhos intelectuais, pensam agora em conformidade com dúzias de categorias diferentes, refletindo assim gostos e estilos distintos.

O Reino Descentralizado do Pós-modernismo

Essas características apontam para o fato de que, num certo sentido importante, o espírito pós-moderno não tem um centro de referência. Não há um foco definido que faça a união dos elementos diversos e divergentes da sociedade pós-moderna num todo único. Não há mais padrões comuns a que as pessoas possam apelar em seus esforços para medir, julgar ou valorizar idéias, opiniões ou opções de estilo de vida. Acabaram-se também as antigas lealdades a uma fonte única de autoridade e a um centro respeitado de poder legítimo a que todos podiam recorrer.

À medida que o poder se dissolve, nossa sociedade torna-se cada vez mais um conglomerado de sociedades.

> A condição pós-moderna... manifesta-se na multiplicação dos centros de poder e na atividade e dissolução de todo tipo de narrativa totalizante que reivindica o governo da totalidade do campo complexo da atividade e da representação social.
>
> Steven CONNOR, *Post-modernist culture*
> (Oxford, Basil Blackwell, 1989), p. 9.

Essas unidades sociais menores têm pouca coisa em comum à parte sua proximidade geográfica.

Michel Foucault, filósofo pós-moderno, designa esse universo pós-moderno sem centro definido como "heterotopia".[20] A designação empregada por Foucault ressalta o afastamento monumental em relação à modernidade que estamos testemunhando. A crença do Iluminismo no progresso inevitável contribuiu com a motivação para a visão utópica da modernidade. Os arquitetos da modernidade procuraram projetar uma sociedade humana perfeita em que a paz, a justiça e o amor reinariam — a utopia. Os pós-modernos já não sonham mais com a utopia. Em seu lugar, podem oferecer apenas a diversidade incomensurável da *heterotopia* pós-moderna, o "*multi*verso", que substituiu o *uni*verso da procura moderna.

O Pós-modernismo como Fenômeno Cultural

A perda de um centro introduzida pelo espírito pós-moderno tornou-se uma das principais características de nossa situação contemporânea. Talvez seja mais evidente na vida cultural de nossa sociedade.[21] As artes passaram por uma profunda transição à medida que passávamos da modernidade para a pós-modernidade.

A Celebração Pós-moderna da Diversidade

A característica central da expressão cultural pós-moderna é o pluralismo. Na celebração desse pluralismo, os artistas pós-modernos justapõem, deliberadamente, estilos aparentemente contraditórios derivados de fontes imensamente diferentes. Esta técnica não apenas serve para a celebração da diversidade como oferece também um meio para expressar uma sutil rejeição do predomínio da racionalidade de

---

[20] FOUCAULT, *The order of things: an archaeology of the human sciences* (New York, Pantheon Books, 1970, p. xviii).

[21] Para um estudo detalhado, *v. Postmodernist culture*, de Steven CONNOR (London, Basil Blackwell, 1989).

uma maneira divertida e irônica. As obras culturais pós-modernas apresentam, freqüentemente, "duplicidade de código" e significado em dois níveis. Muitos artistas pós-modernos têm utilizado características de estilos mais antigos especificamente para rejeitar ou ridicularizar certos aspectos da modernidade.

Uma das técnicas de justaposição amplamente utilizadas é a da colagem, que proporciona ao artista um meio natural de unir materiais de fontes incompatíveis. Ao mesmo tempo, ao permitir a confiscação, citação ou repetição óbvias das imagens existentes, a colagem intensifica a crítica pós-moderna ao mito do autor único e criativo.

> O pós-modernismo é, fundamentalmente, a mistura eclética de uma tradição qualquer com a tradição do passado imediato: é, a um só tempo, a continuação do modernismo e sua transcendência. Suas melhores obras têm como característica a duplicidade de códigos e a ironia, a padronização de um amplo espectro de opções, o conflito e a descontinuidade das tradições, porque é a heterogeneidade que capta com maior clareza nosso pluralismo.
>
> Charles JENCKS, *What is post-modernism?* 3.a ed. (New York, St. Martin's Press, 1989), p. 7.

Uma tática de justaposição aparentada com a precedente é a da bricolagem, isto é, a "reconfiguração" de vários objetos tradicionais (em geral, elementos de estágios anteriores segundo a tradição do meio artístico), a fim de alcançar algum objetivo contemporâneo ou fazer uma afirmação irônica.

O uso pós-moderno que o artista faz de diversos estilos significa que as obras pós-modernas refletem com freqüência um ecletismo oriundo de muitas eras históricas. Os puristas consideram abominável esse tipo de justaposição sob a alegação de que viola a integridade dos estilos históricos só para causar uma impressão no presente. Esses críticos censuram a forma pós-moderna de expressão porque transcende a história em direção a um presente plano, sem profundidade e sem extensão, em que os estilos e as histórias circulam de maneira intercambiável.[22] Em sua opinião, falta ao pós-modernismo originalidade e é crassa sua ausência de estilo.

Existe, contudo, um princípio operante mais profundo nas expressões culturais pós-modernas. O objetivo das obras pós-modernas não é necessariamente destituído de gosto. Pelo contrário, os pós-modernos procuram com freqüência minar o conceito de um autor poderoso e criativo. Eles buscam destruir aquilo que reputam como a ideologia modernista de estilo substituindo-a por uma cultura de estilos múltiplos. Para isso, muitos artistas pós-modernos confrontam seu público com uma multiplicidade de estilos, uma polifonia aparentemente discordante de vozes fora do contexto. Esta técnica — que pinça elementos de estilo de seu contexto histórico original — é denunciada por seus críticos como deslocamento e achatamento da História.[23]

A despeito das opiniões desses críticos, porém, o pós-modernismo exerce uma influência poderosa na cultura ocidental contemporânea. A justaposição de estilos, acompanhada da ênfase na diversidade e da falta de destaque da racionalidade, tornou-se a marca de nossa sociedade e pode ser observada numa vasta gama de expressões culturais contemporâneas.

Arquitetura Pós-moderna

Na arquitetura, como em outros aspectos da cultura, o modernismo prevaleceu até a década de 70. Os arquitetos modernistas em todo o ocidente desenvolveram o que veio a se tornar conhecido como Estilo

---

[22] Fredric JAMESON, "Postmodernism and consumer society", in: *The anti-aesthetic: essays on postmodern culture*, editado por Hal Foster (Port Townsend, Wash., Bay Press, 1983, p. 114, 115-16, 125).

[23] Ver, por exemplo, "Postmodernism and consumer Culture", de Jameson, p. 116-17.

Internacional. Como expressão de um espírito modernista mais amplo, esse movimento arquitetônico foi guiado pela fé na racionalidade humana e pela esperança da construção da utopia humana.

Imbuídos do movimento utópico moderno, os arquitetos construíram edifícios de acordo com o princípio da unidade. Frank Lloyd Wright mostrou o caminho para muitos outros quando declarou que o edifício moderno deveria ser uma entidade orgânica. Em sua opinião, um edifício deveria ser "algo grande" e não uma "coleção conflitante" de várias "coisas pequenas".[24] Cada edifício deve expressar um significado único e essencial.

A dedicação moderna ao princípio da unidade produziu uma arquitetura caracterizada pelo que Charles Jencks designa por "univalência". Os edifícios modernos apresentam formas simples e essenciais tipificadas pelo padrão praticamente universal das estruturas quadradas de vidro e aço. Os arquitetos chegam à simplicidade das formas ao permitirem a predominância de um tema na construção, o que se consegue normalmente por meio de um dispositivo conhecido como "repetição". Ao mesmo tempo, por sua aproximação com a perfeição geométrica, os edifícios modernos constituem-se em exemplos de tipo de espiritualidade.

À medida que se desenvolvia, a corrente central da arquitetura moderna tornava-se um movimento universalizante. Ela promoveu o programa de industrialização e rebaixou a variedade característica da expressão local. Conseqüentemente, a expansão da arquitetura moderna destruía freqüentemente o tecido urbano existente. Ela praticamente dizimou tudo o que estava no caminho da escavadeira, a principal ferramenta da procura moderna pelo "progresso".[25]

Alguns arquitetos modernos não ficaram satisfeitos em limitar a visão moderna à sua própria disciplina. Criam que a arquitetura

---

[24] WRIGHT, "Organic architecture" (excerto, 1910), in: *Programmes and manifestoes on twentieth-century architecture*, editado por Ulrich Conrads, trad. Michael Bullock (London, Lund Humphries, 1970, p. 25).

[25] JENCKS, "The post-modern agenda", p. 24.

deveria tornar-se a expressão visível de uma nova unidade da arte, ciência e indústria.

> Juntos, desejemos, concebamos e criemos a nova estrutura do futuro, a qual abrangerá a arquitetura, escultura e a pintura numa unidade; um dia, esta se levantará em direção aos céus brotando das mãos de milhões de trabalhadores como o símbolo mais belo e precioso de uma nova fé.
>
> <div align="right">Walter GROPIUS, "Programme of the staatliches Bauhaus in Weimar"(1919), in: <i>Programmes and manifestoes on twentieth-century architecture</i>, editado por Ulrich Conrads, trad. Michael Bullock (London, Lund Humphries, 1970), p. 25.</div>

A arquitetura pós-moderna surgiu em resposta a certas tendências na arquitetura moderna. Em vez do ideal moderno da univalência, os pós-modernos celebram a "multivalência". Os arquitetos pós-modernos rejeitam como demasiadamente austera a exigência modernista de que os edifícios sejam projetados de modo que reflitam uma unidade absoluta. Suas obras, diferentemente, exploram propositadamente as incompatibilidades de estilo, forma e textura e procuram exibi-las.

A rejeição da arquitetura moderna é evidente em diversas características da reação pós-moderna. Por exemplo, em resposta ao desprezo modernista por qualquer coisa supérflua ou não-essencial, os edifícios pós-modernos dão lugar à ornamentação. Além disso, enquanto os arquitetos modernistas procuravam demonstrar uma ruptura absoluta com o passado expurgando rigorosamente de seus projetos todas as reminiscências de épocas anteriores, os arquitetos pós-modernistas recuperavam os estilos e técnicas históricos.

Atrás da rejeição pós-moderna da arquitetura moderna há um princípio mais profundo. Os pós-modernistas afirmam que toda arquitetura é inerentemente simbólica. Todos os edifícios, inclusive os de estrutura moderna, falam um tipo de linguagem. Em sua procura pela simples funcionalidade, muitos arquitetos modernos tentaram banir essa dimensão. Todavia, depois que o bisturi moderno cortara tudo o que não se conformava com o princípio da utilidade, declaram os pós-modernistas, tudo o que sobrou foi a técnica da construção. Foi eliminada a dimensão artística que permite a uma estrutura representar um mundo imaginário ou transmitir uma história. Os pós-modernos queixam-se de que nenhuma das maravilhas arquitetônicas do passado, tais como as grandes catedrais, que apontam para outro reino, poderiam ter sido construídas durante o reinado do modernismo.

> Um edifício em si mesmo tem o poder — pelo fato de ter sido construído correta ou incorretamente, no silêncio ou ruidosamente — de ser o que deseja ser e de dizer o que deseja dizer, o que nos leva a admirá-lo com base no que está dizendo, em vez de aceitar sua existência pura e simples conforme os ditames de Corbusier.
>
> Charles Moore, in: *Conversations with architects*, editado por John Cook e Heinrich Klotz (New York, Praeger, 1973, p. 243).

Por meio de artifícios como o acréscimo de ornamentação, os pós-modernos estão tentando restaurar aquilo a que designam de elemento "fictício" da arquitetura. Seu objetivo é resgatar a disciplina de seu cativeiro de pura utilidade e devolver-lhe seu papel pela criação de "lugares inventivos".[26]

Todavia, a crítica pós-moderna da arquitetura modernista vai mais longe ainda. O pós-modernismo desafia as reivindicações modernistas ao universalismo e suas afirmações de valor "transhistórico".

---

[26] Heinrich Klotz, "Postmodern architecture", in: *The post-modern reader*, p. 241-42.

Os pós-modernistas argumentam que, contrariamente às afirmativas dos modernistas, suas realizações arquitetônicas não foram tanto uma expressão da razão ou da lógica quanto o foram da articulações de uma linguagem do poder. Os edifícios modernos derivam sua linguagem das formas industriais e dos materiais da era moderna e do sistema industrial a que serviram.[27] Estas formas e estes materiais dão expressão ao admirável mundo novo da ciência e da tecnologia.[28]

Os pós-modernos querem abandonar essa linguagem de poder da qual os arquitetos modernos parecem não ter consciência. Eles desejam afastar-se daquilo que consideram uma uniformidade desumanizadora de uma arquitetura que fala a língua da produção em massa padronizada. Em seu lugar, os pós-modernos procuram explorar novas linguagens híbridas que incorporem os conceitos pós-modernos de diversidade e de pluralismo.

A Arte Pós-moderna

A arquitetura pós-moderna nasceu da rejeição dos princípios da arquitetura predominantemente modernista do século XX. O pós-modernismo fez sentir sua presença no mundo da arte de maneira semelhante.

A arquitetura modernista busca livrar-se de todos os remanescentes dos estilos precedentes. Os teóricos da arte, tais como Clement Greenberg, definem a arte moderna em termos semelhantes.[29] O modernismo torna-se o que é por meio da autocrítica, com o objetivo de expurgar de si mesmo o que não for moderno; os artistas modernos participam dessa espécie de autocrítica para que sua arte torne-se

---

[27] Paolo PORTOGHESI, *After modern architecture*, trad. Meg Shore (New York, Rizzoli, 1982, p. 3).

[28] Robert VENTURI, *Learning from Las Vegas* (Cambridge, M.I.T. Press, 1977, p. 135-36).

[29] Atribuem-se freqüentemente a Greenberg os contornos que a arte moderna adquiriu em sua forma mais influente. Ver *Postmodernist culture*, de Connor, p. 81.

"pura".[30] Portanto, a expressão do modernismo na arte, assim como sua expressão na arquitetura, segue o impulso da equivalência. Uma das grandes virtudes dos artistas modernos, pois, é a integridade estilística.

A arte pós-moderna, ao contrário, passa de uma consciência da associação entre aquilo que reconhece como seu e aquilo que exclui. Esta é a razão que a leva a abraçar a diversidade estilística, ou a "multivalência". Sua opção é pela "impureza" em lugar da "pureza" do modernismo.

Muitos artistas pós-modernos combinam a diversidade com a crítica tipicamente pós-moderna da justaposição. Conforme já observamos, uma de suas formas prediletas de composição é a colagem. Na verdade, Jacques Derrida, cognominado o "Aristóteles da montagem", considera a colagem a forma primordial do discurso pós-moderno.[31] A colagem, naturalmente, leva o observador à produção do seu sentido, enquanto que a "heterogeneidade" da colagem assegura que o sentido por ela suscitado não seja unívoco e nem estável. Ela convida incessantemente o observador a descobrir um novo significado em sua justaposição de imagens.

Levada ao seu extremo, a justaposição artística transforma-se no que se conhece por vezes como *pastiche*.

O objetivo dessa tática, empregada tanto nos contextos de alta cultura quanto nos de cultura "pop" (e.g., os videoclipes da MTV), consiste em torpedear o observador com imagens incongruentes, até mesmo conflitantes, que ponham em dúvida todo sentido de significado objetivo. Esse *design* desconexo e desarmônico de *pastiche* com seus esquemas de cores chamativas, de tipografia inconsistente e assim

---

[30] Ver "Modernist painting", de Clement GREENBERG, in: *Postmodern perspective: issues in contemporary art*, editado por Howard Risatti (Englewood Cliffs, N.J., Prentice-Hall, 1990, p. 12-19). Ver também "Towards a newer Laocoon", de GREENBERG, in: *Pollock and after: the critical debate*, editado por Francis Frascina (London, Harper & Row, 1985, p. 41-42).

[31] David HARVEY, "The condition of postmodernity", in: *The post-modern reader*, p. 308. Gregory L. Ulmer refere-se a Derrida como o Aristóteles da montagem em "The objects of post-criticism", in: *The anti-aesthetic*, p. 87.

por diante, fez com que o mundo da arte de vanguarda passasse para o âmbito cotidiano das capas de livros, capas de revistas e publicidade dirigida ao grande público.

> Em suas raízes, a arte pós-moderna não é excludente e tampouco reducionista; ela é sintética, pois arregimenta uma gama completa de condições, experiências e conhecimentos além do objeto. Longe de buscar uma experiência única e completa, o pós-modernismo empenha-se em alcançar um *status* enciclopédico, num leque que compreende uma miríade de pontos de acesso, uma infinidade de respostas interpretativas.
>
> Howard Fox, "Avant-garde in the eighties", in: The post-avant garde in the eighties, editado por Charles Jencks (London Academy Editions, 1987, p. 29-30).

Os artistas pós-modernos não encaram a diversidade estilística simplesmente como um meio para chamar a atenção. A atração se dá num nível mais profundo. Ela faz parte de uma atitude pós-moderna mais geral; trata-se de uma vontade de desafiar o poder da modernidade conforme este se apresenta nas instituições e nas tradições canônicas. Os artistas pós-modernos procuram desafiar o enfoque modernista sobre a integridade estilística do trabalho individual e minar o que consideram o "culto" modernista do artista em sua individualidade. Seu objetivo é negar propositalmente a individualidade das obras de arte. Por meio de métodos como a confiscação, a citação, excertos, acumulação e repetições óbvias de imagens já existentes, os pós-modernos atacam a "ficção" do sujeito criador.[32]

Um exemplo dessa crítica pós-moderna radical encontra-se no trabalho da artista fotográfica Sherrie Levine. Em uma de suas

---

[32] Douglas Cimp, "On the museum's ruins", in: *The anti-aesthetic*, p. 53.

exposições, Levine fotografou fotos artísticas muito conhecidas de Walker Evans e Edward Weston e apresentou-as como se fossem suas. Seu ato de pirataria era tão evidente que não havia como acusá-la de plágio. O objetivo da artista não era fazer com que as pessoas cressem que o trabalho de outros, na verdade, era seu, e sim pôr em dúvida a idéia de uma distinção entre um "trabalho original" e sua reprodução pública.[33]

O Teatro Pós-moderno

Em certo sentido, talvez o teatro seja o espaço artístico mais adequado para a expressão da rejeição pós-moderna ao modernismo. O movimento modernista via a obra de arte como algo que transcendia o tempo e expressava ideais eternos. O espírito pós-moderno, diferentemente, celebra o transitório — e o transitório é próprio da encenação.[34] Os pós-modernos encaram a vida, a exemplo da história contada no palco, como um conjunto de narrativas inter-relacionadas. Assim, não há melhor maneira de descrever o transitório e a encenação do que por intermédio do meio cultural que é intrinsecamente dependente dessas duas características.

Apesar dessa íntima ligação, é claro que nem toda produção teatral é expressão do espírito pós-moderno. Muitos estudiosos fixam o surgimento do teatro pós-moderno a partir da explosão da *arte performática* durante a década de 60.[35] Suas raízes, porém, remontam à época do escritor francês Antonin Artaud na década de 30.

Artaud desafiou os artistas — particularmente os dramaturgos — a se rebelarem e a destruírem o que ele considerava ser a idolatria

---

[33] Para uma discussão do ato de Levine, ver Douglas CRIMP, "The photographic activity of postmodernism", *October 15* (inverno de 1980): 91-100.

[34] Michael BENAMOU, "Presence as play", in: *Performance culture*, editado por Michael Benamou e Charles Caramello (Milwaukee Center for Twentieth Century Studies, 1977), p. 3.

[35] Ver, e.g., *Postmodernist culture*, de Steven CONNOR (London, Basil Blackwell, 1989, p. 134).

da arte clássica. Artaud advogava a substituição do palco tradicional e da produção de obras-primas teatrais por um "teatro da crueldade". Ele pregava o abandono do velho estilo centralizado no texto e a adoção da linguagem intrínseca ao teatro, que compreendia a luz, as cores, o movimento, os gestos e o espaço.[36] Além disso, Artaud declarava ser preciso transcender as distinções entre os atores e os observadores, levando a audiência a uma experiência dramática. O objetivo de Artaud era obrigar a audiência a confrontar a realidade original da vida que ultrapassa toda convenção social.[37]

Na década de 60, alguns aspectos do sonho de Artaud começaram a se tornar realidade. À medida que os teóricos iam repensando a natureza da expressão teatral, passaram a exigir a libertação da encenação de sua subserviência ao que eles consideravam como poder repressivo das autoridades tradicionais.

Alguns dos novos teóricos chegaram à conclusão de que o poder repressivo era fruto do texto ou do *script*.[38] Para resolver esse problema, eliminaram o *script* e fizeram de cada *performance* algo único e imediato. Uma vez realizada, cada obra desapareceria efetivamente para sempre.[39]

Outros teóricos atribuíram o poder repressor ao diretor.[40] Sua tentativa de resolver o problema enfatizava a improvisação e a autoridade do grupo. Opondo-se a todas as convenções clássicas, celebravam a perda resultante do conceito da obra teatral com uma produção unificada.

---

[36] CONNOR, *Postmodernist culture*, p. 135.

[37] Walter Truett ANDERSON, *Reality isn't what it used to be:* theatrical politics, ready-to-wear religion, global myths, primitive chic and other wonders of the post-modern world (San Francisco: Harper & Row, 1990), p. 49.

[38] Por exemplo, Antonin Artaud; ver seu ensaio "The theatre of cruelty: second manifesto", in: *The theatre and its double*, trad. Victor Corti (London, Calder & Boyers, 1970, p. 81-87).

[39] Patrice PAVIS, "The classical heritage of modern drama: the case of post-modern theatre", trad. Loren Kruger, *Modern Drama 29* (1986): 16.

[40] Bernard DORT, "The liberated performance", trad. Barbara Kerslake, *Modern Drama 25* (1982): 62.

A *performance* teatral pós-moderna ergueu-se sobre essas experiências anteriores. Ela estabelece um conflito entre os diferentes elementos da *performance*, tais como o som, a luz, a linguagem, o cenário e o movimento. Assim, o teatro pós-moderno apresenta uma teoria de *performance* específica — uma "estética da ausência" em oposição à antiga "estética da presença".[41] A estética da ausência rejeita a idéia de que a *performance* deva evidenciar um sentido de verdade subjacente e permanente.

> É certo que a cena *já não representará*...Já não virá repetir um *presente*, representar um presente que estaria noutro lugar e antes dela, cuja plenitude seria mais velha do que ela, ausente de cena e podendo de direito passar sem ela: presença a si do Logos absoluto, presente vivo de Deus.
>
> Jacques DERRIDA, *A escritura e a diferença*,
> trad. Maria Beatriz Marques Nizza da Silva
> (São Paulo, Perspectiva, 1971, p. 157. Coleção Debates).

Ela sustenta que o sentido de presença que a *performance* evoca pode ser nada mais do que uma "presença vazia". De acordo com o espírito pós-moderno de modo geral, o significado da *performance* só pode ser transitório, dependendo da situação ou do contexto em que ocorre.

Ficção Pós-moderna

A influência do espírito pós-moderno na literatura é particularmente difícil de avaliar. Os críticos literários continuam a debater qual

---

[41] Henry SAYRE, "The object of performance: aesthetics in the seventies", *Georgia Review 37* (1983): 174.

elemento distingue especificamente a ficção pós-moderna de suas predecessoras. Não obstante, esse estilo de escrita reflete as características manifestas nos outros gêneros artísticos de que já tratamos.[42]

Seguindo o estilo pós-moderno geral, a ficção pós-moderna emprega a tática da justaposição. Alguns autores pós-modernos uniram formas tradicionais de vários modos com o objetivo de proporcionar um tratamento irônico a temas que, não fora isso, seriam perenes.[43] Outros fizeram a justaposição entre o real e o fictício.

Essa justaposição pode envolver os próprios personagens. Alguns autores-narradores pós-modernos chamam a atenção para o caráter fictício dos personagens e de suas ações num determinado ponto e apresentam os mesmos personagens como participantes de um tipo de história num outro momento, evocando assim, da parte do leitor, o mesmo tipo de reação emocional que evocava a ficção realística tradicional.

Alguns autores pós-modernos justapõem o real e o fictício por meio de sua própria interferência na obra. Podem até mesmo discutir os problemas e os processos envolvidos no ato da narração. Graças a esse dispositivo paradoxal, o autor torna difusa a distinção entre o real e o fictício. A tática ressalta igualmente a íntima associação entre o autor e a obra de ficção. À medida que a ficção é o veículo por meio do qual o autor fala, a voz do autor não pode mais ser separada da história de ficção.

A ficção pós-moderna justapõe reiteradas vezes dois ou mais mundos puros e autônomos. Nesse caso, os personagens que habitam a literatura estão sempre em dúvida quanto ao mundo em que estão e não têm segurança sobre como agir neste "encontro imediato".

---

[42] Para uma discussão sobre a ficção por um pensador literário pós-moderno, ver *The dismemberment of orpheus: towards a postmodern literature*, de Ihab HASSAN (New York, Oxford University Press, 1971).

[43] John BARTH, "The literature of replenishment, postmodernist fiction", *Atlantic monthly*, janeiro de 1980, p. 65-71; Umberto Eco Postmodernism, irony, the enjoyable", in: *Postscript to "The name of the rose"* (New York, Harcourt Brace Jovanovitch, 1984, p. 65-72).

Aqui, como em outros gêneros, o uso da técnica pós-moderna da justaposição tem o mesmo objetivo especificamente antimodernista. O propósito do autor modernista era a obtenção de um certo controle sobre a realidade complexa, não obstante singular. Os pós-modernos, diferentemente, suscitam perguntas acerca da coexistência e da interpenetração de realidades tão diferentes.

A exemplo de outras expressões culturais pós-modernas, a literatura enfoca a contingência e o caráter temporal, negando implicitamente o ideal moderno de uma verdade atemporal e universal.[44] A ficção pós-moderna realça também a atenção sobre o temporal para deslocar o leitor em sua tentativa de observar o mundo de um ponto estratégico fora do tempo. Os autores pós-modernos querem deixar o leitor completamente abandonado, num mundo destituído de essências eternas imunes ao fluxo do tempo e às contingências do contexto temporal.[45]

Será preciso dizer que quanto mais o autor parece despir-se, revelando-se a si mesmo em tais textos, tanto mais inescapável se torna — paradoxalmente — o fato de que ele, como uma *voz*, é apenas uma função de sua própria ficção, uma construção retórica, não uma autoridade privilegiada, e sim um objeto da interpretação?

David LODGE, "Mimesis and diegesis in modern fiction", in: The post-modern reader, editado por Charles Jencks (New York, St. Martin's Press, 1992), p. 194-95.

---

[44] CONNOR, *Postmodernist culture*, p. 118.
[45] William V. SPANOS, "Heidegger, Kierkegaard and the hermeneutic circle: towards a postmodern theory of interpretation as discourse", in: *Martin Heidegger and the question of literature: toward a postmodern literary hermeneutics*, editado por William V. Spanos (Bloomington, Ind., Indiana University Press, 1979, p. 135).

Às vezes, os autores pós-modernos conseguem o mesmo efeito ao incorporarem uma linguagem que quebra as estruturas de pensamentos fechados ou coloca em dúvida os cânones da razão como meio de negação de que qualquer discurso seja capaz de apresentar, em última análise, um relato do real.[46]

Talvez a representação mais bem acabada da ficção moderna seja a história de detetive. Obras de ficção, tais como as aventuras de Sherlock Holmes, conduzem o leitor a uma busca da descoberta da verdade oculta debaixo da superfície perplexa da realidade. A despeito do número aparentemente insuficiente de pistas, os detetives experientes parecem sempre capazes de resolver finalmente o mistério. Geralmente, de modo quase que condescendente, eles revelam ao público (representado no texto por algum observador atônito, como, por exemplo, o dr. Watson nas histórias de mistério de Sherlock Holmes) que os poderes humanos da observação e da razão aplicados aos fatos da situação conduziram inevitável e logicamente à conclusão correta. Assim, a narrativa aparentemente desconexa torna-se um todo unificado.

Uma forma típica de ficção pós-moderna é o romance de espionagem.[47] Embora situado no contexto do mundo "real" contemporâneo, esse tipo de narrativa, na verdade, justapõe dois mundos radicalmente opostos. O mais óbvio deles é o reino da aparência, que parece refletir o real mas que, não raras vezes, revela-se ilusório. Nos porões deste reino e em seu próprio âmbito de ação temos um segundo reino, um pouco mais sinistro, embora, de modo geral, seja mais autêntico do que o mundo "real".

Ao justapor esses dois reinos, a história mantém o leitor num estado de contínua incerteza. Será que essa pessoa é de fato quem diz ser? O que é efetivamente real e verdadeiro, e o que é engano e perigo?

---

[46] Edith Wyschogrod refere-se a tais técnicas ao empregar o termo *diferencial*. Ver *Saints and postmodernism: revisioning moral philosophy* (Chicago, University of Chicago Press, 1990, p. xvi).

[47] ANDERSON, *Reality isn't what it used to be*, p. 101-2.

A história de espionagem leva-nos a levantar as mesmas perguntas sobre nosso próprio mundo. Será que também estamos vivendo entre dois mundos justapostos? Será que as pessoas e os acontecimentos à nossa volta são de fato o que aparentam ser?

A ficção científica é um gênero pós-moderno um pouco menos sutil.[48] Sua rejeição à busca moderna é mais explícita. De modo geral, as histórias de ficção científica estão mais interessadas na exploração da alteridade do que na descoberta da verdade. Elas unem outros mundos ou outras realidades conflitantes a fim de ressaltar suas diferenças.

A ficção científica leva-nos a fazer as perguntas filosóficas sobre nosso mundo: o que é a realidade? O que é possível? Que forças estão efetivamente em ação?

Pós-modernismo como Fenômeno na Cultura Popular

A maioria de nós, provavelmente, teve seu contato mais direto com o pós-modernismo por meio da ficção científica e das histórias de espionagem, uma vez que é intensa sua penetração na cultura popular de hoje em dia. Todavia, graças à nossa imersão em nosso mundo, estamos continuamente expostos — e somos até mesmo bombardeados —, de modo inconsciente, pelo espírito pós-moderno.

Em certo sentido, a exposição ao espírito pós-moderno por intermédio da cultura popular é, por si só, característico do pós-modernismo. A recusa de elevar a "arte sofisticada" acima da cultura "pop" é um traço distintivo da pós-modernidade.[49] O pós-modernismo é o único movimento, dentre os movimentos de vanguarda, cujo apelo não se dirige à elite artística, mas a todos aqueles envolvidos

---

[48] Brian MCHALE, *Postmodernist fiction* (New York, Methuen, 1987, p. 59-60).
[49] Andreas HUYSSEN, "Mapping the postmodern", in: *The post-modern reader*, p. 66. Ver também Jameson, "Postmodernism and consumer society", p. 112.

em atividades da vida cotidiana por meio da cultura popular e dos meios de massa.

Nesse sentido, as obras pós-modernistas freqüentemente apresentam outro tipo de código dúplice. Elas falam uma linguagem e usam elementos acessíveis ao homem comum, bem como aos artistas e arquitetos profissionais. Assim, as expressões pós-modernas unem os reinos do profissional e do popular.[50]

A Indústria Cinematográfica como Elemento Fundador da Cultura Pós-moderna

Determinados desenvolvimentos tecnológicos facilitaram a penetração do pós-modernismo na mais influente das dimensões da cultura popular. Uma das mais significativas dessas dimensões foi o desenvolvimento da indústria do cinema.

A tecnologia da indústria cinematográfica adapta-se ao espírito pós-moderno à medida que seus produtos — filmes — dão a ilusão de ser o que não são. O filme parece ser uma narrativa unificada apresentada por um grupo específico de atores, porém, na realidade, trata-se de produto tecnológico montado por uma gama de especialistas com base numa série de materiais e em diversas técnicas que raramente aparecem de modo explícito no filme. Nesse sentido, a unidade do filme é, em grande medida, ilusória.

Por exemplo, o filme distingue-se da produção teatral porque quase nunca registra uma apresentação única de um grupo de atores. O que o espectador vê como representação contínua, coerente, na verdade, é um tipo de resíduo que emerge de uma seqüência de eventos — a produção do filme — fragmentados no tempo e no espaço.

As próprias cenas participam da "farsa". O que parece ser uma narrativa contínua do começo ao fim é, de fato, uma compilação de eventos filmados várias vezes em diversas locações. Na realidade, a

---

[50] Jim COLLINS, "Post-modernism as culmination: the aesthetic politics of decentred culture", in: *The post-modern reader*, p. 105.

seqüência em que as cenas são dispostas no filme raramente refletem a ordem em que foram filmadas. A unidade do filme, seja ela qual for, é imposição do diretor, responsável pela montagem das seqüências que resultam no produto acabado.

Os personagens também não são necessariamente representados pelos mesmos atores durante todo o filme. Os cineastas há muito empregam dublês, por exemplo, na filmagem de cenas perigosas. As novas tecnologias possibilitam a edição de estruturas individuais do filme para a inserção de imagens duplicadas de um ator, de atores antigos em novas produções, e até mesmo de imagens totalmente geradas por computador.

No fim das contas, o filme a que assistimos é o produto de uma tecnologia. Diferentes equipes utilizam a fotografia e outros métodos para a montagem de um vasto material combinado, a seguir, pelo editor (com a ajuda de outras técnicas para a preservação da ilusão) cujo objetivo é produzir o que parece ao espectador um todo unificado. Porém, contrariamente à produção teatral, o filme deriva sua unidade da tecnologia e não da contribuição de atores humanos.[51]

Uma vez que a unidade de um filme depende de técnicas do processo de filmagem e não da narrativa em si mesma, os cineastas têm considerável liberdade para fragmentar e manipular a história de diversas maneiras. Eles podem, por exemplo, justapor cenas em que aparecem tópicos e temas incompatíveis extraídos de seqüências filmadas em locações separadas pelo espaço e pelo tempo sem comprometer a unidade do todo.

Os cineastas pós-modernos deleitam-se em pôr abaixo o espaço e o tempo transformando-os num aqui e agora sem fim. Seus esforços nesse sentido são facilitados por um número crescente de filmes previamente filmados de onde podem fazer extrações de todos os tipos para aumentar as novas seqüências. Assim é que vemos

---

[51] Ver Walter BENJAMIN, "The work of art in the age of mechanical reproduction", in: *Illuminations*, trad. Harry Zohn (London: Fontana, 1970), p. 219-54.

Humphrey Bogart em cenas de *O último grande herói* e Groucho Marx num comercial de *Pepsi Diet*. A nova tecnologia promete tornar possível, cada vez mais, as fusões desconexas do "mundo real" com outras realidades em processos, tais como a justaposição de desenho animado e personagens humanos em *Uma cilada para Roger Rabbit*, um grande sucesso de bilheteria.

A capacidade de justapor diversas seqüências de modo que o espectador veja um todo integrado dá ao cineasta uma oportunidade única de obscurecer as distinções entre "verdade" e "ficção", "realidade" e "fantasia". Os cineastas pós-modernos têm explorado essas possibilidades de expressão do espírito pós-moderno. Por exemplo, os filmes pós-modernos tratam o puramente fictício e fantástico com a mesma seriedade que o real (e.g., em *Feitiço do tempo*). Eles conferem a uma história totalmente fictícia um ar de documentário (por exemplo, *Os deuses devem estar loucos*). Misturam fragmentos do registro histórico com a especulação e passam o resultado final como se fosse historicamente exato (por exemplo, *JFK*). Utilizam técnicas de filmagem para colocar lado a lado mundos totalmente incongruentes habitados por personagens que não têm certeza sobre o que é real (por exemplo, *Veludo azul*).[52]

Viver numa sociedade pós-moderna significa habitar um mundo semelhante ao do cinema — um reino em que a verdade e a ficção se fundem. Olhamos para o mundo do mesmo modo que assistimos aos filmes, com a suspeita de que o que vemos à nossa volta talvez seja, na verdade, ilusório. Apesar das disjunções do filme, o observador pode ao menos ter certeza de que ele expressa algo relativo às mentes que o produziram; o cineasta contribui, freqüentemente, para com um centro desamparado no mundo criado pelo filme. Por outro lado, quando observam o mundo, os pós-modernos não têm certeza de que haja uma Mente por trás dele.

---

[52] Para uma discussão sobre *Veludo azul* como filme pós-moderno, ver "Blue velvet: postmodern contradictions", de Norman DENZIN, in: *The post-modern reader*, p. 225-33.

A Televisão e a Disseminação da Cultura Pós-moderna

É provável que a tecnologia da indústria cinematográfica tenha colaborado para a fundação da cultura "pop" moderna, porém, a televisão mostrou ser um veículo mais eficiente para a disseminação do espírito pós-moderno por toda a sociedade.

De certo modo, a televisão é simplesmente o meio mais eficaz atualmente para que os criadores do "filme" o entreguem ao público. Grande parte da programação da televisão consiste simplesmente em transmitir o que uma miríade de cineastas produzem com formatos diversos, de comerciais curtos a minisséries. A televisão é um meio por intermédio do qual o filme invade o dia-a-dia de milhões de pessoas e, nesse sentido, pode ser vista como um simples prolongamento da indústria do cinema.

Todavia, além de sua ligação com o cinema, a televisão apresenta características que lhe são peculiares. Em alguns aspectos a TV é mais flexível do que o cinema. Um filme é um produto estático e acabado. A televisão pode ir além disso e apresentar programas ao vivo. A câmera de televisão pode dar aos espectadores um panorama dos eventos que estão ocorrendo em quase todas as partes do mundo.

Essa possibilidade de proporcionar ao telespectador uma transmissão ao vivo de um acontecimento leva muita gente a crer que a televisão apresenta eventos reais em si mesmos — sem interpretação, edição ou comentário. Por esse motivo, a televisão tornou-se rapidamente o "mundo real" da cultura pós-moderna; a reportagem televisiva despontou como o novo teste do que é real. Muitos espectadores não consideram algo importante a menos que apareça na CNN, no *Sixty minutes* (telejornal diário de grande audiência) ou nas minisséries feitas para a televisão. Tudo o que não passar pelo "teste ontológico" de ser levado ao ar pela televisão é relegado à periferia da vida na sociedade contemporânea.[53]

---

[53] Arthur KROEKER & David COOK, *The post-modern scene:* e*xcremental culture and hyper-aesthetics* (New York, St. Martin's Press, 1986, p. 268).

A televisão oferece a possibilidade de transmissão ao vivo dos "fatos" que acontecem em nosso mundo e a disseminação dos produtos resultantes da originalidade do poder criativo do cineasta. Essa dupla possibilidade reveste a televisão de um poder singular. Ela tem a capacidade de justapor a "verdade" (aquilo que o público apreende como caso verdadeiro) e a "ficção" (aquilo que o público apreende como algo que jamais ocorreu no mundo "real") de uma maneira que é impossível ao cinema. Na verdade, a televisão contemporânea realiza essa façanha continuamente. Acontece, por exemplo, toda vez que uma transmissão ao vivo é interrompida para "uma palavra do nosso patrocinador".

A televisão vai além da capacidade do filme no que se refere à concretização do espírito pós-moderno também em outro sentido. De fato, as transmissões da televisão comercial apresentam ao espectador uma variedade desmedida de imagens incompatíveis. O típico telejornal noturno, por exemplo, bombardeia o espectador com uma série de imagens desconexas em rápida sucessão — uma guerra num país remoto, um homicídio na vizinhança, um trecho de um discurso político, o último escândalo sexual, uma nova descoberta científica, destaques de um evento esportivo. Essa colagem é entremeada de anúncios sobre pilhas, sabonetes, cereais e férias melhores. Ao dar a todas essas imagens variadas — histórias de cunho noticioso bem como propagandas — um tratamento praticamente igual, a transmissão deixa a impressão de que todas têm importância relativamente igual.[54]

O noticiário é seguido de uma pletora de programas no horário nobre que procuram atrair e segurar a audiência enfocando temas voltados para a ação, escândalo, violência e sexo. As comédias de situação e os dramas parecem ter o mesmo peso que as histórias

---

[54] Para uma discussão disso, ver *Amusing ourselves to death:* public discourse in the age of show business (New York: Viking Press, 1985); e *Technopoly*: the surrender of culture to technology, de Neil Postman (New York, Vintage Books, 1993, p. 73-82).

mostradas horas antes pelos noticiários. Assim, a televisão torna difusa a fronteira entre a verdade e a ficção, entre o que é verdadeiramente importante e o trivial.

Uma vez que a programação de um único canal não é suficiente para proporcionar ao telespectador uma quantidade suficiente de imagens desconexas, a televisão contemporânea oferece a seus espectadores dúzias — em breve serão centenas — de canais diferentes. As transmissões a cabo e via satélite colocam à disposição do telespectador uma variedade incrível de programas à sua escolha; de posse do controle remoto, pode-se trafegar incessantemente por uma terra árida em busca de algo interessante — um noticiário, uma luta de boxe, um relatório financeiro, um filme antigo, a previsão do tempo, um comediante, um documentário, um informativo comercial, ou qualquer outra coisa dentre as várias que pululam no vasto mar das comédias de situações, séries policiais, *westerns*, novelas, seriados médicos e outras reprises do acervo de mais de quatro décadas de programação televisiva.

Ao proporcionar essa colagem de imagens, a televisão, sem querer, coloca lado a lado o irreconciliável. Além disso, oblitera a distinção entre o espacial e o temporal. Fundem-se, assim, o passado e o presente, o distante e o local, unindo-se todas as coisas numa perpétua *presentificação*. — o "presente" do telespectador. Desse modo, a televisão manifesta intrinsecamente o que alguns críticos vêem como as duas características centrais dos textos pós-modernos: ela demole a fronteira entre o passado e o presente, situando o espectador num presente perpétuo.[55]

Muitos observadores sociais falam da televisão como a representante da condição psicológica e cultural pós-moderna. A TV apresenta uma infinidade de imagens que são prontamente apartadas de sua referência com o real; imagens que circulam e interagem continuamente e sem um fluxo central preciso.[56]

---

[55] JAMESON, "Post-modernism and consumer society", p. 111-25.
[56] Lawrence GROSSBERG, "The in-difference of television", *Screen 28* (1987): 28-45.

O cinema e a televisão acabam de ganhar um novo canal de informação cada vez mais popular — o computador pessoal.

O advento da "tela" — seja do cinema, da televisão ou do computador — sintetiza como o pós-modernismo embaralha o contraste tradicional entre o eu subjetivo e o mundo objetivo. A tela não é simplesmente um objeto externo para o qual olhamos. O que acontece na tela não é algo totalmente alheio a nós (alguma coisa que simplesmente aparece na tela), tampouco algo que nos seja indiferente por completo; sua ocorrência, isto sim, parece se dar em algum ponto entre os dois.[57] A tela nos conduz ao seu mundo da mesma forma com que penetra o nosso. Do mesmo modo como os acontecimentos da tela se tornam uma extensão de nós mesmos, também nos tornamos uma extensão dela. A tela, portanto, torna-se uma forma personificada de nossos mundos psíquicos.

Viver na era pós-moderna significa habitar um mundo criado pela justaposição de diversas imagens. O mundo da tela confunde as imagens indistintas num presente fragmentado; os pós-modernos comprometidos com esse mundo continuam na dúvida se não seria ele nada mais do que imagens difusas.

> O ego que desaparece (é) o sinal de vitória do pós-modernismo... O eu é transformado em uma tela vazia de uma cultura exausta, mas altamente técnica.
>
> Arthur KROKER, Marilouise Kroker and David COOK, "Panic alphabet", in *Panic encyclopedia: The definitive guide to the postmodern scene* (Montreal: New World Perspectives, 1989, p. 16).

Outras Expressões do Pós-modernismo na Cultura "pop"

O cinema talvez tenha tornado possível a cultura popular pós-moderna, e a televisão possivelmente disseminou essa cultura, mas

---

[57] Jean BAUDRILLARD, "The ecstasy of communication", in: *The anti-aesthetic*, p. 126-34.

o *rock*, tudo indica, é a forma mais representativa da cultura "pop" pós-moderna.[58] As letras de várias músicas de *rock* fazem eco aos temas pós-modernos, porém, a associação entre o *rock* e a cultura "pop" pós-moderna é mais profunda. O *rock* encarna a marca central da pós-modernidade: seu enfoque duplo no global e no local.

O *rock* contemporâneo desfruta atualmente de um público global que o reveste de capacidades de unificação de todo o mundo. Basta que nos lembremos de seus fãs internacionais, que permitem aos astros mais populares do *rock* realizarem "turnês mundiais" altamente lucrativas. Ao mesmo tempo, porém, o *rock* conserva um sabor local. Nas apresentações das grandes estrelas, e também nas de pequenas bandas locais, o *rock* reflete uma pluralidade de estilos tomados de empréstimo de formas musicais locais e étnicas.

Igualmente significativa como personificação do espírito pós-moderno é a vinculação com a produção eletrônica que o *rock* compartilha com a televisão e o cinema. Uma dimensão crucial da cultura do *rock* é a *performance* ao vivo de seus astros mais populares. Todavia, a experiência atual "ao vivo" não apresenta mais a forma tradicional de um concerto íntimo em que o artista procura se comunicar diretamente com a platéia. O mais das vezes, o show de *rock* consiste naquilo a que alguns observadores referem-se como "intimidade fabricada com a massa".[59]

O concerto de *rock* contemporâneo é um evento tipicamente de massa com públicos que se contam na casa das dezenas de milhares. Grande parte dos fãs presentes ao *show* ficam longe demais dos artistas para poder vê-los claramente no palco. Mesmo assim, essas pessoas ainda são capazes de "vivenciar" aquele acontecimento. A apresentação chega-lhes por intermédio de gigantescas telas de vídeo em que são mostrados *closes* do artista. Essa técnica anula e dá nova ênfase, a um só tempo, à distância real existente entre o artista e a platéia. Os fãs,

---

[58] CONNOR, *Postmodernist culture*, p. 186.
[59] CONNOR, *Post-modernist culture*, p. 151.

exultantes, sentem-se próximos de seu herói, a despeito do fato de que a presença do artista é artificial, já que mediada por uma tela. A tecnologia transforma a intimidade de uma "apresentação ao vivo" num grande encontro de fãs que assistem juntos aos "vídeos" enquanto são bombardeados com efeitos especiais.

A tecnologia ofusca também a distinção entre a apresentação original e a sua reprodução. Ela fragmenta a distinção entre o "ao vivo" e as dimensões reproduzidas da experiência musical. Na verdade, a apresentação já não é mais uma realidade separada que se acha por detrás de um contexto específico em que ocorre. Ela é, de fato, uma mistura do que os artistas fazem e uma reprodução tecnológica de suas ações. A apresentação surge emaranhada na tecnologia que a comunica ao público.

Talvez mais sutil do que a interação entre o pós-modernismo e o *rock* seja a presença do espírito pós-moderno nos estilos de vestuário contemporâneo. As modas pós-modernas revelam as mesmas tendências encontradas em outras expressões culturais "pop". Isso é visível na popularidade de roupas que exibem de maneira explícita suas *griffes* e etiquetas de fabricação como, por exemplo, um detalhe que desfaz a diferenciação entre moda e propaganda.

A perspectiva pós-moderna é evidente, sobretudo, no que se chama "bricolagem". Num claro desafio à tentativa tradicional de coordenar as peças individuais do vestuário num "visual" coerente, o estilo pós-moderno justapõe, propositalmente, elementos incompatíveis ou heterogêneos, tais como roupas e acessórios pertencentes as duas últimas décadas.

Como em outras expressões do pós-modernismo, a combinação de elementos da moda tradicionalmente incompatíveis não é feita aleatoriamente. Trata-se de algo calculado com o objetivo de produzir um efeito irônico ou para parodiar as regras modernas do vestuário, ou talvez a indústria da moda moderna como um todo.[60]

---

[60] CONNOR, *Post-modernist culture*, p. 191.

A cultura "pop" de nossos dias reflete o pluralismo sem centro definido da pós-modernidade e dá expressão ao anti-racionalismo pós-moderno. Como mostram as roupas que usam e as músicas que ouvem, os pós-modernos não estão mais convencidos de que seu mundo tenha um centro definido ou que a razão humana seja capaz de perceber alguma estrutura lógica no universo. Em seu mundo não há mais distinção entre a verdade e a ficção. Conseqüentemente, tornam-se coletores de experiências, repositórios da transitoriedade, imagens fugazes produzidas e modeladas pela diversidade das formas de mídia inerentes à sociedade pós-moderna.

> Da música *rock* ao turismo, da televisão à educação, os apelos dos comerciais e as exigências dos consumidores não são mais por coisas materiais, mas por experiências.
>
> Steven CONNOR, *Postmodernism Culture*
> (Oxford, Basil Blackwell, 1989, p. 154).

O pós-modernismo assume formas diversas. Ele aparece personificado em certas atitudes e expressões que tocam o dia-a-dia de inúmeras pessoas da sociedade contemporânea. Tais expressões vão da moda à televisão e compreendem aspectos penetrantes da cultura popular, como por exemplo a música e o cinema. O pós-modernismo está também encarnado numa variedade de expressões culturais que incluem a arquitetura, a arte e a literatura. Mas o pós-modernismo é, sobretudo, uma perspectiva intelectual.

O pós-modernismo rejeita a idéia do erudito solitário nascido do Iluminismo. Os pós-modernos denunciam a pretensão dos que declaram ver o mundo de um ponto de vista estratégico com base no qual se acham capacitados a falar categoricamente à humanidade e em nome dela. Os pós-modernos substituíram esse ideal do Iluminismo pela crença de que todas as reivindicações à verdade — e, em última análise, à verdade em si mesma — estão condicionadas socialmente.

A COSMOVISÃO PÓS-MODERNA
CAPÍTULO TRÊS

A PÓS-MODERNIDADE TALVEZ TENHA SURGIDO EM ST. LOUIS, NUMA TARDE DE JULHO DE 1972, porém, foram necessários sete anos até que se tornasse um elemento da paisagem intelectual.

Em 1979, o Conseil des Universities do governo de Quebec (Canadá) solicitou a elaboração de um relatório sobre "o conhecimento nas sociedades de mais alto grau de desenvolvimento". Para isso, foi requisitada a colaboração de Jean-François Lyotard, filósofo francês do Institute Polytechnique de Philosophie da Université de Paris, em Vincennes, França. Sua resposta veio na forma de um ensaio curto cujo título, despretensioso, era *The postmodern condition: a report on knowledge* [A condição pós-moderna: um relatório sobre o conhecimento].

A publicação de *A condição pós-moderna* colocou o pós-modernismo no mapa intelectual.[1] O mérito do livro não se deve tanto ao fato de ter iniciado a discussão, e sim à descrição que faz, de maneira acessível, da revolução de perspectiva que permeia o fenômeno

---

[1] Lyotard não tem a pretensão de ter sido o criador do termo "pós-modernismo". Na verdade, ele faz referência a usos anteriores do termo por indivíduos como Alain Touraine, Daniel Bell e Ihab Hassan (*The post-modern condition: a report on knowledge*, trad. Geoff Bennington e Brian Massumi, Minneapolis, University of Minnesota, 1984, p. 85n.1).

cultural em todo o mundo ocidental, bem como da base teórica e filosófica da visão pós-moderna.[2]

Mas, qual a perspectiva intelectual que dá sustentação a essa nova atitude na cultura ocidental e na sociedade? Da ótica de seu programa intelectual, o pós-modernismo denota uma nova maneira de ver a realidade. Trata-se de uma revolução tanto de nosso entendimento acerca do conhecimento quanto de nossa visão da ciência.

Pós-modernismo e Conhecimento

Conforme já observamos, o pós-modernismo desafia a descrição definitiva. Seja lá o que for além disso, ele implica a rejeição radical da perspectiva intelectual moderna. Trata-se de uma revolução no conhecimento. De modo mais específico, a era pós-moderna marca o fim do "universo" — o fim da cosmovisão que a tudo abrange.

Em certo sentido, os pós-modernos não possuem cosmovisão alguma. No centro do pós-modernismo há uma negação da realidade de um mundo unificado como objeto de nossa percepção. Os pós-modernos rejeitam a possibilidade da construção de uma cosmovisão única correta e contentam-se simplesmente em falarem de muitas visões e, conseqüentemente, de muitos mundos.

Ao substituir a cosmovisão moderna por uma multiplicidade de visões e de mundos, a era pós-moderna, na verdade, substituiu o conhecimento pela interpretação.

---

[2] Nas palavras de Susan Rubin SULEIMAN, "O mais admirável é que esse relatório estabelece os vínculos entre a filosofia pós-estruturalista francesa e as práticas culturais pós-modernas (entenda-se "cultura" no sentido em que nela se acham incluídas a ciência, a vida cotidiana e as artes), de modo que estas últimas podem ser entendidas —ao menos no esquema mental de Lyotard— como exemplos daquela" ("Feminism and postmodernism: a question of politics", in: *The post-modern reader*, editado por Charles Jencks, New York, St. Martin's Press, 1992, p. 318).

A COSMOVISÃO PÓS-MODERNA

Pós-modernismo como Fim do "Mundo"

A perda da cosmovisão moderna assinala o fim do mundo objetivo do projeto iluminista.

De fundamental importância para a perspectiva moderna é a suposição da existência de um mundo objetivo à nossa volta. A cosmovisão moderna supõe que a realidade seja ordenada e que a razão humana é capaz de discernir essa ordem à medida que se manifesta nas leis da natureza. O projeto do Iluminismo baseia-se na suposição de que o caminho para a realização humana dá-se primordialmente pela descoberta e utilização dessas leis em prol da humanidade.

O pós-modernismo rejeita a compreensão de nosso conhecimento do mundo que está na base do projeto do Iluminismo e da modernidade. Especificamente, a era pós-moderna abandonou a noção de um mundo objetivo.

Esse abandono do conceito do mundo objetivo resulta da rejeição pós-moderna de um entendimento realista do conhecimento e da verdade em favor de um entendimento irrealista.[3] Isto é, passamos de uma perspectiva "objetivista" para uma perspectiva *construcionista*.[4]

Na maior parte do cotidiano, agimos segundo uma compreensão "objetivista" do mundo, do conhecimento e da verdade. Na realidade, aceitamos esse "bom senso" do mundo como evidente em si mesmo. Supomos que o mundo é objetivamente real, que ele manifesta uma ordem inerente a si mesmo e independente da atividade humana. A maioria de nós supõe que a mente humana seja capaz de refletir, de modo mais ou menos correto, essa realidade externa e não-humana; muitos de nós supomos também que a língua, como produto da mente humana, seja um meio adequado para comunicar a nós mesmos, e a outras pessoas, o que pensamos a respeito do mundo.

---

[3] Ver a introdução de Hilary LAWSON às "Stories about truth", em *Dismantling truth: reality in the post-modern world*, editado por Hilary Lawson e Lisa Appignanesi (New York, St. Martin's Press, 1989, p. 4).

[4] Walter Truett ANDERSON, *Reality isn't what it used to be: theatrical politics, ready-to-wear religion, global myths, primitive chic, and other wonders of the postmodern world* (San Francisco, Harper & Row, 1990, p. x-xi, 8).

Ao fazer essas suposições "objetivistas", agimos segundo o que se designa como teoria da correspondência da verdade. De acordo com essa teoria, as afirmações ou são verdadeiras ou são falsas e nós somos capazes de determinar se são falsas ou verdadeiras comparando-as com o mundo. Se você disser: "Há uma torta de maçã na geladeira", basta que eu olhe na geladeira para avaliar se a afirmativa é falsa ou verdadeira. Ao agir com base em suposições "objetivistas", o realista define a verdade como a correspondência entre nossas afirmações e o mundo objetivo em relação ao qual nós as fazemos.

O entendimento "objetivista" geralmente funciona bem na vida cotidiana. Os realistas do Iluminismo, porém, não param por aí: eles universalizam essa abordagem numa teoria geral da verdade. Ao menos teoricamente, afirmam que a mente humana é capaz de apreender a realidade como um todo e, portanto, podemos elaborar uma descrição verdadeira e completa sobre a realidade do mundo. Esses teóricos estendem os limites da "realidade" que acreditam sermos capazes de captar e agregam a ela não somente os objetos do dia-a-dia que nos rodeiam, mas também o reino da natureza em conformidade com as explorações efetuadas pelas ciências naturais. Para eles, é-nos possível atingir um conhecimento seguro em todos os domínios do questionamento humano, inclusive no da história, a qual definem como o estudo da humanidade enquanto centro do cosmos.

Os pensadores pós-modernos já não acham mais possível concretizar esse grande ideal realista;[5] Eles rejeitam a suposição sobre a qual ela se baseia — a saber, que vivemos em um mundo feito de objetos físicos facilmente identificáveis por suas propriedades inerentes. Para os pós-modernos, não deparamos simplesmente com um mundo "lá fora"; na verdade, construímos o mundo utilizando conceitos que trazemos para ele. Eles afirmam que não dispomos de nenhum ponto estratégico — além de nossa própria estruturação do

---

[5] Para uma crítica concisa do realismo, ver Hugh Tomlinson, "After truth: post-modernism and the rhetoric of science", in: *Dismantling truth*, p. 46-48.

mundo — com base no qual poderíamos ter uma visão objetiva da realidade, qualquer que seja ela, do mundo lá fora.

O realista do Iluminismo supõe também que exista um relacionamento simples e individual entre as partes da linguagem que usamos para descrever o mundo e as partes do mundo que buscamos conhecer. Os lingüistas do século XX dizem que esta suposição é falsa. Simplesmente não casamos partes da linguagem com partes do mundo, tampouco uma determinada linguagem fornece um "mapa" preciso do mundo. As linguagens são convenções sociais que mapeiam o mundo de diversas maneiras, dependendo do contexto em que estamos falando.

Ludwig Wittgenstein era da opinião de que todas as palavras ("significadores lingüísticos") estão embutidas em "jogos lingüísticos". Cada "jogo" lingüístico é definido por um sistema de regras que governam a maneira como as palavras são usadas naquele contexto. Nesse sentido, a linguagem se parece com um jogo de xadrez, por exemplo, cujas regras determinam a forma de movimentação das peças.[6] Uma implicação importante dessa visão consiste no fato de que vários de nossos jogos de linguagem colorem e alteram a maneira como vivenciamos o mundo.

Tais reflexões levam os pensadores pós-modernos a abandonarem a visão realista em prol de uma visão não-realista ou *construcionista*. Os construcionistas enfatizam o papel da linguagem como facilitadora de acesso ao mundo. Para eles, o que chamamos "mundo real", na verdade, é uma criação social em constante mudança. Nosso mundo é "simbólico", é uma realidade social que edificamos por intermédio da linguagem de que compartimos. Dizemos que a neve é branca, que o céu é azul e que a grama é verde, porque escolhemos desse modo nossas categorias. Porém, em virtude do fato de que nosso contexto social está em constante mutação, os significados — e,

---

[6] Wittgenstein será discutido com maior profundidade no capítulo 5. Esta introdução sucinta baseia-se na descrição de Lyotard. (*The postmodern condition*, p. 10).

conseqüentemente, o mundo que vemos graças à linguagem — estão igualmente em constante modificação.

Outro fator deu também sua contribuição para o aniquilamento da compreensão "objetivista". A postura do Iluminismo manteve sua credibilidade durante o tempo em que os ocidentais acreditavam que a sua civilização era a mais avançada do mundo. Os modernos simplesmente supunham que toda a humanidade viria finalmente apreciar e lutar pela consecução dos benefícios do ideal ocidental. Na era pós-moderna, entretanto, esse sonho perdeu sua credibilidade: tornou-se vítima do fenômeno a que muitos chamam "globalização".[7] Hoje em dia, as pessoas no Ocidente são confrontadas por uma variedade de culturas, sendo que cada uma delas valoriza suas próprias crenças e sua própria visão do mundo.

Nossa situação globalizada e pluralista subverteu a visão do Iluminismo. Os pós-modernos argumentam que não podemos mais, que não é racional, atermo-nos à perspectiva da descoberta de um mundo único, simbólico e universal capaz de unir a humanidade num nível mais profundo do que o de nossas evidentes diferenças. Em vez disso, dizem eles, devemos enfrentar o fato de que vivemos num mundo de "múltiplas realidades". Diferentes grupos de pessoas constroem "histórias" distintas sobre o mundo com que deparam. Essas línguas diferentes, por sua vez, facilitam os diferentes modos de experimentar a vida. Conseqüentemente, as pessoas não compartilham meramente opiniões políticas e crenças religiosas diferentes; na verdade, habitam mundos diferentes no que se refere às questões básicas da identidade pessoal, do tempo e do espaço.

---

[7] "O colapso da crenças a que temos testemunhado ao longo do século XX vem junto com a globalização", diz Anderson. "A condição pós-moderna não é um movimento artístico ou uma moda cultural, tampouco uma teoria intelectual — embora produza tudo isso e, de certa forma, seja definida por todas essas coisas. É o que acontece inevitavelmente à medida que as pessoas, por toda parte, começam a ver que existem muitas crenças, muitos tipos de crença, muitos modos de crer. O pós-modernismo *é* a globalização; ele é a forma parcialmente descoberta da unidade única que transcende todas as nossas diferenças." (*Reality isn't what it used to be*, p. 231).

A compreensão pós-moderna do conhecimento, portanto, ergue-se sobre duas suposições fundamentais: (1) os pós-modernos encaram toda explicação da realidade como construções úteis, mas não objetivamente verdadeiras; e (2) negam que tenhamos condições de alçarmos vôo fora de nossas construções da realidade.[8]

Conseqüentemente, a perspectiva pós-moderna constitui-se num ataque ao moralismo em nome da razão. Uma vez que não nos é possível ver o mundo separadamente das estruturas que trazemos a ele, prossegue o raciocínio, somos incapazes de medir nossas teorias e proposições em relação a um mundo externo e objetivo.[9] Pelo contrário, as teorias que inventamos criam os diferentes mundos em que vivemos.[10]

Com base nesse tipo de argumentação, o pós-modernismo ergueu-se das supostas ruínas de uma teoria que sustentava todo o projeto moderno.[11] Os pós-modernos adotaram uma visão pluralista do conhecimento. Tendo rejeitado a noção de um mundo único e objetivo como tal e, efetivamente, qualquer outra base única por meio da qual julgar a validade do pensamento e do conhecimento,[12] os pós-modernos têm demonstrado um desejo de permitir que existam, lado a lado, construções concorrentes e aparentemente conflitantes.[13]

---

[8] ANDERSON, *Reality isn't what it used to be*, p. 255.

[9] Thomas S. KUHN, *The structure of scientific revolutions*, 2ª ed. (Chicago, University of Chicago Press, 1970, p. 206).

[10] Hilary LAWSON explica: "Por meio da linguagem, da teoria e do texto, fechamos a abertura em que se constitui o mundo. Os fechamentos que pomos em prática dão ao mundo um conteúdo... Não temos relatos diferentes da mesma coisa, e sim diferentes fechamentos e diferentes coisas" (*Reflexivity: the post-modern predicament*, London, Hutchinson, 1985, p. 128-29).

[11] Hilary PUTNAM, *Reason, truth and history* (Cambridge, Cambridge University Press, 1981, p. 74).

[12] Ver a introdução de Robert P. SCHARLEMANN à *Theology at the end of the century: a dialogue on the postmodern*, editado por Robert P. Schalermann (Charlottesville, University Press of Virginia, 1990, p. 6).

[13] A conclusão de Anderson é típica do pós-modernismo: "Na falta de absolutos, teremos de nos encontrar uns com os outros como pessoas que possuem diferentes informações, diferentes histórias e diferentes visões — e confiar no resultado disso" (*Reality isn't what it used to be*, p. 183).

Para eles o ponto em questão não é "Será que esta proposição ou teoria está correta?", e sim "O que ela faz?"[14] ou "Qual é o resultado?"

Alguns estudiosos pós-modernistas vêem a si mesmos como precursores da morte do realismo e responsáveis por trazer à luz os modos pelos quais os conceitos geralmente assumidos como de bom senso ou universais são, na verdade, construções culturais. Se a linguagem fabrica de fato o significado (ao invés de revelar um significado objetivo já presente no mundo), segue-se que o trabalho do estudioso é desfazer ("desconstruir") esse processo de construção do significado. Ao desconstruir esses conceitos influentes, talvez possamos libertar nossos pensamentos e ações de seu domínio.[15]

A perspectiva pós-moderna, semelhantemente, exige uma "sala de aula pós-pedagógica". O ensino não é mais a mera transmissão de uma disciplina do conhecimento que se antepõe à experiência educacional; em vez disso, ele deve abranger a produção ativa (bem como a desconstrução) do significado.[16]

O Pós-modernismo como Fim de uma "Metanarrativa"

No centro do projeto iluminista está o desejo de explorar o mundo (bem como a humanidade) tal como se apresenta em si mesmo, à parte dessa atividade exploratória do homem. O explorador moderno descreve o mundo tomando como referência as "leis" universais ou princípios que governam a ação, supondo assim que a compilação dessas leis constituam o conhecimento do mundo.

Os arquitetos da modernidade criam que estavam construindo uma nova sociedade fundamentada exclusivamente na racionalidade universal. Seu propósito era o de ultrapassar guerras e conflitos, os quais acreditavam ser o resultado inevitável dos mitos e dos dogmas

---

[14] TOMLINSON, "After truth", p. 55.
[15] Charlene SPRETNAK, *States of grace: the recovery of meaning in the postmodern age* (San Francisco, Harper Collins, 1991, p. 4).
[16] Greg ULMER, *Applied grammatology:* post(e)-pedagogy from Jacques Derrida to Joseph Beuys (Baltimore, The Johns Hopkins University Press, 1985).

religiosos dos povos pré-modernos. Para a perspectiva moderna, o programa iluminista da descoberta era totalmente objetivo, isento da dependência pré-moderna dos mitos e histórias que explicavam o mundo. Os modernos acreditavam ser capazes de observar o mundo tal como ele realmente é. Na concepção pós-modernista, tal coisa não passa de ilusão.

A rejeição pós-moderna dessa arrogância do Iluminismo desenvolveu-se com base nas mutações por que passavam as percepções em várias sociedades. À medida que adentravam o século XX, os antropólogos tornavam-se cada vez mais cientes da importância fundadora dos mitos na sociedade humana. Alguns eruditos argumentavam que os mitos eram mais do que simples histórias contadas pelas culturas primitivas; na verdade, eles eram a encarnação do principal núcleo dos valores e das crenças de uma cultura num sentido fundamentalmente religioso.[17] Sua pesquisa levou-os à conclusão de que todas as sociedades são entretecidas por um sistema de mitos, e que estes preservam as relações sociais dando forma à sua reivindicação de legitimidade.[18]

Os pensadores pós-modernos referem-se a esses sistemas de legitimação de mitos como "narrativas" (ou "metanarrativas"). Para eles, a narrativa exerce uma força à parte da argumentação e da prova[19] e, na verdade, é ela que proporciona o principal meio por intermédio do qual toda comunidade legitima-se a si mesma.

A perspectiva moderna afirma ter substituído os mitos por postulados racionais, todavia, os pós-modernos afirmam que o projeto iluminista depende do atrativo da narrativa. O método científico

---

[17] Frederick Ferré fala a respeito do "modelo mundial de religião", que ele define como "toda imagem que serve de inspiração para o modo como *todas as coisas, no fundo, deveriam ser* pensadas, o que também *expressa ou evoca reações de muito valor*" (*Hellfire and lightning rods: liberating science, technology, and religion*, Maryknoll, N.Y., Orbis Books, 1993, p. 75).

[18] Ver, e.g., R. M. MacIver, *The web of government* (New York, Macmillan, 1947, p. 4).

[19] Ver, e.g., Lyotard, *The postmodern condition*, p. 27.

que deu origem à modernidade, argumentam eles, nasceu de uma interpretação da narrativa cristã que fala de um Deus racional, criador do universo e seu soberano. A era moderna via-se a si mesma como a personificação de uma narrativa do progresso — um mito que legitimou a invenção tecnológica e o desenvolvimento econômico como meio de criação de um mundo melhor para todos os seres humanos. Durante algum tempo, essa história foi desafiada por uma variante — a narrativa marxista de uma revolução inevitável que conduziria à utopia do socialismo internacional. No entanto, prosseguem os pós-modernos, em momento algum os modernos realmente se libertaram da força direcional do mito.

De acordo com pós-modernos como Lyotard, o declínio da modernidade não foi resultado de falta de fibra, ou de uma incapacidade de manter a fé em postulados racionais e não em mitos. Na verdade, sua ocorrência se deve ao fato de que as grandes narrativas que legitimavam a sociedade moderna vêm perdendo sua força.[20] Tal situação não é de forma alguma incomum. Na verdade, a História pode ser vista como uma série de transições de um mito definidor para outro; é inevitável que as narrativas mais antigas desapareçam e cedam seu lugar para as novas.

O que torna nossa condição "pós-moderna" não se restringe somente ao fato de que as pessoas não se agarram mais aos mitos da modernidade. A perspectiva pós-moderna implica o fim do apelo a qualquer mito legitimador dominante, seja ele qual for. As principais narrativas predominantes não somente perderam sua credibilidade, como também a idéia de uma narrativa grandiosa já não desfruta de crédito algum. Tornamo-nos não apenas cientes de uma pluralidade de histórias legitimadoras de conflitos, como entramos igualmente na era da morte da metanarrativa.[21] Na era pós-moderna,

---

[20] LYOTARD, *The postmodern condition*, p. 37.
[21] Anderson afirma, um tanto incorretamente, que há seis histórias na disputa pela lealdade do mundo pós-moderno: (1) o mito ocidental do progresso...; (2) a

todas as coisas são "deslegitimadas". Conseqüentemente, a perspectiva pós-moderna requer uma investida contra tudo o que reivindica para si a universalidade — ela requer, na verdade, uma "guerra contra a totalidade".[22]

> Usarei o termo *moderno* para designar qualquer ciência que se legitima a si mesma em relação a um metadiscurso deste tipo por meio de um apelo explícito a alguma metanarrativa grandiosa, tal como a dialética do Espírito, a hermenêutica do significado, a emancipação do racional ou do sujeito operante, ou a criação da riqueza. Por exemplo, a regra do consenso entre o transmissor e o destinatário com referência a uma afirmação com valor de verdade é considerada aceitável se elaborada como uma possível unanimidade entre as mentes racionais: essa é a narrativa do Iluminismo, em que o herói do conhecimento trabalha em prol de um fim ético-político — a paz universal...
> Simplificando ao máximo, defino *pós-moderno* como incredulidade em relação às metanarrativas.
>
> Jean-François LYOTARD, *The postmodern condition: a report onknowledge,* trad. Geoff Bennington e Brian Massumi (Minneapolis, University of Minnesota Press, 1984, p. xxiii-iv).

---

história marxista da revolução e do socialismo internacional; (3) a história fundamentalista cristã sobre o retorno a uma sociedade governada com base em valores cristãos e na crença bíblica; (4) a história fundamentalista islâmica sobre o retorno a uma sociedade governada com base nos valores islâmicos e na crença no Alcorão; (5) a história da ecologia, que rejeita o mito do progresso e advoga um governo das sociedades segundo valores ecológicos; e (6) a história do "novo paradigma" sobre um salto súbito para frente rumo a uma nova forma de ser e a uma nova forma de compreender o mundo. (*Reality isn't what it used to be*, p. 243-44).

[22] LYOTARD, *Postmodern condition*, p. 82.

A morte da grande narrativa significa que não buscamos mais um sistema único de mitos capaz de unir os seres humanos e torná-los um só povo ou de fazer do globo um "mundo" único. Embora tenham-se desviado de qualquer metanarrativa, os pós-modernos continuam a preservar as narrativas locais. Todos nós vivenciamos um mundo no contexto das sociedades em que vivemos, por isso, os pós-modernos continuam a construir modelos (ou "paradigmas") que lhes sirvam de guia em sua experiência em tais contextos.

Uma vez que percebem a vida como drama ou narrativa, suas principais preocupações têm a ver com o processo de fabricação das histórias que definem a identidade pessoal e dão propósito e forma à existência social.[23] Os pós-modernos continuam a rejeitar a ilusão modernista — negam que os modelos modernistas representem a realidade — mas, por uma questão prática, admitem que esses modelos continuam a servir como "ficções úteis" na vida cotidiana.

O Pós-modernismo como Fim da Ciência

Lyotard define a condição pós-moderna como o fim da grande narrativa. Conforme já pudemos observar, sua reflexão acarreta implicações importantes para todos os aspectos da sociedade humana e para nossa compreensão do conhecimento. A principal preocupação de Lyotard, contudo, refere-se àquela dimensão que tem exercido uma influência formadora mais significativa do que qualquer outra na era moderna — a empresa científica. O pós-modernismo, diz ele, assinala o fim da ciência.

A ciência moderna surgiu, em parte, do desejo de dissipar do reino do conhecimento as crenças "pré-científicas", os mitos e histórias que os povos primitivos empregavam para falar sobre o mundo. No centro do método científico acha-se a dissolução de todo apelo a tais narrativas cujo propósito é a legitimação do conhecimento. O pós-modernismo marca o fim dessa tentativa.

---

[23] ANDERSON, *Reality isn't what it used to be*, p. 108.

De acordo com a avaliação pós-moderna, a ciência é incapaz de atingir seu objetivo, ou seja, a expulsão do mito do reino do conhecimento. Na verdade, a ciência deve, inevitavelmente, voltar-se ao próprio empreendimento que procura destruir — a narrativa — a fim de legitimar sua própria empresa.[24]

Segundo Lyotard, desde a década de 1700 há duas narrativas principais que servem a esse propósito legitimador. Ambas encarnam a idéia do progresso em direção a um objetivo, proporcionando, cada uma, um fundamento unificador para as diferentes disciplinas que acolhe sob a rubrica de *ciência*.

A primeira delas é o mito político que legitima a ciência ao apelar para a liberdade. Todos os povos têm direito ao conhecimento científico, assevera o mito, contudo, são impedidos de alcançá-lo por sacerdotes e tiranos. Graças à ciência, a humanidade ergue-se livre e digna e emancipa-se tomando de assalto os bastiões da ignorância e da opressão.

A segunda narrativa é filosófica. Aqui, o sujeito envolvido na busca pelo conhecimento não é a humanidade, mas o conhecimento em si mesmo (ou o "espírito" ou "vida"). Essa narrativa afirma que a empresa científica é legítima porque facilita o aumento do conhecimento. Ela afirma também que as várias disciplinas científicas contribuem para a evolução gradual do conhecimento.[25]

Ambas as narrativas legitimadoras do "avanço da ciência" fornecem a estrutura para a organização de outras narrativas "locais". Os intérpretes modernos adaptam as histórias das novas descobertas científicas ou das biografias dos heróis da tradição de acordo com essas metanarrativas. As narrativas locais ganham seu significado graças ao modo como repercutem e confirmam as grandes narrativas do progresso científico. O progresso da ciência une essas histórias pequenas e divergentes num todo histórico único.

---

[24] LYOTARD, *The postmodern condition*, p. 29.
[25] LYOTARD, *The postmodern condition*, p. 31-36.

De acordo com a análise de Lyotard, porém, a era do questionamento unificado chegou ao fim. Desde a Segunda Guerra Mundial, as grandes narrativas do progresso científico perderam sua credibilidade.[26] Conseqüentemente, o apelo à ciência como categoria organizadora e unificadora está enfraquecendo. Especificamente, a noção de uma empresa científica única, subdividida em disciplinas paralelas bem definidas, está sendo substituída pela noção de um agregado de áreas de questionamento mal definidas e em constante mutação. Cada uma dessas especialidades ostenta seu próprio "jogo de linguagem" (método ou procedimento de pesquisa) e conduz seu trabalho sem recorrer a uma "metalinguagem" científica universal que una as ciências e proporcione um tribunal de recursos bem como um conjunto de princípios metodológicos confiáveis.[27]

O esfacelamento da ciência modificou o objetivo da pesquisa. Os estudiosos já não mais legitimam sua obra participando da procura do conhecimento científico. Sua meta agora é o "grau de desempenho" e não a "verdade". O patrocínio financeiro que ampara a pesquisa não tem por objetivo promover a emancipação da humanidade ou a ampliação do conhecimento; seu propósito é o crescimento de seu poder.[28] A pergunta deixou de ser "Será verdade?" e passou a ser "Para que serve?" A questão da utilidade equivale à pergunta "Dá para vender?" ou, em contextos de ênfase no poder, "É eficiente?"[29]

Embora reconhecendo os problemas potenciais relacionados com a perda da metanarrativa científica, os pensadores pós-modernos não lamentam a situação acarretada por essa perda. Lyotard saúda um mundo em que múltiplos jogos lingüísticos incompatíveis floresçam lado a lado. Ele se alegra com o fato de que não somos mais governados pela preocupação moderna de que toda discussão deva resultar num

---

[26] LYOTARD, *The postmodern condition*, p. 37.
[27] LYOTARD, *The postmodern condition*, p. 39-41.
[28] LYOTARD, *The postmodern condition*, p. 46.
[29] LYOTARD, *The postmodern condition*, p. 51.

consenso. Ele admite, de modo sugestivo, que não busca mais a reconciliação dos diferentes jogos lingüísticos.[30]

Para Lyotard, a condição pós-moderna é benéfica porque intensifica nossa capacidade de lidar com a situação pluralista em que vivemos. Ela nos auxilia na tarefa de viver com as diferenças e de tolerar coisas que não podem ser reunidas num todo único.[31] Todavia, mais importante ainda, ele antecipa que a era pós-moderna será uma época de grande inventividade. De acordo com Lyotard, a condição pós-moderna fomenta a invenção porque é fruto da dissensão, e não do consenso.[32]

O pós-modernismo sinaliza a morte de tais "metanarrativas", cuja função terrorista secreta consiste em fundamentar e legitimar a ilusão de uma história humana "universal". Estamos agora no processo de despertamento do pesadelo da modernidade, com sua razão manipuladora e seu fetiche de totalidade, rumo ao pluralismo descontraído da pós-modernidade, com seu espectro heterogêneo de estilos de vida e de jogos lingüísticos que renunciaram à necessidade nostálgica da totalização e da própria legitimação... A ciência e a filosofia precisam pôr de lado suas grandiosas reivindicações metafísicas e devem refletir sobre si mesmas com mais modéstia, tão-somente como mais um conjunto de narrativas.

Terry EAGLETON, "Awakening from modernity" [*Despertando da Modernidade*], (*Times Literary Supplement*, 20 de fevereiro de 1987, p. 194).

Os arautos da pós-modernidade fazem coro com Lyotard na celebração do glorioso evento da morte da era moderna.

---

[30] LYOTARD, *The postmodern condition*, p. 81.
[31] LYOTARD, *The postmodern condition*, p. xxv.
[32] LYOTARD, *The postmodern condition*, p. xxv.

A Revolução Científica Pós-moderna

A era pós-moderna nasceu da perda da idéia moderna de "universo". Os pós-modernos não aceitam mais a validade da visão de um mundo único e integral. O espírito intelectual pós-moderno, diante disso, resiste a explicações consideradas abrangentes e válidas universalmente. Os pós-modernos tendem a valorizar a diversidade em detrimento da uniformidade, e a respeitar o local e o particular mais do que o universal.[33] Por esse motivo, os pensadores pós-modernos não lamentam a perda da ciência como empresa unificadora. O pós-modernismo talvez seja o presságio do fim do "mundo", das "metanarrativas", e da "ciência", porém, assinala o começo de uma revolução no conhecimento.

A perspectiva pós-moderna tem também outra ligação com a ciência. Em certo sentido, a visão pós-moderna é o resultado final de alguns desenvolvimentos da ciência do século XX. Descobertas recentes revolucionaram o modo como os cientistas — especialmente os físicos — vêem o mundo e a natureza da pesquisa científica. No geral, esses desenvolvimentos corroeram nossa confiança numa ordem objetiva e nos absolutos conhecíveis.[34]

A Nova Visão do Mundo Físico

A modernidade nasceu da revolução intelectual. A fagulha da dimensão científica específica dessa revolução foi lançada por Galileu (1564-1642) e atingiu o clímax com Newton (1642-1727).

A inovação de Galileu consistia em sua tentativa de interpretar o mundo de um ponto de vista estritamente quantitativo. A experiência que produz resultados quantificáveis (ou seja, números em vez de qualidades não-numéricas) tornou-se a principal técnica da empresa científica emergente. A ênfase nas medições numéricas deu

---

[33] Charles JENCKS, "The post modern agenda", in: *The postmodern reader*, editado por Charles Jencks (New York, St. Martin's Press, 1992, p. 11).

[34] Ver, e.g., Nancey R. Pearcey e Charles B. Thaxton, *The soul of science: a christian map to the scientific landscape*, Wheaton, Ill., Crossway Books, s.d., p. 192-93.

aos cientistas um sentimento de que trabalhavam num campo de pesquisa que produzia conhecimento exato e sem ambigüidades. Organizado em equações, tal conhecimento dá expressão a leis ou padrões no âmbito da própria natureza e, portanto, pode ser usado para predizer outras ocorrências "naturais".

O impulso dado por Galileu e Newton levou os pensadores modernos a rejeitarem a visão orgânica do mundo que dominava a antiga compreensão, substituindo-a por uma compreensão mecanicista.

A perspectiva mecanicista reduz a realidade a um conjunto de elementos básicos ou de partículas e forças elementares (por exemplo, o eletromagnetismo e a gravidade). Toda partícula elementar personifica uma essência que determina sua natureza e valor; cada uma delas é o que é à parte de outras partículas. Essas partículas autônomas unem-se para formar diversos tipos de "máquinas" naturais. Finalmente, segundo a visão mecanicista, esses elementos interagem uns com os outros mecanicamente — ou seja, empurram uns aos outros — porém, essas interações não afetam a natureza interior das partículas.[35]

De posse do modelo mecanicista, os cientistas modernos ocuparam-se da tarefa de desvendar os mistérios do universo. Com base nesse modelo, que parecia oferecer uma visão incontestável do mundo, a empresa científica moderna comemorava uma descoberta após a outra. Em decorrência disso, a ciência impunha um respeito quase universal na sociedade moderna; os indivíduos modernos olhavam para os cientistas em busca de respostas para a vida e de orientação rumo ao aperfeiçoamento da condição humana.

Em meio ao maior de seus triunfos tecnológicos, contudo, determinados aspectos fundamentais da cosmovisão científica moderna foram abalados de dentro para fora. O desafio interno mais devastador veio da física, a disciplina que lhe proporcionara seu mais sólido fundamento. As descobertas em princípios do século XX puseram em dúvida a suposição moderna de que o universo apresentava uma

---

[35] David BOHM, "Postmodern science and a postmodern world", in: *The reenchantment of science: postmodern proposals*, editado por David Ray Grifin (Albany, N.Y. State University of New York Press, 1988, p. 60-62).

ordem interna consistente, facilmente compreensível e imaginável pela mente humana. O modelo mecanicista, que parecera inquestionável anteriormente, fora submetido a um fogo crescente à medida que acumulavam-se as provas de que há no universo muitas outras coisas praticamente indescritíveis e até inimagináveis.

No início do século XX, Max Planck declarou que, no nível atômico, a energia apresenta-se em "pacotes" distintos (quanta) e não em fluxo contínuo. Albert Einstein, por sua vez, observou que a luz não é somente uma onda, mas também uma torrente de grupos distintos de energia (fótons). Niels Bohr relacionou tais fenômenos ao comportamento dos elétrons. Eles não orbitam em torno dos núcleos atômicos a distâncias aleatórias. Pelo contrário, mantêm-se em órbitas específicas que são múltiplos de um *quantum* fundamental de energia. Além disso, "saltam" de uma órbita para outra à medida que a energia é aplicada ao átomo ou à medida que abandonam aquela energia. Em seguida, Louis de Broglie provou que toda matéria — inclusive o elétron — tem, a um só tempo, propriedades de partículas e similares à onda. Nascia a teoria do *quantum:* nossa visão do mundo nunca mais seria a mesma.[36]

Paralelamente ao desenvolvimento da teoria quântica, houve uma outra série de descobertas a que nos referimos sob o título genérico de "teoria da relatividade". Foi graças à sua "teoria especial da relatividade" que Einstein solapou a noção aparentemente racional de que o espaço e o tempo são absolutos.[37] Ele refutou a antiga crença de que o comprimento e o tempo podem ser medidos com base em padrões absolutos ao demonstrar que um foguete voando em alta velocidade encolherá um pouco em relação ao seu referencial fixo terrestre, e que um relógio colocado no interior desse foguete fun-

---

[36] Para um relato sobre o desenvolvimento da física quântica, ver *Unravelling the mind of God*, de Robert Matthews (London, Virgin Books, 1992, p. 119-52).

[37] Ver, por exemplo, "The emerging postmodern world", de James B. Miller, in: *Postmodern theology: christian faith in a pluralist world* (San Francisco, Harper & Row, 1989, p. 9).

cionará mais devagar.³⁸ Essa teoria implica também que a matéria e a energia não são constantes independentes, mas relacionam-se reciprocamente; uma pode ser transformada na outra de acordo com sua famosa equação: $E=mc^2$.

A "teoria geral da relatividade" de Einstein também é de grande alcance, embora não seja tão amplamente conhecida do grande público. Segundo essa teoria inusitada, a gravidade é essencialmente uma curvatura do *continuum* espaço-tempo.³⁹

A exemplo da teoria da relatividade, a física quântica revela alguns dados surpreendentes sobre o universo que minam as bases do modelo mecanicista moderno e da moderna suposição acerca da certeza científica. Por exemplo, não existem modelos racionais capazes de nos ajudar a reconciliar a natureza dupla da matéria e da energia — refiro-me ao fato de que, às vezes, elas se portam como ondas e outras vezes como partículas, dependendo do modo como as examinamos. Semelhantemente, a imagem familiar de um elétron orbitando em torno de um núcleo atômico como um planeta em torno do sol, mostrou-se totalmente inadequada para caracterizar o que realmente ocorre no nível subatômico. A física, em tal ambiente, não é tão mecânica e precisa. As provas indicam que as partículas subatômicas não se movem necessariamente de maneira contínua, por exemplo: elas podem viajar do ponto A para o ponto B sem que percorram cada um pontos existentes entre A e B. Werner Heisenberg, em seu agora famoso Princípio da Incerteza, observa que podemos determinar com segurança a posição de uma partícula subatômica ou seu momento, porém, não podemos determinar essas duas características numa partícula específica num tempo determi-nado. A certeza simplesmente evapora no nível subatômico, deixando-nos à mercê de probabilidades e de paradoxos apenas.

As teorias mais recentes derrubaram a idéia de um universo totalmente "substancial". O universo não consiste em partículas

---

[38] MATTHEWS, *Unravelling the mind of God*, p. 158-59.
[39] MATTHEWS, *Unravelling the mind of God*, p. 193.

individuais dotadas de essências específicas em seu interior, dizem os novos físicos; as partículas elementares são, na verdade, muito mais dependentes em seu contexto — em seu relacionamento umas com as outras — do que é capaz de prever o modelo mecanicista. Efetivamente, em seu nível mais fundamental, a realidade física não parece ser composta de forma alguma por partículas de existência independente, e sim por relações dinâmicas.[40]

A teoria do *quantum* exige também que admitamos as limitações da pesquisa científica. A empresa científica moderna ergue-se sobre a suposição de que o cientista aborda o universo como observador neutro. O mundo é um objeto que o cientista investiga. Os físicos contemporâneos, contudo, destruíram de fato essa compreensão.

A adesão a um conjunto de procedimentos aceito pela comunidade científica pode nos garantir uma objetividade *relativa* da parte do observador, mas nenhum relato experimental é capaz de produzir uma observação *puramente* objetiva e sem envolvimentos. Nas observações realizadas no nível subatômico, fica mais fácil ver a operação do princípio geral de que o ato de observação do cientista afeta sua investigação, já que as técnicas de observação são tantas e tão complexas e os fenômenos observados tão delicados e efêmeros. Parece que isso se aplica a outros tipos de observações também: não podemos separar nitidamente o objeto observado do sujeito que o observa.[41] Com isso, cai por terra a suposição moderna de que os "fatos" estão presentes na natureza independentemente de algum observador particular. Os pós-modernos insistem em que não somos espectadores que simplesmente contemplam o mundo, e sim participantes daquilo que procuramos conhecer.[42]

Desenvolvimentos recentes colocam também outra limitação à empresa científica. A ciência moderna foi edificada sobre a suposição de que o universo está aberto, ao menos em princípio, à descrição

---

[40] MILLER, "The emerging postmodern world", p. 9-10.
[41] Uma ilustração surpreendente disso é o famoso Paradoxo do Gato de Schrodinger, conforme *Unravelling the mind of God*, de Matthews, p. 148-49.
[42] MILLER, "The emerging postmodern world", p. 10.

total e completa e de que a natureza, quando sujeita ao escrutínio da observação científica distanciada e impessoal dos fatos, produz um conhecimento objetivo sobre seus segredos mais profundos.

Quando, porém, Heisenberg formulou seu Princípio da Incerteza em 1927, firmou a existência de uma indeterminação essencial acerca de todos os fenômenos que nenhum acúmulo de observação é capaz de superar. Em certo sentido, ele firmou a idéia de que o universo, em última análise, é um mistério insondável.[43] David Bohm produziu uma alternativa intrigante ao princípio de Heisenberg conhecido como o "potencial do *quantum*" — a noção de que todas as partículas estão unidas umas às outras numa gigantesca teia entrelaçada que lhes permite a cada uma saber instantaneamente o que as outras estão fazendo.[44] Seja como for, o reino atual do físico não é mais o mundo simples de partículas independentes descritas pelo modelo mecanicista.

Os desenvolvimentos na física, desde o advento da teoria da relatividade e da física quântica, fizeram-se a um ritmo impressionante. A lista de partículas subatômicas identificadas aumentou. Os buracos negros foram descobertos. O *Big Bang* foi analisado em seus mínimos detalhes. Dizem-nos os físicos que vivemos numa superfície curva de um universo em expansão.

As novas descobertas levaram os cientistas contemporâneos a uma conscientização cada vez maior acerca da complexidade do universo. Na verdade, alguns estudiosos falam do advento de uma terceira revolução científica caracterizada por uma "nova física da complexidade". A "explosão da complexidade" está a um passo de sepultar a suposição de que podemos ter um conhecimento sem ambigüidades sobre o universo.[45] O consenso emergente é o de que nosso mundo é relativo e participativo.

O mundo complexo dos novos físicos é totalmente diferente do universo simples, estático e objetivo de Galileu e Newton. Não se

---

[43] MILLER, "The emerging postmodern world", p. 10.
[44] Ver *Unravelling the mind of God*, de Matthews, p. 144-46.
[45] Tito ARECCHI, "Chaos and complexity", in: *The post-modern reader*, p. 351.

trata tanto de um mundo criado, e sim em processo de criação.[46] O universo não é uma entidade existente que *tem* uma história; nada disso, ele *é* a história.

O Novo Conceito da Natureza da Investigação Científica

A mudança da compreensão acerca do mundo desencadeou uma modificação em nosso entendimento do que é o conhecimento e como chegamos a conhecer. A ciência não mais assoma como um porto de objetividade no mar da relatividade cultural. Nem mesmo o discurso científico deixa de participar do mundo que procuramos compreender. Na verdade, as ciências constituem um exemplo a mais dos jogos lingüísticos de que falara Ludwig Wittgenstein.

A exemplo de todo discurso humano, a empresa científica é uma forma de atividade lingüística (um jogo). Não se trata simplesmente de um meio neutro para a descoberta da natureza da realidade. Em vez disso, à semelhança de outros tipos de linguagem, o discurso científico é dirigido à realização de certos fins. Simplesmente não há fatos que sejam culturalmente neutros.[47]

Todavia, a exposição pós-moderna do mito da ciência vai um pouco mais longe. A empresa científica moderna operava com base na suposição de que a ciência progride de maneira lógica. O cientista observa o mundo, apresenta uma hipótese sobre o seu modo de funcionamento e, em seguida, elabora uma experiência que substancie ou rejeite sua hipótese. O resultado provê o fundamento para o próximo ciclo de observação, formulação de hipótese e experimentação. Os filósofos da ciência desafiam agora esse entendimento de concepção linear do surgimento do conhecimento científico. Muitas vozes têm se feito ouvir ao longo desse desenvolvimento, porém, talvez a declaração mais importante, mais original — e controversa — seja a de Thomas S. Kuhn em sua obra *A estrutura das revoluções científicas* (1962).[48]

---

[46] MILLER, "The emerging postmodern world", p. 9.
[47] Ver, e.g., "The emerging postmodern world", p. 11.
[48] Para uma síntese da visão de Kuhn com base numa perspectiva pós-moderna, ver *Reality isn't what it used to be*, de Anderson, p.72-73. Karl Popper, um dos

Kuhn foi pioneiro de uma nova análise sobre o modo de desenvolvimento da ciência. Para ele, as alterações do fundamento na teoria não são simplesmente modificações lógicas ou reinterpretações de um conhecimento passado. Tampouco os cientistas simplesmente acrescentam um fato ao outro de maneira mecânica e objetiva. Pelo contrário, a ciência é um fenômeno histórico dinâmico. As modificações teóricas são transformações radicais no modo como os cientistas observam o mundo. De tempos em tempos, segundo Kuhn, os cientistas deixam sua trilha linear e têm súbitas explosões criativas chamadas "mudanças de paradigma".

De acordo com Kuhn, um *paradigma* é uma construção social da realidade. O termo refere-se à "totalidade da constelação de crenças, valores, técnicas e assim por diante, compartilhadas pelos membros de uma dada comunidade".[49] De modo mais específico, trata-se de um sistema de crença que prevalece numa determinada comunidade científica num tempo específico da história. Kuhn emprega também o termo de maneira mais restrita quando se refere a algum elemento de importância especial nessa constelação de crenças e cuja utilidade se revela no auxílio que nos presta quando tentamos explicar os quebra-cabeças armados pela comunidade científica.

Embora dotado de grande poder de interpretação, nenhum sistema de crença ou de solução de quebra-cabeças jamais pôde dar uma explicação para todos os dados. Freqüentemente, os pesquisadores deparam com anomalias ou descobertas que não podem ser explicadas pela teoria dominante. As anomalias se agravam. Então, alguém propõe um novo sistema explanatório que dá conta das anomalias de modo mais satisfatório até que, por fim, este novo sistema substitui o antigo. Essa transição de um sistema explanatório para outro constitui uma revolução científica.

---

primeiros críticos da visão moderna tradicional, ressaltou que a ciência não é simplesmente uma empresa racional mas, em última análise, depende do exercício da imaginação criadora do homem, a qual, com freqüência, atua de modo ilógico. Ver "The emerging postmodern world", de Miller, p. 11-12.

[49] KUHN, *The structure of scientific revolutions*, p. 175.

PÓS-MODERNISMO

A obra de Kuhn e de outros têm levado a um reconhecimento cada vez maior de que os fundamentos do discurso científico — e, segue-se daí, da "verdade" científica — são, em última análise, sociais. A ciência não é meramente a observação neutra de dados, conforme propõe a perspectiva moderna.[50]

> O historiador da ciência que examinar as pesquisas do passado a partir da perspectiva da historiografia contemporânea pode sentir-se tentado a proclamar que, quando mudam os paradigmas, muda com eles o próprio mundo. Guiados por um novo paradigma, os cientistas adotam novos instrumentos e orientam seu olhar em novas direções. E o que é ainda mais importante: durante as revoluções, os cientistas vêem coisas novas e diferentes quando, empregando instrumentos familiares, olham para os mesmos pontos já examinados anteriormente. É como se a comunidade profissional tivesse sido subitamente transportada para um novo planeta, onde objetos familiares são vistos sob uma luz diferente e a eles se apegam objetos desconhecidos. Certamente, não ocorre nada semelhante: não há transplante geográfico; fora do laboratório os afazeres cotidianos em geral continuam como antes. Não obstante, as mudanças de paradigma realmente levam os cientistas a ver o mundo definido por seus compromissos de pesquisa de uma maneira diferente. Na medida em que seu único acesso a esse mundo dá-se através do que vêem e fazem, poderemos ser tentados a dizer que, após uma revolução, os cientistas reagem a mundo diferente.
>
> Thomas S. KUHN, *A estrutura das revoluções científicas*, 2.a ed. Trad. Beatriz Vianna Boeira e Nelson Boeira. (São Paulo, Perspectiva, 1987, p. 145, 146).

Tampouco a ciência nos conduz a declarações definitivas sobre o mundo como realidade objetiva "lá fora". Na verdade, uma teoria

---

[50] KUHN, *A estrutura das revoluções científicas*, p. 126.

recente, a tese de Duheim-Quine, nega que uma experiência possa testar uma predição teórica de modo definitivo, porque o próprio teste depende da validade de várias outras teorias que dão embasamento à experiência.[51] Toda experiência, em última análise, repousa sobre uma rede de teorias, opiniões, idéias, palavras e tradições — isto é, sobre a cultura ou comunidade em que ocorre.[52]

De acordo com o novo entendimento, o conhecimento científico não é uma compilação de verdades universais objetivas, e sim uma coleção de tradições investigadoras amparadas por comunidades específicas ou por pesquisadores. Seu discurso — seu jogo lingüístico — é, em grande parte, ininteligível fora da prática viva de tais comunidades.[53]

Kuhn, porém, adiciona um outro dado inusitado. Os paradigmas, diz ele, não consistem somente na empresa científica, mas também no mundo do cientista.[54] O paradigma dominante determina o que os cientistas vêem quando observam o mundo. Há paradigmas específicos que influenciam até mesmo as operações e medições escolhidas pelos cientistas para a realização de experiências.[55]

O pós-modernismo leva a sério esse aspecto das crenças paradigmáticas. Ele afirma que o mundo não é dado, que não se trata de um objeto "ali fora" que vem ao nosso encontro e do qual podemos extrair o conhecimento. Pelo contrário, ele afirma que, por meio da linguagem, criamos nosso mundo, e que há tantos mundos diferentes quantas são as linguagens criadoras de mundos.

Essa pluralidade de mundos caracteriza a cosmovisão pós-moderna.

---

[51] Ver "The meaning of experiment: replication and reasonableness", de H. M. Collins, in: *Dismantling truth*, p. 88.
[52] ANDERSON, *Reality isn't what it used to be*, p. 77.
[53] Robert N. BELLAH, "Christian fatihfulness in a pluralist world", in: *Postmodern theology*, p. 76.
[54] KUHN, *A estrutura das revoluções científicas*, p. 144.
[55] KUHN, *A estrutura das revoluções científicas*, p. 150 e seguintes.

O SURGIMENTO DO MUNDO MODERNO
CAPÍTULO QUATRO

CERTO DIA, UM PROFESSOR DE FILOSOFIA POUCO CONHECIDO, DE ORIGEM ALEMÃ, JÁ entrado nos anos da meia-idade e da vida profissional, deparou-se com um livro de autoria do cético britânico David Hume. O efeito do tratado de Hume na vida daquele professor foi traumático. Enquanto o lia, narrou posteriormente Immanuel Kant, sentia-se despertar de seu "sono dogmático". Kant decidiu encontrar um caminho que proporcionasse uma saída para o dilema exposto por Hume. Seus esforços mostraram-se frutíferos. Em resposta a Hume, Kant escreveu um trabalho filosófico que, possivelmente, é a obra mais monumental e de maior influência filosófica desde a Idade Média: *Crítica da razão pura* (1781). Sua publicação foi a tábua que faltava para a edificação da plataforma da modernidade.

Não se sabe ainda que aspectos o pós-modernismo assumirá. Inicialmente, porém, foi ele uma reação à cosmovisão moderna e ao projeto do Iluminismo tão íntimo dela. Por isso, se quisermos entender o programa pós-modernista, é preciso que analisemos o surgimento da mentalidade moderna contra a qual os pensadores contemporâneos se insurgem com tanta veemência.

O Fundamento Renascentista da Modernidade

Grande parte dos historiadores são da opinião de que a era moderna nasceu quando a Europa, devastada pela guerra, vira surgir uma nova esperança com o advento do Iluminismo. Todavia, a maquinaria responsável pela grande mudança cultural fora posta em funcionamento muito antes que a Paz da Westfália pusesse um fim à destruição resultante da Guerra dos Trinta Anos, em 1648. Há um século os pensadores da Renascença já haviam elevado a humanidade ao centro da realidade; os princípios que ancoravam o método científico foram então propostos e liberadas as forças que iriam minar o domínio político e cultural da Igreja Católica Romana.

Renascença é uma palavra francesa cujo significado é "renascimento" ou "reavivamento", e designa um período histórico que foi, em certo sentido, ambas as coisas: houve um renascimento do espírito clássico exemplificado nas antigas civilizações grega e romana, mas houve também um reavivamento no aprendizado depois da assim chamada "Era das Trevas".

Os pensadores da Renascença eram humanistas no sentido de que haviam aderido aos valores humanos manifestos nos escritos clássicos. Além disso, o retorno aos clássicos implicava a rejeição do aristotelismo da Idade Média em favor do platonismo e até do misticismo. Acima de tudo, porém, esses intelectuais reacenderam um interesse pelas obras do mundo à sua volta, estabelecendo assim o fundamento da moderna empresa científica.

Sob diversos aspectos, a quintessência do pensamento renascentista foi obra do filósofo e cientista inglês Francis Bacon (1561-1626). Embora fruto da Renascença, Bacon floresceu no limiar da Idade da Razão. Em certo sentido, portanto, ele marca a transição da Renascença para o Iluminismo.

Bacon não fez da matemática o centro do conhecimento natural, como haveriam de fazer os pensadores do Iluminismo que viriam depois dele.[1] Não obstante isso, ele tem sido saudado como um dos

---

[1] Por esse motivo, Stuart Hampshire assevera que Bacon "foi, de certa forma, o último filósofo da Renascença, e não o primeiro filósofo do século dezessete" (*The age of reason: seventeen century philosophers*, New York, New American Library of World Literature, 1956, p. 17; ver também p. 19-20).

primeiros cientistas modernos. Em conformidade com o método científico que surgia, Bacon enfatizava o experimentalismo.

De vários modos Bacon antecipou o projeto do Iluminismo que caracterizaria a modernidade. Ele estava convencido de que o método científico não somente conduziria a descobertas individuais, como revelaria também suas inter-relações, fazendo assim com que se unissem num todo único. Para tanto, Bacon colocou como fundamento das ciências um corpo de verdades a que chamou "primeira filosofia", cujo conteúdo consistia em leis da razão e nos axiomas compartilhados pelas várias ciências.[2] Em sua obra publicada postumamente, *A nova atlântida*, Bacon descrevia a sociedade ideal. Nessa sociedade, acima de tudo, as pessoas olhariam para a ciência como provedora da chave para a felicidade.

Bacon, contudo, não prezava a nascente empresa científica simplesmente pelo fato de que ela permitia-lhe compreender o universo. Ele cria que, em seu bojo, a ciência trazia um meio de dominar a natureza. Para ele, verdade e utilidade eram dois lados diferentes da mesma moeda, por isso defendia que o objetivo da ciência era o de dotar os homens de poder. Assim se explica seu famoso axioma, "Saber é poder". O saber, dizia Bacon, atua como agente de intermediação do poder em meio às circunstâncias; ele tem a capacidade de modificar nossas circunstâncias de modo que sejam conformadas aos nossos desejos. Para o filósofo inglês, portanto, o aprendizado tinha por alvo a ação; esta, por sua vez, confere a justificativa para o conhecimento.[3]

Essa compreensão levou Bacon a vislumbrar a descoberta dos segredos da natureza pelo homem com o objetivo de dominá-la. Ele antecipou a iniciativa que tiraria vantagem do método científico como meio de alterar o ambiente para nosso bem-estar.

---

[2] W. L. REESE, *Dictionary of philosophy and religion* (Atlantic Higlands, N.J. Humanities Press, 1983, p. 48).

[3] Nicholas WOLTERSTORFF, *Reason within the bounds of religion*, 2ª ed. (Grand Rapids, William B. Eerdmans, 1984, p. 123-24).

A visão de Bacon lançou os fundamentos da sociedade tecnológica moderna. A tecnologia ocidental, contudo, expandiu-se muito além do que o próprio Bacon previra. Quando declarou que a busca do conhecimento é justificada pela utilidade dos resultados, Bacon tinha em mente o poder de alterar nossas circunstâncias *físicas*. Ele advogava a busca do que poderíamos chamar conhecimento *técnico*. Todavia, seus sucessores da modernidade tardia procuravam formular leis relativas ao comportamento *humano* e à ação. Desse modo, o que tinham em vista era o conhecimento *comportamental*, que prometia o poder de alterar as ações dos seres humanos de acordo com nossos objetivos. Bacon deu início a uma aliança entre o pesquisador e o "tecnólogo da natureza", seus sucessores, porém, iniciaram uma aliança entre o pesquisador e o "tecnólogo da sociedade".[4]

O programa moderno surgido da obra de Bacon e de outros tem sido submetido ao escrutínio rigoroso dos pensadores pós-modernos. Michel Foucault, por exemplo, chama nossa atenção para o lado sombrio da perspectiva baconiana. Ele afirma que o pesquisador age como aliado do tecnólogo da sociedade; o conhecimento é transformado no exercício violento do poder sobre terceiros. Foucault concorda com a afirmativa de Bacon de que saber é poder, mas sustenta que tal poder é o poder da violência.

Modernidade e Iluminismo

A Renascença lançou os fundamentos da mentalidade moderna, porém, não foi responsável pela edificação de sua superestrutura. A cosmologia renascentista elevou a humanidade ao centro do universo, contudo, não fez do ego individual o centro autodeterminante do mundo. Os teóricos renascentistas foram os pioneiros do método científico, entretanto, não reconstruíram a busca pelo conhecimento consoante a visão científica. O espírito renascentista solapou a autoridade da igreja, mas não entronizou a autoridade da razão.

---

[4] WOLTERSTORFF, *Reason within the bounds of religion*, p. 124-25.

A modernidade veio à luz só depois de um longo período de gestação. Talvez pudéssemos dizer que a Renascença foi a avó da modernidade, ao passo que o Iluminismo foi seu verdadeiro pai.

O Período do Iluminismo

A história intelectual do Ocidente passou por um período de grande fermentação que se estendeu aproximadamente de 1650 a 1800 e é geralmente conhecido como Iluminismo ou Idade da Razão. De modo geral, é difícil assegurar qualquer sorte de consenso entre os eruditos com relação ao começo específico e ao término das eras intelectuais. Ainda assim, vários historiadores associam o começo do Iluminismo à Paz da Westfália em 1648 e seu término à Guerra dos Trinta Anos e à publicação da *Crítica da razão pura*, em 1781. A Paz da Westfália proporcionou um contexto social e político que promoveu a elevação da razão e o descrédito da religião nos negócios humanos. Os demais eventos assinalaram tanto o ápice de muitas das pressuposições características da Idade da Razão quanto o desafio efetivo que se lançou contra elas. De importância especial foram o enfoque nos poderes da razão humana e a ênfase na experiência dos sentidos.

O Iluminismo durou cerca de dois séculos apenas; entretanto, durante esse período relativamente curto de tempo, uma nova cosmologia logrou destronar aquela que havia reinado na civilização ocidental desde os dias de Agostinho. A Idade da Razão deu início à era moderna, que só agora parece chegar ao crepúsculo.

De Agostinho até a Reforma, os aspectos intelectuais da civilização ocidental foram regidos por teólogos e por reflexões teológicas. Embora discordassem quanto a detalhes, todos os teólogos cristãos concordavam que a realidade era um todo ordenado. Deus postava-se no ponto mais alto, seguido pelas hostes angelicais; os seres humanos tinham seu lugar "um pouco, menor do que Deus" (Sl 8.5), porém, acima dos demais seres criados. O Deus criador e soberano havia predestinado alguns homens — os eleitos — para a salvação. Repetidas vezes, e também esporadicamente — mas de modo supremo por meio de Jesus Cristo — Deus, de seu trono nas alturas acima da terra, adentrou o reino dos negócios humanos para efetuar essa salvação. Os teólogos medievais afirmavam que Deus continuava a operar na vida dos seres humanos, dirigindo o fluxo da história e, de modo mais significativo ainda, agindo na igreja, especificamente por intermédio da graça que era comunicada por meio das atividades eclesiásticas. As grandes catedrais góticas que dominavam as cidades e aldeias medievais são testemunhas do papel central que desempenhava a teologia na sociedade ocidental.

O Iluminismo rompeu, de maneira permanente e radical, a cosmovisão teológica criada na Idade Média e apurada pela Reforma. Uma nova cosmologia substituiu a antiga ordenação hierárquica da realidade, e uma nova empresa destituiu a arte teológica de seu papel de árbitro da verdade.

A Antropologia do Iluminismo

O Iluminismo teve um efeito profundo e duradouro no desenvolvimento da cultura ocidental moderna. Edificado com base na Renascença, ele assinalava a vitória de uma mudança fundamental na perspectiva que marcou a ruptura final com a mentalidade medieval e preparou o caminho para a era moderna.[5] No centro dessa nova perspectiva estava um entendimento paradoxal da pessoa humana.

A Idade da Razão trouxe um *status* de maior envergadura para os seres humanos, bem como uma estima elevada das capacidades do homem. Ela substituiu Deus pela humanidade e a colocou no palco da história como personagem principal. A teologia medieval e reformada considerava as pessoas importantes à medida que serviam à economia divina ao longo da história. Os pensadores do Iluminismo tendiam a reverter a equação e a medir a importância de Deus de acordo com seu valor para a história humana.[6] Assim, a Idade da Razão desalojou Deus

---

[5] Ver, e.g., *The age of reason*, p. 11.
[6] William PLACHER, *A history of christian theology* (Philadelphia, Westminster Press, 1983, p. 237-38).

de seu posto elevado nos céus, para onde apontavam as catedrais góticas, e trouxe-o até o mundo dos negócios humanos.

Além de elevarem o *status* cósmico da humanidade, os pensadores iluministas formularam uma compreensão apoteótica do potencial humano, creditando aos homens capacidades intelectuais e morais superiores às que lhes concediam os teólogos pré-modernos, quer católicos, quer protestantes.

Temos prova da avaliação iluminista do potencial humano no papel central que seus proponentes atribuem à razão humana no processo do conhecimento. Na era pré-moderna, a revelação divina atuava como o árbitro final da verdade. A tarefa da razão humana, por sua vez, era a de compreender a verdade transmitida pela revelação. Uma máxima geralmente atribuída a Anselmo orientava a busca pelo conhecimento: "Creio para que possa entender". De acordo com esse princípio, a razão buscava demonstrar a correção das verdades reveladas e a reconciliação da experiência com a compreensão do drama cósmico ensinado pela fé cristã.[7]

Os pensadores do Iluminismo começaram a apelar à razão humana, em vez de recorrerem à revelação imposta externamente, como árbitro final da verdade. De fato, eles recorriam à razão para determinar o que era a revelação. Poderíamos caracterizar a mentalidade daí resultante pela inversão da tese de Anselmo: "Creio naquilo que posso entender". Os defensores da Idade da Razão argumentavam que as pessoas não deveriam mais aceitar cegamente as "superstições" proclamadas por autoridades externas, tais como a *Bíblia* ou a igreja. Em vez disso, deveriam usar a razão sem emocionalismo com o objetivo de sistematizar os dados da experiência dos sentidos e seguir a razão aonde quer que ela conduza.[8]

---

[7] Carl L. BECKER, *The heavenly city of the eighteenth-century philosophers* (New Haven, Yale University Press, 1932, p. 7).

[8] As raízes dessa mudança datam também da Renascença. Giorgio de Santillana aponta Erasmo como o responsável pela transformação do significado do racionalismo da Idade Média para a moderna. Ver *The age of adventure* (New York, New American Library of World Literature, 1956, p. 27).

Nossas capacidades morais e humanas foram também guindadas às alturas pelos pensadores da Idade da Razão. O Iluminismo enfatizava a moralidade e não o dogma, daí seus intelectuais afirmarem que os poderes da razão humana poderiam descobrir e fomentar a conformidade com a lei moral natural que Deus havia escrito em seus corações.

Além de elevar a posição do homem no cosmos e de se pronunciar claramente a favor da grandeza do potencial humano, o Iluminismo retratava a pessoa humana de modo muito diferente da teologia medieval. Com base nas idéias estudadas na Renascença, rejeitava-se o ideal medieval da alma estática e contemplativa em favor de uma visão da humanidade que se caracterizava por ser criativa e — como não podia deixar de ser — insatisfeita, desejosa de transformar o ambiente. Os pensadores do Iluminismo viam a pessoa humana como um andarilho incansável que participa de uma aventura que nunca tem fim. Para eles, o tempo não estava associado aos ciclos eternos dos corpos celestes, a exemplo do que fazia a cosmologia medieval, e sim a uma corrente em perpétuo movimento para frente.[9]

A elevação da humanidade pelo Iluminismo, porém, teve um alto preço. Na verdade, a nova perspectiva exaltava e rebaixava o ser humano a um só tempo. Contrariamente à cosmologia medieval e reformada, o Iluminismo não mais compreendia o mundo como um cosmo em que os seres humanos desfrutavam de um *status* especial. Pelo contrário, a nova ciência da Idade da Razão retratava o universo como uma máquina gigante onde o homem não passava de uma pequena engrenagem. Os seres humanos não se viam mais como criaturas subordinadas a Deus, mas isto fez também com que descessem do alto trono que ocupavam nas proximidades do pináculo da criação, onde exerciam autoridade de mordomos sobre tudo o mais que fora criado.

---

[9] De SANTILLANA, *The age of adventure*, p. 46.

O Fundamento da Perspectiva Iluminista

A mudança de perspectiva ocorrida durante o Iluminismo não se deu no vácuo. Na verdade, ela foi fruto do transbordamento de vários fatores sociais, políticos e intelectuais que culminaram e tiveram lugar durante essa era traumática da história da humanidade.

Uma série de conflitos militares, geralmente vistos como um único evento, a Guerra dos Trinta Anos, havia devastado a Europa no início do século XVII. Na opinião de muitos intelectuais, as disputas doutrinárias que dividiam o cristianismo em campos de confissão concorrentes estavam por trás dos conflitos armados que assolavam o continente. Sua aversão a essas guerras confessionais levou esses pensadores a questionar a validade da própria doutrina. O comprometimento doutrinário, argumentavam eles, serve apenas para dividir as pessoas.

Além das disputas religiosas do século, duas revoluções tinham aberto o caminho intelectual para o espírito crítico do período. Uma delas ocorreu na filosofia, a outra, na ciência.

A Revolução na Filosofia

O Iluminismo foi, acima de tudo, um produto da revolução filosófica. Embora suas raízes remontem às discussões dos teólogos medievais, a revolução foi encetada por René Descartes (1596-1650), a quem se credita, com freqüência, a paternidade da filosofia moderna.[10]

O objetivo de Descartes era a elaboração de um método de investigação que facilitasse a descoberta daquelas verdades integralmente corretas, no que foi fortemente influenciado pela crescente importância da matemática durante esse período. A predominância do modelo matemático na Renascença era parte de uma nova ênfase na dimensão quantitativa da realidade em detrimento das dimensões qualitativas, como era evidente na obra de indivíduos como Johannes Kepler (1571-1630) e Galileu (1564-1642).

---

[10] Dentre os que compartilham dessa opinião está Laurence J. Lafleur, tradutor para o inglês do *"Discurso do método"* e das *"Meditações"* (Indianapolis, Bobbs-Merrill, 1960, p. vii). Ver também *The age of reason*, de HAMPSHIRE, p. 12.

Descartes personificava a Idade da Razão emergente. À semelhança da maioria dos grandes pensadores da época, procurou introduzir o rigor da demonstração matemática nos campos do conhecimento.[11] Sua ênfase no conhecimento matemático não era arbitrária: dado que as verdades da matemática resultam da própria natureza da razão, Descartes cria que seu grau de correção era superior ao do conhecimento oriundo da observação empírica, sujeita a erros.

Em sua busca pelo conhecimento preciso, ele partiu da dúvida. Diferentemente de certos empíricos do século seguinte, Descartes não se deixou vencer pelo ceticismo. Sua proposta colocava em dúvida todas as coisas, mas ele chegou à conclusão de que há pelo menos uma coisa da qual nenhum ser pensante pode duvidar — a saber, a própria existência do sujeito. Esta conclusão acha-se nitidamente expressa na famosa máxima da filosofia cartesiana (a qual, na verdade, Descartes tomou de empréstimo a Agostinho), *Cogito ergo sum* — "Penso, logo existo". Um comprometimento radical com a dúvida havia, para a satisfação de Descartes, proporcionado uma certeza inquestionável e, portanto, um fundamento com base no qual poderia edificar uma estrutura racional segura.

O método filosófico de Descartes resultou numa nova concepção do homem. Ele mesmo acabou definindo o ser humano como uma substância pensante e a pessoa humana como sujeito racional autônomo.

O fato de que Agostinho provera Descartes com o *Cogito ergo sum* demonstra que o filósofo não foi o descobridor da subjetividade. O aspecto principal de sua contribuição é o da ênfase na experiência pessoal e no conhecimento pessoal que resultam do ponto de vista particular do indivíduo.

Ao estabelecer dessa forma a centralidade da mente humana, Descartes fixava o programa da filosofia para os trezentos anos seguintes.[12] Os filósofos modernos acataram o método cartesiano

---

[11] HAMPSHIRE, *The age of reason*, p. 17.
[12] Robert C. SOLOMON, *The rise and fall of the self* (Oxford University Press, 1988, p. 5).

de trabalho e partiram também da dúvida, insistindo em que toda crença fosse considerada falsa até que se provasse sua veracidade. Além disso, devotavam suas energias para a solução do seguinte "transe

> De há muito observara que, quanto aos costumes, é necessário às vezes seguir opiniões, que sabemos serem muito incertas, tal como se fossem indubitáveis...mas, por desejar então ocupar-me somente com a pesquisa da verdade, pensei que era necessário agir exatamente ao contrário, e rejeitar como absolutamente falso tudo aquilo em que pudesse imaginar a menor dúvida, a fim de ver se, após isso, não restaria algo em meu crédito, que fosse inteiramente indubitável. Assim, porque os nossos sentidos nos enganam às vezes, quis supor que não havia coisa alguma que fosse tal como eles nos fazem imaginar. E, porque há homens que se equivocam ao raciocinar, mesmo no tocante às mais simples matérias de Geometria, e cometem aí paralogismos, rejeitei como falsas, julgando que estava sujeito a falhar como qualquer outro, todas as razões que eu tomara até então por demonstrações. E enfim, considerando que todos os mesmos pensamentos que temos quando despertos nos podem também ocorrer quando dormimos, sem que haja nenhum, nesse caso, que seja verdadeiro, resolvi fazer de conta que todas as coisas que até então haviam entrado no meu espírito não eram mais verdadeiras que as ilusões de meus sonhos. Mas, logo em seguida, adverti que, enquanto eu queria assim pensar que tudo era falso, cumpria necessariamente que eu, que pensava, fosse alguma coisa. E, notando que esta verdade: *eu penso, logo existo*, era tão firme e tão certa que todas as mais extravagantes suposições dos céticos não seriam capazes de a abalar, julguei que podia aceitá-la, sem escrúpulo, como o primeiro princípio da Filosofia que procurava.
>
> René Descartes, *Discurso do método*, parte 4,
> trad. J. Guinsburg e Bento Prado Júnior
> (São Paulo, Abril, 1979. Coleção *Os Pensadores*, p. 46).

egocêntrico": Como chegamos a conhecer — e como sabemos que conhecemos — um mundo "externo" à nossa experiência?[13]

Descartes exerceu grande influência sobre todos os pensadores que vieram depois dele.[14] Ao longo da era moderna, os intelectuais de diversas disciplinas voltaram-se ao sujeito pensante e não à revelação divina como ponto de partida para o conhecimento e a reflexão. Até mesmo os teólogos modernos sentiram-se compelidos a edificar sobre o fundamento da filosofia racionalista. Eles também renderam-se à primazia da razão advogada por Descartes. Na verdade, no ambiente do Iluminismo a única alternativa a esse racionalismo implicava a negação de que a razão por si mesma fosse capaz de produzir o conhecimento das realidades eternas.[15] Mas, para propor tal negação, era preciso enfrentar a nova torrente intelectual que envolvia o mundo ocidental com sua ênfase na voz da razão interior e não na voz do Deus das alturas. Por fim, os teólogos modernos acabaram por seguir a orientação cartesiana em vez de tentarem nadar contra as águas da correnteza gerada pela Idade da Razão.

A Revolução Científica

O Iluminismo foi produto da revolução e atuou como mola propulsora repercutindo o ímpeto revolucionário não somente na filosofia, como também na ciência. Sua chegada assinalou um distanciamento radical em relação à cosmovisão da Idade Média. Foi fundamental para o novo pensamento a mudança cosmológica introduzida pela afirmação de Copérnico de que a terra não era o centro do universo. Esta descoberta, e as que se seguiram a ela, solaparam paulatinamente o modelo medieval do cosmo como estrutura de três andares em que o céu localizava-se espacialmente acima da terra e o inferno na parte inferior dela.

---

[13] SOLOMON, *Continental philosophy since 1750*, p. 5-6.

[14] Para um resumo da importância duradoura de Descartes, ver a introdução de Lafleur ao *"Discurso do método"*, p. viii-xiv.

[15] Justo L. GONZALES, *A history of christian thought*, v. 3 (Nashville, Abingdon Press, 1975, p. 297).

Talvez mais fundamental ainda para a revolução científica iniciada pelo Iluminismo tenha sido a mudança na maneira dominante de pensar e de falar sobre o mundo físico. Essa modificação foi marcada por um deslocamento da terminologia qualitativa para a quantitativa. A ciência medieval, seguindo Aristóteles, privilegiava os "princípios naturais". Cria-se que todo objeto seguia uma tendência "natural" de cumprir seu próprio propósito interno. Os pensadores da Idade da Razão, entretanto, abandonaram o discurso medieval das "tendências naturais" e dos "propósitos internos" como mera especulação filosófica.

No Iluminismo, a ênfase primeira sobre as causas finais (o *telos*, ou o propósito dos objetos) deu lugar à visão matemática e quantificadora da empresa científica da qual foi pioneiro Galileu, cerca de um século antes. O novo estudo dos fenômenos naturais ressaltava a aplicação de técnicas matemáticas para a produção de resultados quantificáveis. As novas ferramentas de pesquisa dispunham de métodos de medição precisos e assentavam-se sobre princípios matemáticos. Voltando-se para esse método, os investigadores do Iluminismo delimitaram ainda mais seu foco de interesse — começando, portanto, a tratar como reais — somente aqueles aspectos do universo que pudessem ser medidos.[16]

Com o passar do tempo, esses intelectuais começaram a aplicar o novo método a todas as disciplinas do conhecimento. Não somente as ciências naturais, mas também as ciências humanas — política, ética, metafísica e até filosofia e teologia — foram submetidas ao escrutínio científico. Assim, todos os campos do empreendimento humano tornaram-se, efetivamente, ramificações da ciência natural.

O ponto alto dessa revolução na ciência foi o trabalho de Isaac Newton (1642-1727). O universo de Newton era uma máquina grande e organizada. Seus movimentos podiam ser conhecidos porque seguiam certas leis observáveis. O objetivo do próprio Newton era

---

[16] HAMPSHIRE, *The age of reason*, p. 12-13; e *The age of enlightenment*, de Isaiah Berlin (New York, Mentor Books, 1956, p. 16-17).

explicar os modos de funcionamento desse universo. Ele se propôs a demonstrar que as propriedades e o comportamento de cada partícula poderiam ser determinados, ao menos em princípio, por relativamente poucas leis fundamentais.

> A Natureza e suas leis estavam ocultas pela noite:
> E Deus disse: Haja Newton! E a luz se fez.
>
> Alexander Pope, epitáfio para Sir Isaac Newton.

O objetivo de Newton ao procurar descrever o universo não era simplesmente acadêmico. Ele cria que, ao mapear os ritmos regulares do universo, a ciência aumentava nossa percepção da grandeza de Deus. Como cristão, afirmava que "os céus proclamam a glória de Deus", porém, queria saber como. Portanto, a empresa científica newtoniana tinha um fim teológico.

Tanto Descartes quanto Newton procuravam usar o poder da razão para ampliar o programa teológico. Todavia, as revoluções na filosofia e na ciência por eles engendradas resultavam em uma nova visão do mundo e do nosso lugar nele que nem sempre era simpática à fé cristã. O mundo moderno tornou-se o universo mecanicista de Newton habitado pela substância autônoma e racional de Descartes. Num mundo assim, a teologia era forçada a dar lugar às ciências naturais, e o papel central que tinha antigamente o teólogo passava a ser prerrogativa do cientista natural.

Princípios do Iluminismo

Essas revoluções na filosofia e na ciência procuravam elevar a razão acima da "superstição". Conseqüentemente, foi muito apropriado que se designasse essa época como Idade da Razão. A razão substituiu a revelação como árbitro da verdade. Ela dividiu o palco com vários outros princípios, formando um todo unificado no centro da mentalidade do Iluminismo. Dentre esses princípios significativos encontravam-se a "autonomia", a "natureza" e o "progresso".[17] Porém, de todos eles, a razão manteve-se como o princípio mais importante do Iluminismo.

A Idade da Razão dava muita ênfase às capacidades racionais do ser humano, mas, de acordo com o entendimento do Iluminismo a *razão* compreendia mais do que simplesmente uma faculdade humana. O conceito lembrava a antiga afirmativa estóica do período greco-romano de que uma ordem e uma estrutura fundamentais são inerentes ao todo da realidade e que se tornam manifestas nas obras da mente humana. Os teóricos do Iluminismo supunham que uma correspondência entre a estrutura do mundo e a estrutura da mente capacita esta última a discernir a estrutura inerente ao mundo externo.

O princípio iluminista da razão, portanto, supunha a existência de uma habilidade humana capaz de conhecer a ordem fundamental de todo o universo. Foi sua crença na racionalidade objetiva do universo que deu aos intelectuais da Idade da Razão a confiança de que as leis da natureza são inteligíveis e de que o mundo pode ser transformado e submetido à atividade humana. Foi também sua devoção à harmonia do mundo racional e às obras da mente humana que tornaram o exercício da razão crítica tão importante para os pensadores do Iluminismo.

Intimamente associado ao princípio da razão, no entender dos representantes do Iluminismo, estava o princípio da *natureza*. Os intelectuais da Idade da Razão enfatizavam tudo o que estivesse alicerçado ou que resultasse "da própria natureza das coisas". Segundo seu postulado, o universo é um reino ordenado e regido pelas leis da natureza. A *natureza* e a *lei natural* tornaram-se lemas da busca intelectual durante a Idade da Razão.

---

[17] Em seu proveitoso estudo sobre a história teológica, Paul TILLICH caracteriza a mentalidade iluminista utilizando o primeiro destes quatro princípios. Ver *A history of christian thought* (New York, Simon & Schuster, 1968, p. 320-41).

Os pensadores do Iluminismo concederam um lugar central a Deus em sua cosmologia. Afirmavam eles que a obra do grande Arquiteto da natureza fora responsável pela organização encontrada na "própria natureza das coisas". Com base nessa crença, procuravam entender as leis de Deus quando investigavam o "livro da natureza", aberto a todos os que desejassem lê-lo. A disponibilidade universal dessas "leis naturais" transformava a natureza num tribunal de recursos comum, em árbitro de todos os conflitos. Tornou-se o objetivo de todo empenho intelectual moldar integralmente a vida humana em conformidade com as leis da natureza consoante as descobertas efetuadas pela razão.

A elevação dos princípios da razão e da natureza culminaram na elevação de um terceiro princípio da mentalidade iluminista — a *autonomia*. Durante o Iluminismo, a razão humana autônoma destronou a reverência pela autoridade externa como árbitro da verdade, o que havia sido a marca do período medieval e da Reforma. As pessoas, cada vez mais, deixavam de confiar unicamente nos ditames das autoridades do passado. Em muitos casos, os simples apelos à Bíblia, ao magistério da igreja ou ao dogma cristão já não eram mais suficientes para fomentar a submissão à crença e à conduta. Os indivíduos tornavam-se cada vez mais ousados e punham à prova tais reivindicações externas à autoridade.

O princípio da autonomia, entretanto, não era motivo de licença para a ilegalidade. Pelo contrário, ele pressupunha a presença de uma lei natural no mundo que possibilitava a todos os seres humanos chegarem ao conhecimento graças ao poder da razão. Em vez de abrir as portas à ilegalidade, a autonomia exigia que cada um descobrisse e seguisse a lei natural do universo. O emprego pessoal da razão era parte fundamental da ênfase iluminista na autonomia. Todo indivíduo devia seguir o caminho que levava à descoberta da lei natural utilizando sua porção pessoal de razão e consciência, pois supunha-se que, assim fazendo, a vida bem ordenada haveria de surgir.

O quarto princípio da Idade da Razão era a *autonomia*. Os pensadores do Iluminismo supunham que o universo possuía uma ordenação superior racional e ordenada que lhe era inata. Alguns eram de opinião de que essa ordem inata, a despeito da manifesta atividade egoística e independente das pessoas ou das coisas existentes no universo, resultaria num todo bem resolvido.

> A tutela é a incapacidade que o homem tem de utilizar seu entendimento sem que um outro o oriente. Tal tutela é imposta ao homem a si mesmo quando sua causa não é devida à ausência de razão, e sim à falta de resolução e de coragem de usá-la sem o aval de outrem..."Ouse usar sua própria razão" — esse é o lema do Iluminismo.
>
> Immanuel KANT, *What is enlightenment?* [O que é Iluminismo?] in: "*Foundations of the metaphysics of morals*" [Fundamentos da metafísica dos costumes] (New York, Liberal Arts Press, 1959, p. 85).

Alguns extrapolaram de sua crença na harmonia inata do mundo passando a crer que toda verdade é parte de um todo único e harmonioso. Esses pensadores apegavam-se ao método filosófico como meio de descoberta da verdade. Acreditavam que a aplicação do único método verdadeiro às disciplinas desconexas e aparentemente contraditórias do conhecimento humano iria purificá-las de seus elementos irracionais e uni-las à verdade única num corpo unificado de conhecimento.

Uma vez mais, os pensadores do Iluminismo foram capazes de evitar o impulso antinômico. Para eles, a harmonia não era uma mera característica do reino da natureza, tratava-se, em seu entender, de um princípio ético que deveria governar a ação humana. Criam eles que os seres humanos deveriam agir em conformidade com a harmonia suprema do todo da realidade.

A antropologia do Iluminismo integrava nitidamente a humanidade à harmonia do cosmo, em parte, enfatizando o potencial inato do indivíduo humano e marginalizando a ênfase cristã tradicional da depravação humana. Os éticos do Iluminismo afastaram-se da crença de que todos os seres humanos nascem em pecado e são naturalmente inclinados à prática do mal. Em vez disso, acolheram a afirmação de John Locke (1632-1704) de que a mente humana, a princípio, é uma tábula rasa. Baseando-se na noção de que esta mente originalmente flexível poderia ser moldada pela natureza divinamente criada, concluíram que o emprego da razão poderia harmonizar a vida humana com a ordem natural do universo.[18]

Finalmente, o Iluminismo foi uma era de crença no *progresso*. Com base no trabalho de Descartes e de outros, os pensadores da Idade da Razão estavam convencidos de que o universo era, a um só tempo, ordenado e passível de ser conhecido, portanto, a utilização dos métodos adequados conduziria ao conhecimento verdadeiro. Imbuídos dessa crença, os filósofos, teólogos, bem como cientistas, puseram-se a edificar sistemas que os aproximaria da verdade.

> O século XVIII talvez tenha sido o último período da história da Europa ocidental em que se acreditou ser possível alcançar a onisciência humana.
>
> Isaiah BERLIN, *The age of enlightenment* [A Idade do Iluminismo] (Boston Houghton Mifflin, 1956, p. 14).

Todavia, a apropriação do conhecimento não era simplesmente um fim em si mesmo. De acordo com a mentalidade do Iluminismo o conhecimento das leis da natureza tem significação própria. A descoberta da aplicação dessas leis acenava com a promessa de tornar felizes, racionais e livres os seres humanos. O método científico poderia modificar o mundo com suas propostas de aplicação das leis da natureza aos problemas da vida pessoal e social. Os pensadores

---

[18] BECKER, *The heavenly city of the eighteenth century philosophers*, p. 45.

do Iluminismo estavam convencidos de que tal mudança estava muito próxima.

A crença no progresso resultou também da leitura iluminista da história. Os historiadores da Idade da Razão pintaram a Idade Média como uma era de superstição e de barbarismo. No entanto, estavam confiantes que a humanidade estava agora saindo desse período. O progresso que observavam em sua própria época levou-os a transbordar de otimismo com relação ao futuro. Apesar dos altos e baixos da história, estavam convictos de que, de modo geral, o processo histórico do mundo estava direcionado para o alto e para frente. Era com esperança que olhavam para o futuro, certos de que estavam no limiar de uma nova e gloriosa "terra prometida".[19] Se os homens pudessem aprender a viver à luz das leis da natureza, asseveravam os pensadores do Iluminismo veríamos o alvorecer da utopia. A Idade da Razão foi realmente um dos períodos de maior esperança da história da humanidade.[20]

A Religião Iluminista

A era do Iluminismo desafiou os pontos de vista tradicionais e reformulou o pensamento em todos os campos da sociedade, inclusive o da crença religiosa. A Idade da Razão assinalou o fim do predomínio da igreja na cultura ocidental. As implicações para a fé e a teologia cristãs foram imensas.

A nova mentalidade científica daquele período deu início a uma nova compreensão da natureza da religião. Cada vez mais, os cientistas e os teólogos também passavam a diferenciar dois tipos de religião — *natural* e *revelada*. A religião natural implicava a existência de um conjunto de verdades fundamentais (normalmente, acreditava-se na existência de Deus e num corpo de leis morais universalmente aceitas)

---

[19] BECKER, *The heavenly city of eighteenth-century philosophers*, p. 118.
[20] Isaiah BERLIN, *The age of enlightenment* (New York, Mentor Books, 1956, p. 29).

às quais, presumia-se, todos os seres humanos tinham acesso por meio do exercício da razão. A religião revelada, por outro lado, acarretava a existência de um conjunto de doutrinas especificamente cristãs derivadas da Bíblia e ensinadas na igreja ao longo do tempo.

À medida que se desenrolava a Idade da Razão, a religião revelada era cada vez mais torpedeada e, com isso, a religião natural ia ganhando *status* de religião verdadeira. Por fim, a religião natural ou "religião da razão" substituiu, entre os intelectuais, o enfoque no dogma e na doutrina que havia caracterizado a Idade Média e o período da Reforma.

John Locke, o empirista britânico, ajudou a preparar o caminho para a ascensão da religião natural em detrimento da revelada. Ele partilhava da tese revolucionária de que, uma vez despido de sua roupagem dogmática, o cristianismo era a forma mais racional de religião. Com base na obra de Locke, os pensadores do Iluminismo construíram uma alternativa teológica à ortodoxia que veio a ser conhecida como *deísmo*. Os teólogos deístas procuravam reduzir a religião aos seus elementos mais básicos, os quais criam serem universais e, portanto, racionais.[21]

Dado que a religião natural é racional, acrescentam os deístas, é mais verdadeira do que quaisquer expressões religiosas ainda limitadas pela crença no sobrenatural — inclusive o cristianismo.[22] Desfizeram-se de vários dogmas que a tradição da igreja havia atribuído à revelação divina, pois consideravam-nos inadequados como parâmetros da verdade religiosa. Era o critério da religião da razão que utilizavam para avaliar tais doutrinas. O resultado foi uma coleção mínima de dogmas, dentre os quais a maioria dos deístas incluíam a existência de Deus (a Causa Primeira ou o Criador do universo), a imortalidade

---

[21] Por exemplo, em seu ensaio *Christianity as old as creation*, Martin Tindal (1655-1733) apresenta o significativo argumento de que o objetivo do evangelho cristão era demonstrar que há uma lei natural e universal na base de qualquer religião.

[22] Por exemplo, *Christianity not mysterious*, de John Toland (1670-1722).

da alma e um certo tipo de retribuição pós-morte pelo pecado e, aos virtuosos, bênçãos.[23]

A minimização do corpo doutrinário estava de acordo com a compreensão deísta da natureza da religião. Para eles, a religião não era um sistema de crença, e sim um sistema para a estruturação do comportamento ético. A função principal da religião, afirmavam, era oferecer uma sanção divina para a moralidade.[24]

Enquanto os deístas tiravam o foco do dogma, os teóricos do Iluminismo ocupavam-se da elaboração de um elogio grandioso à capacidade humana de apropriação da verdade religiosa. A nova perspectiva surgida de seus esforços reduziram — chegando mesmo a eliminar — a necessidade de religião revelada. Eles estavam satisfeitos com a idéia de um Criador benevolente que havia escrito as verdades religiosas cruciais no grande livro da natureza deixando-o aberto para que todos pudessem lê-lo.

Alguns dos proponentes da religião natural iluminista tornaram-se críticos ferozes do cristianismo tradicional, acusando-o de ser uma corrupção da religião da razão.[25] Havia os que atacavam também os pilares centrais da apologética cristã daqueles dias — o apelo à profecia cumprida[26] e aos milagres.[27] Outros classificavam as autoridades eclesiásticas como praticantes abomináveis da ignorância e da superstição.

---

[23] GONZALES, *A history of Christian thought*, 3:307. Lord Herbert de Cherbury, em *De religione gentilium* (1663), apresenta uma antiga lista das principais crenças da religião natural. Para um esboço dessa lista, ver *Protestant before Kant*, de Arthur Cushman McGiffert (London, Duckworth, 1911, p. 212) e *A history of Christian theology*, de Placher, p. 242.

[24] Esse ponto de vista já havia sido manifesto no século XVII pelo arcebispo anglicano John Tillotson, porém, foi desenvolvida posteriormente por Tindal. Ver *Protestant thought before Kant*, de MCGIFFERT, p. 195, 214.

[25] Por exemplo, *Christianity as old as the creation*, de Tindal; e *The true gospel of Jesus Christ asserted*, de Thomas CHUBB (1738).

[26] Por exemplo, *A discourse on the grounds and reasons of the Christian religion*, de Anthony COLLINS (1724).

[27] Por exemplo, os panfletos de Thomas Woolston (1727) e, especialmente, o *Essay on miracles* (1748) de David HUME.

Outras vozes da Idade da Razão simplesmente igualavam os dois sistemas de crença. Asseveravam que, em sua forma mais pura, o cristianismo é simplesmente uma ratificação das verdades da religião natural conforme as conhece a razão.

Naturalmente, os defensores do cristianismo tradicional também procuravam argumentar. Alguns deles buscavam acomodar-se ao pensamento iluminista dizendo que a religião revelada era um complemento necessário à religião da razão.[28] Outros argumentavam que o cristianismo é um estágio histórico num processo em evolução cujo clímax será a vinda futura da religião perfeita e universal.

Independentemente, porém, do modo como os pensadores do Iluminismo enxergavam o cristianismo, todos eles revestiam a religião da razão de um *status* canônico e privilegiavam a "natureza" e o "Deus da natureza" à custa do Deus da Bíblia. Ao enfatizar o Deus da natureza, a perspectiva do Iluminismo associava a divindade muito intimamente à natureza e à razão humana — tão intimamente que o sobrenatural era tragado pelo natural. Essa atitude foi uma preparação para que a modernidade tardia descartasse Deus.

A Modernidade e a Revolução Kantiana

À medida que se aproximava o fim do século XVIII, o Iluminismo parecia estar perdendo sua força, especialmente na Inglaterra. A religião da razão, outrora aclamada como substituta do cristianismo dividido, estava perdendo adeptos tanto para o ceticismo quanto para o relativismo religioso.[29] Seus antigos defensores haviam chegado à conclusão de que a razão por si só, em última análise, é incapaz de responder às perguntas básicas sobre Deus, moralidade e o significado da vida.

---

[28] Dentre os que defendiam essa posição estavam John Tillotson, John Locke e Samuel Clark. Ver *Protestant thought before Kant*, de MCGIFFERT, p. 195-210.

[29] David Hume foi o típico representante do ceticismo iluminista. Para uma discussão disso, ver *Protestant thought before Kant*, de MCGIFFERT, p. 230-51. Gotthold Lessing foi um relativista exemplar. Para um resumo de seus pontos de vista, ver *A history of Christian theology*, de PLACHER, p. 249-50.

Essas tendências tornaram-se manifestas no campo da filosofia também. David Hume (1711-76), por exemplo, abraçou de modo notável o ceticismo; outros filósofos também chegaram à conclusão de que o método empírico exigido pela perspectiva iluminista de um modelo matemático de ciência jamais poderia conduzir ao conhecimento verdadeiro e preciso. Por fim, a mente individual iluminada havia produzido tão-somente um racionalismo cético moderno.

Embora o Iluminismo tivesse chegado ao fim, a sociedade ocidental continuava a sentir seus efeitos. Nenhuma das tendências intelectuais posteriores poderia ignorar os acontecimentos daquela época da história ocidental. Era impossível retomar uma mentalidade anterior às mudanças fenomenais que já tinham ido dar à praia intelectual da Europa. Haveria, entretanto, um caminho à frente? Ou será que o projeto do Iluminismo soçobraria em meio às ondas de ceticismo?

Ao tempo em que Hume e outros ocupavam-se do sepultamento da Idade da Razão, o legado do pensamento ocidental havia se deslocado para a Alemanha. Os escritos de Hume despertavam o gênio criativo de um homem que iria se tornar o maior filósofo da modernidade, Immanuel Kant (1724-1804).

A vida de Kant, externamente, não tinha nada de excepcional. Nasceu, estudou, lecionou e morreu no mesmo lugar — a cidade portuária de Königsberg, na Prússia oriental (atual Kaliningrado, na Rússia). Jamais se casou ou viajou. Sua rotina era tão severa que, segundo consta, as mulheres da cidade acertavam seus relógios sempre que o professor saía para sua caminhada vespertina.

Não foi senão aos 57 anos de idade que Kant produziu uma obra de suma importância. Todavia, o livro publicado naquele ano, *Crítica da razão pura*, abalaria o mundo filosófico. Essa obra deflagrou uma reação intelectual em cadeia cujos efeitos ainda podem ser sentidos.

Cronológica e intelectualmente, Kant situa-se no período final da Idade da Razão. Sua aguda reformulação dos ideais da Idade da Razão, porém, foi um novo sopro de vida no projeto iluminista, dando-lhe a forma que caracterizaria a era moderna.

A Filosofia de Kant

Kant pôs em movimento aquilo que considerava uma "Revolução Copernicana" na filosofia. O grande astrônomo polonês Nicolau Copérnico (1473-1543) havia desafiado a sabedoria de seu tempo. Contrariamente às suposições predominantes de que a terra era o centro do sistema solar, ele argumentava que os planetas moviam-se em torno do sol. Semelhantemente, Kant elevava a mente como ponto central do processo de conhecimento humano (epistemologia). De acordo com sua teoria, podemos experimentar o mundo à nossa volta tão-somente porque nossa mente tem participação ativa nessa experiência.

O Contexto: O Ceticismo de Hume

O pano de fundo da revolução kantiana consistia num grave problema de epistemologia legado pelo empirismo, o movimento filosófico que caracterizara a Idade da Razão na Inglaterra. De importância fundamental para a compreensão empírica do processo do conhecimento era o que poderíamos chamar "a mente passiva".

Em seu *Ensaio sobre o entendimento humano*, John Locke rejeitava a tese central da filosofia cartesiana — a saber, que todos os seres humanos nascem com um conjunto de idéias inatas. Locke dizia que a mente, pelo contrário, era inicialmente uma tábula rasa totalmente passiva no processo do conhecimento. Por meio dos sentidos, a mente simplesmente recebe as "impressões" do mundo externo, as quais usa para a formulação de idéias.

À primeira vista, a teoria empírica parece ser evidentemente verdadeira. Ela parece refletir nossa experiência comum do dia-a-dia. No entanto, essa teoria do conhecimento acabaria levando ao ceticismo de David Hume, que demonstrava a insuficiência dessa abordagem como explicação para a capacidade de conhecimento do homem. O método empírico, dizia ele, é incapaz de nos dar a conhecer certas características da realidade que tomamos como certas. Tudo o que conhecemos são nossas percepções, afirmava Hume. Estas, contudo, não nos dão um fundamento suficiente para muitos de nossos conceitos mais triviais.

Segundo Hume, um desses conceitos insustentáveis é o da *causalidade*. Para nós, a percepção da coincidência da seqüência dos eventos é algo contínuo. Com base nessas percepções, induzimos o relacionamento da causalidade, porém, não a experimentamos efetivamente.

Por exemplo, durante um jogo de bilhar, vemos a bola branca entrar em contato com uma bola colorida, a qual, por sua vez, cai na caçapa. Com base nessa percepção, concluímos que a bola branca *causou* o deslocamento da bola colorida, entretanto, não temos a percepção imediata do relacionamento de causa e efeito.

Hume mencionou a *substância* como um segundo conceito para o qual não há base empírica. Ele argumenta que a experiência que temos de uma série de impressões (tamanho, cor, etc.) é imediata, porém, não experimentamos as substâncias reais. Nossa imaginação atribui essas impressões a objetos, diz Hume, mas não temos nenhum conhecimento real das substâncias tais como se apresentam no mundo. A identidade dos objetos externos (e, semelhantemente, da causalidade) não é "alheia" a nós. Resulta simplesmente de um hábito mental.

O ceticismo epistemológico de Hume teve conseqüências importantes, não somente para a epistemologia em geral, mas também para a religião do Iluminismo. Ele colocava em dúvida o deísmo predominante, o qual fora erguido sobre o edifício do empirismo. Hume demonstrou que os argumentos relativos à irracionalidade da religião natural não são tão precisos quanto o criam seus defensores.

Por exemplo, Hume solapou os fundamentos do argumento cosmológico, segundo o qual a realidade do mundo requer a existência de um Criador como causa primeira. Na verdade, se não temos nenhuma outra experiência de causação, como pode então ser válido o argumento cosmológico, que simplesmente supõe a existência de tal experiência? Da mesma forma, Hume argumentou que a doutrina da imortalidade da alma não pode sobreviver à morte do conceito de substância. Para ele, a injustiça e o mal do presente derrubam a defesa de um reino futuro de justiça retribuidora baseada na bondade do Criador.[30]

A Resposta de Kant. A Mente Ativa

Kant via no ceticismo radical de Hume um desafio forte o suficiente para despertá-lo de seu "sono dogmático". Sua investigação a esse respeito levou-o a concordar com a avaliação cautelosa que Hume fizera do processo epistemológico humano. Porém, diferentemente de seu predecessor britânico, Kant não cria que a essa limitação correspondesse uma rejeição cética de todos os conceitos metafísicos, tais como Deus, a alma e a liberdade.

Em sua *Crítica da razão pura* (1781), Kant procurou analisar a metafísica com sólida argumentação. Para tanto, propôs uma hipótese arrojada: a mente é *ativa* no processo do conhecimento. Não obtemos conhecimento do mundo externo, dizia ele, com base unicamente em nossa experiência. Os sentidos simplesmente fornecem "dados brutos", os quais a mente então sistematiza. Este processo de organização das sensações (isto é, de "conhecimento"), prossegue Kant, é possível graças a certos conceitos formais presentes na mente. Esses conceitos atuam como um tipo de grade ou filtro responsável pelos parâmetros que tornam possível o conhecimento.[31]

Dentre os vários conceitos formais explorados por Kant, houve dois que ele considerou fundamentais: espaço e tempo. Para ele, o espaço e o tempo não são propriedades inerentes às coisas, e sim partes da ordenação que a mente impõe ao mundo com que depara. Os objetos que percebemos talvez não existam de fato "no espaço e no

---

[30] Hume apresenta esses argumentos em *Providence and a future state* (1748), *Dialogues concerning natural religion* (1779) e *Natural history of religion* (1757).

[31] Hume concordava que tais conceitos eram necessários ao conhecimento humano, porém, declarou que eram deduzidos da experiência. Kant, pelo contrário, afirmou que esses conceitos "brotavam do entendimento puro" (*Prolegomena to any future metaphysics*, trad. e edição de Paul Carus, Peru, Ill., Open Court, 1967, p. 7).

tempo", argumentava Kant, mas não temos como conhecer o mundo da experiência sensível se não empregarmos esses dois conceitos.

Sua hipótese de que a mente é ativa no processo epistemológico fez com que Kant estabelecesse uma distinção entre os objetos presentes na experiência do conhecedor humano ("fenômenos") e os objetos que transcendem a experiência ("númenos"). Geralmente, Kant emprega o termo "número" para se referir a um objeto cuja existência independe de qualquer relação com um sujeito conhecedor — era o que ele chamava "a coisa em si mesma". Às vezes, contudo, ele usa "número" para se referir a um objeto em relação ao qual falta-nos simplesmente o equipa-mento necessário para detectá-lo.

Seja como for, Kant foi claro quando afirmou que não temos nenhuma experiência sensível — e, portanto, não dispomos de nenhum conhecimento direto — dos númenos. Tudo o que realmente "conhecemos" são fenômenos, objetos que se fazem presentes à nossa experiência. Não podemos ter conhecimento algum das coisas-em-si-mesmas, ao menos não por meio da experiência sensível e da utilização do método científico.

Razão Prática

À semelhança da epistemologia de Hume, a teoria kantiana do conhecimento fixava limites rigorosos à capacidade dos pensadores de passarem, em suas argumentações, da experiência sensível para as realidades transcendentes (por exemplo, Deus, a alma imortal, a liberdade humana). Nenhuma realidade que transcenda o espaço e o tempo pode ser conhecida por meio da empresa científica, porque a ciência baseia-se na experiência sensível.

Kant, porém, não pretendia com isso amparar o ceticismo religioso de Hume. Ele queria aproximar-se dos postulados metafísicos calçado numa orientação mais segura. Para tanto, argumentava que tais postulados pertenciam a outro domínio da razão humana — a razão em seu aspecto "prático". Ele associava esse aspecto à dimensão moral da existência humana.

Para Kant, a pessoa humana não é somente uma criatura capaz de vivenciar experiências sensíveis, é também um ser moral. Nosso relacionamento com o mundo não se limita ao conhecimento científico. A vida, pelo contrário, é o palco onde os seres humanos atuam; trata-se de um reino de valor moral. Kant firmou a natureza moral da existência em referência ao que via como a experiência moral humana universal: um sentimento de condicionamento moral ou de "dever".

Os seres humanos, dizia Kant, têm consciência de uma "pressão" colocada sobre eles para que façam escolhas que somente possam ser descritas em referência à moralidade.

> Portanto, tive que suprimir o *saber* para obter lugar para a fé.
>
> Immanuel KANT, *Crítica da razão pura*,
> trad. Valério Rohden e Udo Baldur Moosburger
> (São Paulo, Abril, 1983. Coleção *Os Pensadores*).
>
> Age de tal modo que a máxima da tua ação possa sempre valer também como princípio universal de conduta.
>
> Immanuel KANT, Fundamental principles of the metaphysic of morals [Fundamentos da metafísica dos costumes], trad. Thomas K. Abbot (Indianapolis: Bobbs Merrill, 1949, p. 38).

Assim como o aspecto teórico, prossegue Kant, essa dimensão prática ou moral da existência humana é fundamentalmente racional. Ele estava convencido de que certos princípios racionais controlam todos os julgamentos morais válidos, exatamente como outros princípios racionais acham-se na base de todo conhecimento teórico edificado sobre o conhecimento. Conseqüentemente, para Kant, o propósito da dimensão moral da vida humana é tornar-se o mais racional possível.

Ele se referia a esse modo racional de vida como "dever". Para Kant, o caminho do dever culminava num princípio supremo da moralidade — seu famoso *imperativo categórico*. Segundo Kant, a vida moral consiste em agir de acordo com princípios que gostaríamos de ver seguidos por todas as pessoas. Por exemplo, se nos sentimos tentados a mentir, basta apenas que perguntemos, "Gostaríamos que outros fossem desonestos?"

O imperativo categórico requer que façamos um balanço das principais razões que devem motivar nossas ações enquanto seres racionais, testando-as para verificar se deveriam ser universalizadas. O método ético de Kant, portanto, dava menos ênfase às ações específicas e mais importância às considerações quanto à motivação por trás das ações.[32]

Kant e a "Pretensão Transcendental"

Kant acreditava que sua revolução copernicana era a tábua de salvação das idéias do Iluminismo. Sua solução para os problemas levantados por Hume era o marco final da construção iluminista da pessoa humana moderna. A elevação da mente ativa à categoria de agente definitiva no processo de conhecimento e na vida das obrigações estimulou os filósofos posteriores a concentrarem seu interesse no eu individual. A centralidade do eu autônomo, por sua vez, lançou o fundamento para o envolvimento moderno no projeto do Iluminismo e, na verdade, tornou-se a principal característica identificadora da era moderna emergente.

Assim é que Kant proporcionou o fundamento para a emergência final do modernismo como fenômeno cultural. Sua obra marcou o início da modernidade em sua plenitude como a era que se caracterizaria pelo enfoque na auto-reflexão intensa. Kant fora o

---

[32] Outra formulação muito conhecida do imperativo categórico ressalta que os seres humanos devem ser tratados como fim e não meio: "Age de tal modo que trates a humanidade, tanto na tua pessoa como na dos outros, como fim e nunca como meio" (Kant, *Fundamental principles of the metaphysic of morals*, trad. Thomas K. Abbot, Indianapolis, Bobbs-Merrill, 1949, p. 46).

primeiro filósofo a examinar tão minuciosamente a natureza das limitações da razão em si mesma. Nos séculos seguintes, os representantes de outras formas de atividade cultural mostraram-se igualmente ansiosos para submeter suas áreas de interesse a extensas críticas internas.[33]

Todavia, a revolução copernicana de Kant teve um preço. A elevação do eu autônomo ao centro do programa filosófico deu origem à "pretensão transcendental" da modernidade.[34] A começar pela filosofia de Kant, a mentalidade ocidental exaltou e universalizou o eu pensante. Este novo enfoque abriu caminho para a tentativa moderna de concluir o projeto do Iluminismo.

A sensação de sublime importância do eu resultou da mudança sutil introduzida por Kant na proposta cartesiana. No sistema kantiano, o eu de Descartes, mais do que apenas um foco de atenção filosófica, tornou-se integralmente o assunto da filosofia. Em vez de considerar o eu como uma das várias entidades existentes no mundo, Kant via no ser pensante, em certo sentido, o "criador" do mundo — isto é, do mundo do seu conhecimento. O enfoque da reflexão filosófica desde então tem sido este ser criador do mundo.

A universalização do eu não tardou a ocorrer. Na base da filosofia kantiana havia a suposição de que, no que se refere às questões fundamentais, as pessoas são iguais em qualquer parte do mundo. Quando o eu de Kant refletia sobre si mesmo, o conhecimento que obtinha com isso não era somente relativo a si mesmo, mas a todos os *eus*, bem como à estrutura de todos os seres possíveis.

A pretensão transcendental evidente na filosofia de Kant ajudou a produzir "o fardo do filósofo branco". A suposição de Kant de que todos os eus assemelham-se uns aos outros levou alguns filósofos a concluírem que deveriam ser capazes de construir uma natureza humana universal. Até mesmo pensadores (como Kant) que jamais

---

[33] Ver "Modernist Painting", de Clement Greenberg, in: *Postmodern perspectives:* issues in contemporary art, editado por Howard Risatti (Englewood Cliffs, N.J., Prentice Hall, 1990, p. 12-12).

[34] SOLOMON, *Continental philosophy since 1750*, p. 40.

haviam saído de sua cidade natal poderiam fazer pronunciamentos autorizados sobre a natureza e a moralidade humanas. Eles estariam habilitados a avaliar a conduta e as práticas das sociedades em todo o globo, determinando quais seriam as "civilizadas" e quais as "bárbaras".[35] Dessa forma, teriam autoridade, e até mesmo o dever, de instruir àqueles a quem concluíram tratar-se de "selvagens" tendo em vista o progresso da verdadeira civilização. A pretensão transcendental supõe que as obras de uma mente e os costumes de sua cultura refletem o que é universalmente racional e, portanto, o que é universalmente humano. Segundo os críticos, essa suposição simplesmente não tem garantia alguma de validade e pode resultar em esforços arrogantes e violentos para provar o que supõe. Para eles, a história da era moderna está cheia de exemplos em que a pretensão transcendental levou os ocidentais a afirmarem que a razão por si só confirma o fato de que possuem o único código moral legítimo, a única forma legítima de governo e a única estrutura de crença verdadeira.[36]

A filosofia de Kant proveu também a base intelectual para outra dimensão da modernidade — a mudança para o individualismo radical. Em certo sentido, sua proposta epistemológica é uma versão mais intricada e sofisticada da elevação iluminista da razão. À semelhança de seus antecessores, Kant estava certo de que pela observação, experimentação e cuidadosa reflexão, os seres humanos poderiam descobrir a verdade do mundo. Assim sendo, ele cria que o fardo da descoberta da verdade, em última análise, é uma questão particular; que o processo do conhecimento é, fundamentalmente, um relacionamento entre o ser autônomo que conhece e o mundo à espera de ser conhecido pelo poder criativo da mente ativa.

De maneira semelhante, Kant via a moralidade como um relacionamento entre o agente autônomo ativo e a lei universal, a qual o eu pode conhecer por meio da razão prática. Ele atribuía pouco significado a qualquer papel desempenhado pelas comunidades

---

[35] Ver *Continental philosophy since 1750*, de Solomon, p. 6.
[36] SOLOMON, *Continental philosophy since 1750*, p. 7.

humanas, quer fosse como criadoras de costumes sociais, tradições de valor ou educação moral. O mundo de Kant consiste tão-somente no indivíduo e no universal. Sua filosofia explica como o ser vem a conhecer — e a apreender — o universal.[37]

Pensadores como Descartes, Newton e Kant foram os responsáveis pelo fundamento intelectual da era moderna que nasce em fins de 1600, floresce nos séculos XVIII e XIX e que parece agora estar entrando em seu estágio final. A mente moderna pós-Iluminismo supõe que o conhecimento seja preciso, objetivo e bom. Ela pressupõe que o eu racional e desapaixonado é capaz de obter tal conhecimento. Pressupõe também que o eu conhecedor olha para o mundo mecanicista como um observador neutro munido do método científico. O conhecedor moderno envolve-se no processo do conhecimento crendo que o conhecimento, inevitavelmente, leva ao progresso e que a ciência, associada à educação, libertará a humanidade de nossa vulnerabilidade à natureza e a todas as formas de escravidão social.

Os ideais do eu pensante de se conhecer a si mesmo e do universo mecanicista abriram as portas para a explosão moderna do conhecimento sob o pendão do projeto iluminista. De Francis Bacon até os dias de hoje, o objetivo da procura intelectual do homem tem sido o de desvelar os segredos do universo a fim de dominar a natureza para o seu próprio benefício, criando um mundo melhor. Essa procura iluminista, por sua vez, produziu a sociedade tecnológica moderna do século XX. No coração dessa sociedade encontra-se o anseio por uma vida vivida de forma racional, com base na suposição de que o avanço científico e tecnológico forneçam os meios para melhorar a qualidade da vida humana.[38]

Quaisquer que sejam as outras características do pós-modernismo, há nele a rejeição do projeto iluminista, do ideal tecnológico moderno e das suposições filosóficas sobre as quais ergueu-se o modernismo.

---

[37] Ver Solomon, *Continental philosophy since 1750*, p. 40.
[38] Craig VAN GELDER, "Postmodernism as an emerging worldview", *Calvin Theological Journal* 26 (1991):413.

O PRELÚDIO AO PÓS-MODERNISMO
CAPÍTULO CINCO

DEPOIS DE UMA JORNADA SOLITÁRIA DE DEZ ANOS PELAS MONTANHAS, ZARATUSTRA, aos quarenta anos de idade, decidiu que era tempo de regressar à sociedade dos homens. Chegou a uma cidade próxima da floresta. Quando entrava na aldeia, o eremita que voltava ao convívio dos homens notou que o povo da cidade estava aglomerado no mercado. A esse grupo de pessoas Zaratustra pregou a morte de Deus e a vinda do super-homem (*Übermensch*).

A publicação de *Assim falava Zaratustra* (1883), o relato fantasioso de Friedrich Nietzsche sobre os ensinamentos desse personagem legendário, assinalou o começo do fim da modernidade e o início da gestação do período pós-moderno.

O pós-modernismo implica uma rejeição radical do projeto iluminista, do ideal tecnológico moderno e das suposições filosóficas em que se baseiam. Os adeptos do projeto iluminista procuram desvelar a unidade central que dá sustentação ao fluxo aparentemente desconexo de toda experiência. Quanto à fonte dessa unidade, os pensadores modernos voltam-se para a cultura humana, a história universal, ou a natureza — acima de tudo, porém, eles começam com a pessoa humana, o eu.

O pós-modernismo acha-se marcado pela rejeição a esse empreendimento. Os pós-modernos chegaram à conclusão de que todas as tentativas de descrever um centro objetivo e unificador — um único mundo real — por trás do fluxo da experiência estão destinadas ao fracasso; no fim, produzem apenas ficção, criações da mente humana. Ao separar a explicação humana da noção de um mundo subjetivo subjacente, a crítica pós-moderna do modernismo aparta-nos das *coisas* e deixa-nos somente com as *palavras*.[1] Separa-nos também do ideal iluminista do *eu* humano.

O mundo moderno, é claro, não foi feito num dia só, tampouco a rejeição pós-moderna da modernidade. Ela foi precedida por certos acontecimentos intelectuais que desafiaram os sustentáculos da mentalidade moderna. Esses primeiros disparos prepararam o caminho para o ataque frontal em grande escala, em fins do século XX, contra a fortaleza da modernidade.

Neste capítulo, examinaremos os eventos filosóficos que prepararam o caminho para o pós-modernismo. Observaremos, de modo especial, as maneiras por que o conceito do eu, tão fundamental para a era moderna — e elaborado com tanta arte pela tradição iluminista de Descartes a Kant — veio a ser completamente arrasado.

O Questionamento do Iluminismo

A era moderna nasceu de uma revolução intelectual que desafiou os pressupostos da filosofia e da ciência medievais. O desenvolvimento da modernidade começou quando uma revolução semelhante desafiou o poder explicativo das categorias modernas.

A revolução intelectual que, no fim das contas, levou à morte o projeto do Iluminismo, começou já no século XIX com alguns acontecimentos na filosofia européia. A perspectiva moderna mostrou-se altamente resistente em face da ameaça precoce. Na verdade, sob muitos aspectos, ela atingiu sua maturidade completa e o máximo de sua influência cultural somente no século XX. A despeito de sua tenacidade, porém, nas últimas décadas de nosso século, o modernismo já

---

[1] Allan MEGILL, *Prophets of extremity: Nietzsche, Heidegger, Foucault, Derrida* (Berkley and Los Angeles University of California Press, 1985, p. 2).

deu sinais claros de que começa a ruir sob a torrente de novos modos de pensar que o têm bombardeado.

Desafios ao "Eu" do Iluminismo

Sob muitos aspectos, pode-se dizer que René Descartes e Immanuel Kant escreveram o primeiro e o último capítulos da história da filosofia do Iluminismo. A máxima cartesiana introduziu o personagem principal — o eu como substância pensante. Os problemas resultantes dessa visão do eu, culminando com o ceticismo de Hume, foram finalmente resolvidos pelo postulado kantiano da mente ativa e pela afirmação das categorias transcendentais como fundadoras do conhecimento, o que promovia o eu autônomo ao centro do programa intelectual.

A obra desses dois filósofos fixou os parâmetros que definiram a empresa moderna. Nenhum dos pensadores que vieram posteriormente conseguiram escapar da longa sombra por eles projetada. Parecia que haviam deixado o eu firmemente entrincheirado na paisagem intelectual. Todavia, nem todos os seus seguidores ficaram totalmente satisfeitos com o legado que herdaram desses dois gigantes da filosofia.

A Crítica do Eu Pensante de Descartes

Desde o princípio, a filosofia cartesiana desfrutou de uma importância duradoura na tradição intelectual do Ocidente.[2] Com a chegada do

---

[2] Até mesmo os críticos de Descartes reconhecem a importância duradoura de seu trabalho. Sobretudo, ele nos lembra de que o pensamento e a consciência estão engastados na existência pessoal. Descartes faz com que deixemos de falar de modo impessoal — "Há pensamento" — e passemos a usar a primeira pessoa: "Eu sou um ser que pensa." Ele deu destaque ao pensamento e à consciência na pessoa humana, não apenas tornando-nos conscientes da localização, mas afirmando também que a própria consciência está localizada. Ver, por exemplo, *Existence and existents*, de Emmanuel Levinas, trad. Alphonso Lingis, The Hague, Martinus Nijhoff, 1978, p. 68. Ver também *Saints and postmodernism:* revisioning moral philosophy, de Edith Wyschogrod (Chicago, University of Chicago Press, 1990, p. 77).

movimento romântico no século XIX, entretanto, os críticos começaram a analisar mais detidamente a filosofia cartesiana predominante. Desde então, até os dias de hoje, a atitude cartesiana de ancorar a filosofia no pensamento tem sido alvo de crítica contínua.

Os ataques ao fundamento filosófico cartesiano tendem, o mais das vezes, a enfocar diversas dificuldades observadas. Inicialmente, os críticos culpavam o raciocínio cartesiano de levar, inevitavelmente, a um dualismo problemático das substâncias materiais e imateriais, até mesmo no contexto da visão cartesiana da razão humana. Ao decidir estabelecer uma filosofia baseada em proposições das quais não se podia duvidar, Descartes começa com o conceito do eu como substância pensante. O "eu" de cuja existência não se pode duvidar é o eu consciente, o sujeito dos atos mentais. Porém, ao enfatizar o eu pensante, Descartes relega o corpo a uma esfera externa e separada do sujeito pensante. Os críticos acusam de inconsistente essa divisão entre "mim" e "meu corpo" e nossa experiência de uma unidade entre a mente e o corpo.[3]

Os críticos acusam também Descartes pelo fato de não ter ele fundamentado adequadamente sua afirmativa de que o eu pensante tem uma existência objetiva. Recorrendo ao que Edith Wyschogrod classifica de princípio da "parcimônia",[4] Gilbert Ryle apresenta uma expressão clássica desse criticismo utilizando o exemplo da Universidade de Oxford. Ele observa que as pessoas, de maneira geral, falam da universidade como se fosse uma entidade distinta das faculdades que a compõem. Todavia, não existe tal entidade à parte, diz Ryle; o termo *Universidade de Oxford* simplesmente nos proporciona um modo conveniente de falar sobre um grupo específico de escolas.

---

[3] WYSCHOGROD, *Saints and postmodernism*, p. 76. Para a resposta de Descartes, ver seu "Objectives and replies", in: *The philosophical works of Descartes*, trad. Elizabeth R. Haldane e G. R. T. Ross (New York, Dover Publications, 1951, 2:201-2).

[4] WYSCHOGROD, *Saints and postmodernism*, p. 76.

Semelhantemente, dizem os críticos, o eu pensante não é uma entidade real que existe à parte ou além de nossos pensamentos, dúvidas e desejos. Trata-se simplesmente de um termo descritivo útil. Baseado nesse argumento, Ryle incentiva-nos a rejeitar a idéia da substância pensante como uma entidade existente. O eu cartesiano, prossegue Ryle, nada mais é do que "um espírito no interior da máquina".[5]

Todavia, o aspecto do cartesianismo que tem sido alvo da crítica mais acirrada é a inerência de seu dualismo sujeito-objeto. Se o eu é um sujeito pensante, então o eu, necessariamente, percebe todas as outras coisas como objeto. A distinção resultante entre sujeito e objeto dota o sujeito de maior importância do que o objeto. Ele coloca o sujeito conhecedor à parte e acima do mundo, o qual é o objeto do conhecimento do eu.

Martin Heidegger, filósofo do século XX, apresenta a crítica mais reveladora a essa ênfase no ser humano como sujeito pensante. Diz ele que Descartes e Kant conduziram toda a filosofia moderna por um caminho ilegítimo e destrutivo.[6] Heidegger argumenta que o ser humano não é, basicamente, um ser pensante, um sujeito envolvido em atos de cognição; pelo contrário, somos, sobretudo, seres que estamos no mundo, emaranhados em redes sociais.

Embora a análise de Heidegger tenha se tornado lugar-comum em nossas conversas do dia-a-dia, a maioria dos pós-kantianos do século XIX não haviam chegado ainda a essa negação radical do eu. Eles estavam às voltas com a questão dualista do sujeito-objeto que Descartes precipitara e procuravam superá-la. Contrariamente aos defensores do modernismo tardio e à rejeição pós-moderna do eu, os discípulos de Kant — geralmente conhecidos como idealistas alemães — recorriam ao eu para solucionar esse complicado problema filosófico.

---

[5] RYLE, *The concept of mind* (New York, Barnes & Noble, 1949, p. 11-24).
[6] HEIDEGGER, *Basic problems of phenomenology*, trad. Albert Hofstadter, Bloomington, Ind., Indiana University Press, 1982, p. 122-40.

A Crítica do Númeno: Johann Fichte

Além da crítica ao legado cartesiano, há também um corpo substancial de crítica direcionado ao outro pilar da filosofia moderna, Immanuel Kant. A crítica a Kant começou com o advento imediato da geração de pensadores que o sucedeu.

Talvez o exemplo mais refinado de um pós-kantiano seja Johann Gottlieb Fichte (1762-1814). Kant armou o cenário, definiu os termos e determinou as regras com as quais Fichte trabalharia. Todavia, tendo aceito a forma e o conteúdo da filosofia kantiana, Fichte pôde implodi-la.[7] Seu intento não era o de eliminar o eu transcendental de Kant, e sim expor a "ficção" kantiana de um mundo objetivo existente por direito próprio e à parte do eu.

Segundo Fichte, a tarefa da filosofia consiste em explicar como nos é possível vivenciar objetos que aparecem no espaço e no tempo e são governados, aparentemente, por leis naturais. O ponto alto de sua resposta é a suposição de que participamos de um reino moral (a que Kant se referia como reino da "razão prática") — ou, mais especificamente, de que exercemos o livre arbítrio. Em seu livro *Science of knowledge* [Ciência do conhecimento], Fichte declara que, enquanto agentes da ação e do desejo, não dependemos dos objetos de nossa experiência sensível. Em sua afirmação, ele revela suas simpatias de "transcendentalista idealista": para ele, o ser conhecedor cria e determina os objetos que constituem seu próprio mundo externo. O objetivo desse ato criador consiste em prover um campo ou contexto para os esforços de cada um (isto é, para a conduta moral de cada um). Portanto, o reino que Kant declara conhecer por meio da razão "pura" (o mundo da percepção sensorial), Fichte afirma produzi-lo pelo exercício da razão "prática".

A obra de Fichte dá um salto audacioso em relação à obra de seu mentor. Embora privilegiasse a mente ativa no processo do

---

[7] Ver o prefácio de Fichte a *Science of knowledge*, ed. e trad. por Peter Heath e John Lachs (New York, Appleton-Century-Crofts, 1970, p. viii).

conhecimento, Kant, não obstante, supunha a existência do reino numênico de entidades reais independentes do eu conhecedor. Ele fala das "coisas-em-si-mesmas", as quais não admite ser possível conhecer por meio da percepção sensorial, mas que, a despeito disso, são reais. Fundamentalmente, Fichte repudia a noção da "coisa-em-si". Para ele, a noção de um reino numênico de objetos situado fora da possibilidade de apreensão do sujeito conhecedor já não tem mais nenhum significado filosófico.

Fichte admite que a experiência rotineira deixa clara a existência de um mundo objetivo — um "não-eu" — independente de nós. Nesse nível, o "não-eu" não se separa do eu. Num nível mais profundo, porém, afirma Fichte, sua fonte é o eu. Especificamente, a fonte do "não-eu" — e, em última análise, a fonte dos eus humanos individuais — acha-se na atividade primordial que Fichte designa como o "eu absoluto".[8]

Assim, Fichte consegue preservar o comprometimento de Kant com o conceito do eu transcendental. O conceito do "eu absoluto" é responsável pela existência do eu finito e de sua contrapartida, o mundo aparentemente objetivo do não-eu. Todavia, ao expulsar de seu mundo a "coisa-em-si", Fichte corta o último elo kantiano com a realidade externa.

A eliminação do reino numênico preparou o caminho que levaria a um estágio filosófico além daquele propugnado por Kant e no qual Fichte possivelmente ingressou — a saber, a criação daquilo a que alguns filósofos se referem como "estruturas conceptuais alternativas". Kant aplica o conceito da liberdade humana unicamente ao reino da ação ética. Fichte o aplica ao que considera o reino mais importante do pensamento ou do exercício da imaginação. Esse tipo de liberdade é importante porque tem o potencial de nos libertar de um modo

---

[8] Para uma discussão interessante sobre o "eu absoluto", ver *Movements of thought in the nineteenth century*, de George H. MEAD, ed. por Merritt H. Moore (Chicago, University of Chicago Press, 1936, p. 101).

único de compreender o mundo. Ele nos abre a possibilidade de descrever objetos utilizando múltiplos grupos de conceitos ou "estruturas conceptuais".[9] A utilização de diferentes estruturas conceptuais, na verdade, permitiria-nos criar diferentes mundos para nós.

A Rejeição do Iluminismo: Friedrich Nietzsche

Os filósofos pós-kantianos da era moderna questionaram a elevada visão cartesiano-kantiana do eu conhecedor e as capacidades que a compreensão iluminista produzira, porém, ao final, não rejeitaram o Iluminismo em si mesmo. Pelo contrário, fizeram ouvir suas vozes no contexto criado por Descartes e Kant.

Coube a Friedrich Nietzsche (1844-1900) a honra de desferir o primeiro golpe contra a estrutura das luzes, preparando assim o caminho para o que se tornaria, por fim, a investida pós-moderna. Nietzsche, mais do que ninguém, merece o título honorífico de "santo patrono da filosofia pós-moderna".[10] Embora se expressasse de muitas maneiras diferentes, Nietzsche revelou-se consistentemente um inimigo da modernidade.[11]

Nietzsche nasceu em 15 de outubro de 1844 no seio de uma família extremamente religiosa; seu pai e ambos os avós haviam sido pastores luteranos. Embora muito piedoso na infância, Nietzsche abandonou a fé no fim da adolescência. Depois de estudar filologia clássica nas universidades de Bonn e Leipzig, foi chamado para o magistério na Universidade da Basiléia. Tendo em vista essa convocação para a docência, a faculdade de Leipzig conferiu-lhe o

---

[9] Robert C. SOLOMON, *Continental philosophy since 1750: the rise and fall of the self* (Oxford University Press, 1988, p. 50).

[10] Para uma discussão da ligação entre Nietzsche e os pensadores pós-modernos, ver *Prophets of extremity*, de Megill; e "Nietzsche's prefiguration of postmodern american philosophy", de Cornel West, in: *Why Nietzsche now?* editado por Daniel T. O'Hara (Bloomington, Ind., Indiana University Press, 1985, p. 241-69).

[11] Ver a introdução de Geoffrey Clive à sua edição de *The philosophy of Nietzsche* (New York, Mentor Books, 1965, p. xi).

grau de doutor sem que houvesse escrito uma dissertação. No ano seguinte, aos vinte e cinco anos, Nietzsche foi promovido ao magistério pleno em filologia clássica.

Ao longo de sua vida, Nietzsche foi acometido de diversas desordens. Em 1879, deixou a Basiléia e passou os dez anos seguintes na Itália e na Suíça praticamente só. Finalmente, seus problemas de saúde culminaram num colapso irreversível em 1889. O primeiro sinal dessa debilidade ocorreu em Turim, quando o filósofo caiu na rua. Depois de lutar durante onze anos com problemas mentais, Nietzsche morreu no dia 25 de agosto de 1900 — quando o século XIX dava à luz o século XX.

Nietzsche formulou grande parte dos temas que seriam essenciais ao desenvolvimento do clima intelectual pós-moderno. Sobretudo, fixou o rumo da filosofia em direção ao pós-modernismo ao rejeitar totalmente os princípios iluministas.

A Morte do Conceito Iluminista da Verdade

Na base do ataque nietzschiano ao modernismo acha-se a rejeição ao conceito iluminista da verdade.

Para Nietzsche, o mundo consiste em fragmentos completamente distintos uns dos outros. Quando, porém, elaboramos os conceitos, menosprezamos o fato de que não há duas coisas ou ocorrências exatamente iguais. Conseqüentemente, em vez de mediar o conhecimento genuíno, nossa conceituação rouba a realidade de sua multiplicidade e destrói a riqueza e a vitalidade originais da experiência humana.

Exemplificando, Nietzsche considera a relação entre nosso conceito de "folha" e as folhas reais.[12] Embora todas as folhas compartilhem de certas características, cada uma é diferente das outras.

---

[12] NIETZSCHE, "On truth and lie in an extra-moral sense", in: *The portable Nietzsche*, ed. e trad. Water Kaufmann (New York, Penguin Books, 1976, p. 46). Ver também Megill, *Prophets of extremity*, p. 49.

Formamos o conceito de "folha" quando passamos por cima dessas diferenças. Para Nietzsche, portanto, o conceito de "folha" é uma falsificação da realidade das folhas. O termo introduz no mundo dos objetos a forma "folha", a qual, na verdade, não faz parte dele, além de roubar a realidade daquelas qualidades que diferenciam as folhas individuais umas das outras.

Esse problema se agrava pelo fato de que não somente elaboramos conceitos individuais, como também os combinamos num "grande edifício de idéias" em nossos esforços para entender o mundo.[13] Esta estrutura, diz Nietzsche, é, na verdade, ilusória. Ela simplesmente repete, num nível mais elevado e mais complexo, a falsificação presente em cada conceito individual. Em vez de inatas ao mundo, construções do tipo "leis da natureza" são de fato imposições humanas ao mundo, o qual, em sua individualidade e criatividade, transcende nossas elaborações intelectuais.

Nietzsche não está simplesmente reproduzindo o que dissera Kant há um século. O autor de *Crítica da razão pura* dissera que o eu constrói o conhecimento por meio de categorias transcendentais oriundas da mente, as quais supunha serem estruturalmente as mesmas em todas as pessoas. Ele cria que essa identidade estrutural — esta natureza humana compartilhada — era a responsável pelo fundamento do conhecimento humano universal e que nossa imposição de categorias ao fluxo da experiência constituía um ordenamento positivo da realidade.

Nietzsche, pelo contrário, colocava inteiramente em dúvida a empresa do conhecimento humano racional. Para ele, o que consideramos "conhecimento" é meramente criação humana, tendo em vista o fato de que o processo de fabricação da realidade é assunto arbitrário e de foro individual. Nossa construção de categorias constitui

---

[13] NIETZSCHE, "On truth and falsity in an extra-moral sense", in: *Early greek philosophy", and Other Essays*, trad. M. A. Mügge, v. 2 de *The complete work of Friedrich Nietzsche*, ed. por Oscar Levy (New York, Russell & Russell, 1964, p. 181-82).

um deslocamento ou uma dissimulação (*Verstellung*) do mundo. Nietzsche rejeita a imponente compreensão teórica da realidade de Kant, pois o que comumente acatamos como conhecimento humano não passa de um conjunto autônomo de ilusões. Ele via a "verdade", essencialmente, como uma função da linguagem que empregamos e, portanto, cria que a verdade "existe" somente no âmbito específico dos contextos lingüísticos.[14]

Em certo sentido, podemos colocar Nietzsche ao lado dos filósofos românticos que o precederam. Como Fichte, os românticos lidavam com a questão do dualismo iluminista sujeito-objeto e de como superá-lo. A exemplo dos idealistas pós-kantianos, detinham-se no eu, e não no fluxo das diversas sensações e experiências como meio de organizar o mundo. Quando o eu organiza o mundo, ele está, na verdade, organizando suas próprias experiências. Conseqüentemente, os filósofos românticos chegaram à conclusão de que o resultado é idêntico ao eu. Em sua opinião, graças a essa atividade de organização do mundo, o eu descobre-se verdadeiramente a si mesmo e vence, no decorrer do processo, a distinção entre sujeito e objeto.

Românticos, como Friedrich Schelling (1775-1854), encontraram na experiência da criação artística um exemplo esclarecedor dessa dinâmica. No ato criador de moldar o meio informe, os artistas descobrem a forma que tem o meio em suas próprias mentes. De maneira semelhante, declarou Schelling, a intuição estética do eu "artístico" do homem dá coesão e sentido ao mundo e vence o dualismo sujeito-objeto.[15] Schelling prossegue com seu raciocínio caracterizando todo saber humano como fenômeno estético.

Embora concordasse com os filósofos românticos no tocante ao seu enfoque estético, Nietzsche também diferia radicalmente deles. Seus predecessores criam que a arte fosse capaz de reunir o

---

[14] NIETZSCHE, "On truth and lie in an extra-moral sense", p. 44-46.
[15] Para uma discussão desse ponto, ver *Movements of thought in the nineteenth century*, de Mead, p. 123-26.

sujeito e o objeto num momento supremo de *insight* estético. Nietzsche nega a possibilidade de tal fusão. Ele insiste em que essa expressão artística, a exemplo da conceituação intelectual, não é um veículo da verdade, e sim uma fuga dela.[16] De fato, para Nietzsche, a dimensão estética é tanto um reino da ilusão quanto da dimensão intelectual.

Isto faz de Nietzsche um niilista. No fim das contas, ele afirma que não temos acesso nenhum a qualquer realidade que seja. Ele afirma mesmo que não há nenhum "mundo verdadeiro". Tudo se limita a uma "aparência de perspectiva", cuja origem está em nós mesmos. Vivemos num mundo construído que surge de nossa própria perspectiva.[17] Em vez de veículo para conceituação da verdade, a linguagem é uma expressão do talento humano inato para a criação estética. Todavia, nossas magníficas abstrações acabam se tornando metáforas disfarçadas, "ficções" cujos autores somos nós mesmos. Embora sintamo-nos constrangidos em dizê-lo, declara Nietzsche, a ficção artística nada tem a ver com o "mundo real" que, supostamente, existe fora de nós mesmos.[18] Em suma, ele caracteriza a verdade como um tipo de erro sem o qual uma certa espécie de vida — a humanidade — não poderia viver.[19]

Segundo Nietzsche, nosso mundo é uma obra de arte em contínua criação e recriação. Nada há, porém, "por trás" ou "além" dessa teia de ilusões.[20] De certa forma, a "obra de arte", em todo seu esmero, cria-se a si mesma; de algum modo, ela dá à luz a si própria.[21]

---

[16] NIETZSCHE, *The will to power*, parag. 853, trad. Walter Kaufmann e R. J. Hollingdale, ed. por Walter Kaufmann (New York, Random House, 1967, p. 451-52).
[17] NIETZSCHE, *The will to power*, parag. 15, p. 14-15.
[18] MEGILL, *Prophets of extremity*, p. 50, 59.
[19] NIETZSCHE, *The will to power*, parag. 493, p. 272.
[20] MEGILL, *Prophets of extremity*, p. 52.
[21] NIETZSCHE, *The will to power*, parag. 796, p. 419.

> O que é a verdade, portanto? Um batalhão móvel de metáforas, metonímias, antropomorfismos, enfim, uma soma de relações humanas, que foram enfatizadas poética e retoricamente, transpostas, enfeitadas, e que, após longo uso, parecem a um povo sólidas, canônicas e obrigatórias: as verdades são ilusões, das quais se esqueceu que o são, metáforas que se tornaram gastas e sem força sensível, moedas que perderam sua efígie e agora só entram em consideração como metal, não mais como moeda.
>
> Friedrich Nietzsche, "Sobre verdade e mentira no sentido extramoral", in: Nietzsche, trad. Rubens Rodrigues Torres Filho (São Paulo, Abril, 1978. *Os Pensadores*, p. 48).

A afirmação de Nietzsche de que o mundo cria-se a si mesmo esteticamente foi uma inovação de amplo alcance. Ele tem sido aclamado como o fundador daquilo que se veio a ser a "metacrítica estética" daquela visão da verdade que vê a "obra de arte", "o texto" ou a "linguagem" como provedores de fundamento para a possibilidade da própria verdade.[22] Essa crítica, sutilmente esparramada pelas páginas do corpus literário nietzschiano, seria, finalmente, proclamada aos quatro ventos por seus herdeiros pós-modernos.

A Rejeição do Conceito Iluminista dos Valores

A tradição filosófica ocidental, dos gregos antigos ao Iluminismo, foi edificada segundo uma compreensão "objetivista" de valores. Supunha-se que os valores não eram simplesmente um produto do intelecto humano, mas que estavam contidos numa realidade que nos transcendia. Supunha-se ainda que não éramos nós os *criadores* da verdade e dos valores, tão-somente éramos seus *descobridores*. Os

---

[22] Megill, *Prophets of extremity*, p. 33.

pensadores iluministas criam que o caminho para essa descoberta passava pela razão autônoma e pela investigação filosófica.

Os escritos de Nietzsche investiam continuamente contra esse ponto de vista. Ele empenhou-se num esforço filosófico para "desmascarar" o que considerava a ilusão do Iluminismo. Para Nietzsche, a compreensão que temos da verdade e do valor não é conseqüência de nossa capacidade de rasgar o véu do reino transcendental, e sim da urgência da "vontade de potência".[23]

Nietzsche baseia seu ataque em sua famosa afirmação sobre a "morte de Deus". Ele utilizou essa frase marcante para chamar a atenção para sua percepção de que a civilização ocidental de seu tempo já não estava mais sob a influência da tradição cristã como no passado. A crença em Deus, dizia Nietzsche, na história cristã e, particularmente, nas recompensas e castigos divinos decorrentes do comportamento humano, haviam perdido o poder que antes tinham e não havia outras crenças semelhantes àquelas que pudessem tomar-lhes o lugar. A única coisa que permaneceu no relativo vácuo deixado pela morte de Deus foi um corpo de instintos primitivos — cujo objetivo era a autopreservação e autopromoção —, dentre os quais o principal era um a que Nietzsche se referia como "vontade de potência" (o desejo de aperfeiçoar e transcender o eu pelo exercício do poder criador pessoal e não pela dependência de qualquer coisa externa).[24] Resumidamente, Nietzsche proclamou que a cultura ocidental havia rompido com o transcendente.

Nietzsche percebeu as conseqüências radicais desse fenômeno. Na verdade, ele é considerado a primeira pessoa a reconhecer as profundas implicações da morte de Deus.[25] Em primeiro lugar, observou que os valores não podem mais ser alicerçados em apelos a

---

[23] Ver Megill, *Prophets of extremity*, p. 58-59.
[24] Para uma discussão da compreensão de Nietzsche sobre o conceito da "vontade de poder", ver *Continental philosophy since 1750*, de Solomon, p. 116.
[25] Mark C. TAYLOR, *Deconstructing theology* (New York, Crossroad, 1982, p. 90).

um reino além da mente humana (ou seja, Deus). Nada há, afirmou Nietzsche, que sustente os valores humanos, exceto a vontade da pessoa que os possui. As coisas têm valor em nosso mundo somente à medida que lhes damos valor.[26]

Na base do conceito nietzschiano da "vontade de potência" acha-se sua inferência de que o instinto cardeal de todas as coisas vivas é o desejo de "dar vazão" à sua força.[27] Assim, a "vontade de potência" é o motivo primordial para o comportamento humano. Nosso desejo é poder desfrutar integralmente de todas as nossas capacidades. Queremos ser criadores e não meramente criaturas.[28]

Como extensão dessa motivação humana, o "desejo de poder" refere-se ao uso pragmático da linguagem, dos valores e dos sistemas morais para o progresso pessoal ou social. Motivados pelo desejo de poder, elaboramos conceitos metafísicos — conceituações sobre a "verdade" — que colaboram para com o aperfeiçoamento de certas espécies de pessoas.

Os herdeiros pós-modernos de Nietzsche beberam avidamente desse aspecto social da vontade de potêr cia e de sua compreensão afim do saber, ao qual podemos denominar de "perspectivismo". Conforme já observamos anteriormente, Nietzsche afirma que não há verdade como tal, apenas verdades relativas para um determinado tipo de criatura ou para uma sociedade específica. Uma vez que todo conhecimento é uma questão de perspectiva, o conhecimento, na verdade, é uma questão de interpretação — e todas as interpretações são mentirosas.

Estas são basicamente questões epistemológicas e envolvem, especificamente, o relacionamento entre a linguagem e a verdade.

---

[26] NIETZSCHE, *The gay science*, parag. 301, trad. Walter Kaufmann (New York, Random House, 1974, p. 241-42).
[27] NIETZSCHE, *Beyond good and evil*, 1.13, trad. Helen Zimmern, in: *The philosophy of Nietzsche* (New York, Random House, 1937, p. 14).
[28] W. L. REESE, *Dictionary of philosophy and religion* (Atlantic Highlands, N.J., Humanities Press, 1980, p. 391-92).

Já que Nietzsche estava extremamente preocupado com a questão moral — como devemos viver — ele, como não podia deixar de ser, via a situação epistemológica segundo a ótica de suas nuanças morais. Ele acusava sua cultura de ter transformado o dever da sinceridade na "obrigação de mentir segundo uma convenção sólida, mentir em rebanho, em um estilo obrigatório para todos".[29] Nietzsche queixava-se de que a debandada dos teóricos do Iluminismo em direção à razão tinha implicações no reino ético tanto quanto no epistemológico.

Nietzsche acusa os moralistas filosóficos de buscarem evitar a conclusão de que a moralidade, tal como o conhecimento intelectual, é simplesmente um costume local ou uma expressão de sentimentos duvidosos. Ele ataca esses pensadores — especialmente os teólogos cristãos — por afirmarem impropriamente que suas crenças morais são racionais, universais e axiomáticas. À semelhança dos valores democráticos dos moralistas, diz ele, os valores cristãos da humildade e da auto-abnegação são tão-somente expressões de uma "moralidade de escravos" enraizada no ressentimento e no desejo de vingança.

De acordo com Nietzsche, essa universalização das crenças é perigosa. Para ele, a moralidade de escravo sob a superfície da democracia e do cristianismo tem sido a maldição da cultura européia; sua propagação serve apenas para limitar os que são dotados de maiores capacidades e nivelar num mesmo patamar de mediocridade todas as pessoas.[30]

A doença que ele via na cultura ocidental levou-o a dar as boas-vindas à morte de Deus. A extinção de um alicerce transcendente para a moralidade abriu caminho para a "transvalorização dos valores", o desenvolvimento de uma autêntica "vontade de potência". O ideal dessa nova ordem é o super-homem (*Übermensch*).

---

[29] NIETZSCHE, "Sobre verdade e mentira no sentido extra-moral", p. 49.
[30] SOLOMON, *Continental philosophy since 1750*, p. 117.

Embora proclamasse essa visão do potencial humano, Nietzsche evitava cair no "utopismo" moderno. Ele não contava com o advento de uma era de ouro prestes a irromper nas praias da sociedade ocidental. Ele não tinha por objetivo inspirar seus leitores com novas possibilidades, mas simplesmente expor à luz as ilusões dos pregadores iluministas de seus dias. Conseqüentemente, o super-homem é mencionado poucas vezes, e dele só há um esboço. Na verdade, sua descrição do super-homem talvez seja muito mais uma expressão da revolta contra os seres humanos, tais como se apresentam, do que uma expressão de esperança pelo que poderão vir a se tornar. Nietzsche, ao refletir sobre esse "último homem", observa que não será ele um super-homem, e sim um burguês frágil de tal modo satisfeito com a vida que dirá, "Inventamos a felicidade".[31]

A despeito de seu pessimismo, Nietzsche reveste de um certo conteúdo o conceito de Super-homem. Primeiramente, em relação à doutrina do "eterno retorno", Nietzsche diferencia o super-homem de seus contemporâneos do século XIX no que se refere ao amor à própria sina.

O conceito do "eterno retorno" é fundamental para *Assim falava Zaratustra*,[32] a obra que Nietzsche considerava como a mais importante das que havia escrito. Em sua essência, ela é a expressão da crença de Nietzsche de que, seja o que for que tenha acontecido, acontecerá novamente infinitas vezes. Parece que ele formulou essa doutrina para se contrapor ao mito burguês do progresso no século XIX e à concepção cristã da redenção.[33] A escatologia cristã afirma que os eventos da vida, aparentemente sem significado, ganharão sentido na eternidade. A doutrina nietzschiana do eterno retorno afirma o contrário: nenhum acontecimento jamais terá sentido algum; as coisas simplesmente se repetem.

---

[31] SOLOMON, *Continental philosophy since 1750*, p. 124-25.
[32] MEGILL, *Prophets of extremity*, p. 61.
[33] MEGILL, *Prophets of extremity*, p. 84.

> Esta vida, assim como tu a vives agora e como a viveste, terás de vivê-la ainda uma vez e ainda inúmeras vezes; e não haverá nela nada de novo, cada dor e cada prazer e cada pensamento e suspiro e tudo o que há de indizivelmente pequeno e de grande em tua vida há de te retornar, e tudo na mesma ordem e seqüência.
>
> NIETZSCHE, *A gaia ciência*, trad. Rubens Rodrigues Torres Filho (São Paulo, Abril, 1978. *Os Pensadores*, p. 208).

Nietzsche sabia que seus contemporâneos, infectados como estavam pela moralidade de escravo, achariam terrível esse pensamento. Todavia, afirma ele que, para o super-homem, isto será boas-novas. Tendo vivido a vida em todos os seus aspectos, o herói de Nietzsche a viverá novamente com muita alegria.

A Rejeição do Filósofo Iluminista

A exemplo dos gregos que os precederam, os filósofos de tradição iluminista tomavam como sua missão a descoberta e a elucidação da verdade absoluta ou última. Eles procuravam deduzir as categorias básicas necessárias à interpretação da natureza das coisas. Conseqüentemente, os filósofos do Iluminismo enfatizavam o papel da razão. Graças à reflexão racional, esperavam prover um fundamento para a obtenção do conhecimento conceptual da realidade.

Nietzsche rejeita tal missão. Ele nega o que outros filósofos consideravam axiomático. Não possuímos a faculdade da razão capaz de conhecer e explicar a verdade final à parte da vida, insiste Nietzsche. Todavia, em vez de se queixar dessa perda da razão, do conhecimento, e do mundo objetivo, ele exige um niilismo ativo e estético. Nietzsche insta conosco para que nos tornemos artistas de nossa própria existência, inventando um mundo adequado ao nosso ser.[34]

---

[34] MEGILL, *Prophets of extremity*, p. 34.

Segundo Nietzsche, a tarefa do filósofo não consiste em deduzir verdades metafísicas, e sim em agir como "médico da cultura". O filósofo deve ser um espírito livre que transforma nossa atitude diante da vida. Ao denunciar a debilidade e a pobreza das idéias que dominam e moldam a sociedade ocidental contemporânea, o filósofo nietzschiano deve fomentar o desenvolvimento de uma cultura mais vigorosa.[35]

Nietzsche via-se claramente a si mesmo como aquele que criaria novos valores das cinzas da civilização cristã burguesa. Porém, de que forma poderia realizar essa tarefa? Ele elabora uma proposta com base em dois aspectos tomados de seu entendimento sobre o modo de operação da cultura.

O primeiro aspecto ocupa-se do papel do mito na vida cultural. O método racionalista dos filósofos do Iluminismo procurava invalidar o mito. Seu programa consistia em libertar a sociedade da escravidão às crenças e superstições irracionais sem fundamento algum na reflexão racional. Nietzsche, pelo contrário, tentava reintroduzir o conceito do mito. Para ele, o mito não é somente inevitável, mas, na verdade, essencial à saúde da cultura humana. Em seus esforços maciços para destruir o mito, diz Nietzsche, os filósofos modernos roubaram a cultura ocidental de um mito ordenador e, com isso, estimularam inadvertidamente um niilismo doentio.

Em resposta a isso, Nietzsche oferecia um mito que, segundo seu entender, poderia redimir a sociedade do niilismo cujas sombras pairavam sobre a cultura ocidental — a doutrina do eterno retorno. Não há indicação em parte alguma sobre o que realmente significa o "eterno retorno", por que ele se considera justificado ao valorizar em tão alto grau a doutrina, ou de que maneira a idéia afeta a dimensão social inerente a um mito.[36] Não obstante, Nietzsche afirma que a doutrina tem o poder de comunicar o que havia se perdido

---

[35] John PASSMORE, *A hundred years of philosophy* (London, Gerald Duckworth, 1957, p. 99).
[36] MEGILL, *Prophets of extremity*, p. 83.

na cultura ocidental[37] —a saber, um significado ou um padrão para a vida humana.

> Sem o mito, todas as culturas perdem o poder natural sadio de sua criatividade: somente um horizonte definido pelos mitos completa e unifica um movimento cultural em sua inteireza. Somente o mito redime todos os poderes da imaginação e do sonho apolíneo de suas peregrinações errantes. As imagens do mito devem ser os guardiões demoníacos onipresentes, mas que passam despercebidos, e sob seus cuidados a jovem alma cresce até atingir a maturidade. Seus sinais ajudam o homem a interpretar sua vida e suas lutas. Nem mesmo o Estado conhece leis mais poderosas, ainda que tácitas, do que o fundamento mítico, capazes de garantir sua vinculação com a religião e seu crescimento com base em noções míticas.
>
> Friedrich NIETZSCHE, *The birth of tragedy and the case of Wagner*, trad. Walter Kaufmann (New York, Vintage Books, 1967).

O mito do eterno retorno leva-nos ao segundo aspecto de onde emerge o programa nietzschiano para a cultura ocidental: sua compreensão da natureza e do papel da linguagem.

Por vezes, Nietzsche parece simplesmente concluir que, embora a linguagem humana não seja um meio totalmente transparente para a comunicação do pensamento, ainda assim ela colocaria à nossa disposição os recursos para chegarmos à verdade, se, de algum modo, pudermos compensar as distorções por ela introduzidas. De modo geral, porém, ele não parece estar dizendo que a linguagem distorce a realidade, e sim que ela *é* a realidade. Ao construir um mundo independente, a linguagem cria a "verdade" por intermédio de suas metáforas e de seus antropomorfismos.[38]

---

[37] Ver Nietzsche, *The will to power*, parag. 1, p. 7-8.
[38] NIETZSCHE, "On truth and falsity", p. 184.

Nietzsche encara a "verdade" como função das operações internas da própria linguagem. Ele afirma que nossas crenças correspondem à linguagem que empregamos porque nossa linguagem é simplesmente um sistema de interpretação.[39] Em sua opinião, a "correção" objetiva da interpretação é menos importante do que as "belas possibilidades" que ela oferece.[40] Ao se bater por esse ponto de vista, Nietzsche coloca-se como precursor dos desconstrucionistas pós-modernos. Seguindo-lhe os passos, eles chegaram à conclusão de que não há tal coisa como uma *coisa*. Tudo o que existe é simplesmente uma máscara para alguma outra coisa — e todas as "outras coisas" acabam sendo máscaras também.[41]

A afirmação de Nietzsche de que a linguagem fala sua própria verdade é fundamental para sua proposta de um novo mito para a cultura ocidental. Sua estratégia de um novo mito nos é apresentada em *Assim falava Zaratustra*: ele se apresenta como um "remistificador".[42] À medida que Nietzsche narra a história, Zaratustra anuncia um mundo definido pela morte de Deus. O mestre não argumenta a favor do retrato que pinta do mundo; ele simplesmente procura trabalhar as implicações de sua visão e, em seguida, exige que a aceitemos. Aqueles que aceitam a visão de Zaratustra entram no reino de seu discurso. Aos que não podem aceitar sua visão, o mestre nada mais tem a dizer.

Zaratustra é o modelo do filósofo nietzschiano. De fundamental importância para o advento da nova cultura do super-homem é a existência de uma nova linguagem (entendida como um sistema abrangente de interpretação). Esta nova linguagem compreende o mito do super-homem e do eterno retorno juntamente com os valores por ela ensinados. Ao mesmo tempo, a linguagem exclui todos os sistemas a ela opostos.

---

[39] MEGILL, *Prophets of extremity*, p. 95.
[40] NIETZSCHE, *Beyond good and evil*, I. 10, p. 9.
[41] Megill é da opinião de que esse posicionamento também é o de Nietzsche (*Prophets of extremity*, p. 85).
[42] Ver Megill, *Prophets of extremity*, p. 62.

A diferença entre o novo e o velho não consiste no fato de que um está "certo" e o outro "errado". Conseqüentemente, Nietzsche não tem a pretensão de facilitar a transição para o novo por meio da argumentação racional. A nova realidade irromperá graças à "vontade de potência" interpretativa. O médico cultural anuncia arbitrariamente a nova linguagem e, em virtude de sua própria existência, o novo sistema de interpretação dará à luz a nova realidade que lhe corresponde.[43]

Em suma, o filósofo do super-homem convida-nos a aceitar sua linguagem, seu mito do eterno retorno. Ele reconhece que se trata simplesmente de um universo estético que flutua livremente, porém, conserva a esperança de que tão logo passemos a viver em seu contexto, seremos então transformados em seu ideal.[44]

O Problema Hermenêutico

Ao edificar sobre o trabalho dos filósofos pós-kantianos — ultrapassando-lhes, porém, seus postulados — Nietzsche fez soar um alarme: a modernidade estava pronta para um colapso catastrófico. Juntamente com seus colegas idealistas, Nietzsche levantara as questões que marcaram o começo da morte do eu transcendental construído tão cuidadosamente pelos gigantes da filosofia moderna, Descartes e Kant. Todavia, o papel dos idealistas germânicos foi, em grande parte, preparatório. Eles deixaram para outros a tarefa de se preocupar com as questões que, por fim, solapariam o modernismo e prepariam o caminho para a era pós-moderna.

Nietzsche colocou a filosofia ocidental frente a frente com a complicada questão da natureza da interpretação. Ele trouxe à baila o assunto e deixou que outros pensadores procurassem as respostas. Um dos caminhos seguidos nessa busca foi a exploração dos domínios da hermenêutica, entendida como a teoria da interpretação de textos escritos.

---

[43] MEGILL, *Philosophers of extremity*, p. 96-97.
[44] Ver Megill, *Prophets of extremity*, p. 99.

Gênese da Hermenêutica Moderna: Friedrich Schleiermacher

A discussão moderna em torno da hermenêutica data de cerca de cinqüenta anos antes de Nietzsche. Seu advento não foi obra de um filósofo, e sim de um teólogo, o "pai da teologia moderna", Friedrich Schleiermacher (1768-1834).[45]

A busca de Schleiermacher começou com a descoberta de que os textos bíblicos não são tratados teológicos sistemáticos. Pelo contrário, são produtos de mentes criadoras em resposta a situações específicas. Baseado nisso, esse teólogo do século XIX argumenta que, para compreender um texto, o intérprete deve contextualizá-lo de acordo com a vida do autor; deve buscar por trás das palavras impressas a mente que as pôs no papel.

Com esse objetivo, Schleiermacher fazia distinção entre dois aspectos da interpretação: o gramatical e o psicológico. A compreensão gramatical procura o significado nas palavras e frases da obra em si. A compreensão psicológica procura por trás das palavras a mente do autor expressa pela texto escrito.[46]

O método de Schleiermacher implica uma análise filosófica das condições que tornam possível o entendimento.[47] Seus pressupostos básicos determinam que, para compreender uma obra, temos de reconstruí-la rastreando o processo graças ao qual ela veio a existir.

---

[45] Ver F. D. E. Schleiermacher, *Hermeneutics:* the handwritten manuscripts, American academy of Religion Texts and Translation Series, 1, ed. por Heinz Kimmerle, trad. James Duke e Jack Forstman (Atlanta, Scholars Press, 1977).

[46] O filósofo alemão Wilhelm Dilthey caracteriza a distinção de Schleiermacher da seguinte maneira: "A interpretação gramatical passa de elo em elo até atingir os agrupamentos mais altos da obra como um todo. A interpretação psicológica começa com a penetração no processo criador mais íntimo e prossegue até a forma externa e interna da obra e daí para uma apreensão mais profunda da unidade de todas as suas obras na mentalidade e no desenvolvimento de seu autor" ("Development of hermeneutics", in: *Dilthey: selected writings*, ed. por H. P. Rickman, Cambridge, Cambridge University Press, 1976, p. 259).

[47] H. A. HODGES, *The philosophy of Wilhelm Dilthey*, 1952; reimpressão, Westport, Conn., Greenwood Press, 1974, p. 13.

Há ainda o pressuposto de que o processo criador original surgiu primeiramente da perspectiva e da vida pessoal do autor num contexto social mais amplo.

Basicamente, o otimismo de Schleiermacher relativamente à habilidade do intérprete em recriar a mente do autor mostra a influência do romantismo. Ele trabalha com a suposição de que tanto o autor quanto o intérprete são manifestações da vida universal. É preciso que haja um tipo de ligação dessa ordem para que o intérprete complete a tarefa hermenêutica, pois, no fim das contas, os intérpretes devem não somente obter um entendimento sobre o mundo do autor, mas, em certo sentido, transformem-se também, eles mesmos, no autor.[48]

Historicismo e Hermenêutica: Wilhelm Dilthey

Schleiermacher lançou o fundamento para a discussão hermenêutica dos últimos dois séculos. Porém, o ponto de transição dessa discussão foi obra de outro pensador alemão contemporâneo de Nietzsche, Wilhelm Dilthey (1833-1911). Dilthey situou a tarefa hermenêutica no âmbito do horizonte histórico. Ao fazê-lo, porém, deu um passo no sentido de desmantelar o eu transcendental dos idealistas alemães, pois ele também situava a pessoa humana num contexto histórico.

De fundamental importância para todo o programa de Dilthey foi sua valorização da experiência. A teoria kantiana da mente ativa afirma que o eu conhecedor constrói o mundo dos objetos por ele percebidos por intermédio de certos princípios transcendentais (por exemplo, espaço e tempo). Estes são princípios *a priori*: originam-se na mente ou na compreensão de si.

Dilthey não aceita que as estruturas do pensamento sejam um dado *a priori*. Elas não são partes inerentes à mente, diz ele; resultam

---

[48] Para essa caracterização do posicionamento de Schleiermacher, ver *Truth and method*, de Hans-Georg Gadamer, trad. e ed. Garrett Barden e John Cumming (New York, Crossroad, 1984, p. 166-67).

e extraem seu significado da *experiência*. Conseqüentemente, segundo Dilthey, não há lugar para um "mundo eterno" de significados, essências ou princípios racionais. Tampouco concorda com as noções de um sujeito metafísico ou de um eu transcendental. Dilthey considera a pessoa humana como uma unidade mente-corpo que vive em interação com o ambiente físico e social. Para ele, toda experiência e, portanto, todo pensamento, resultam dessa interação.[49] O pensamento é governado em todas as suas etapas pelas confrontações sempre em mutação do eu vivente e do mundo que o cerca.[50]

Dilthey, entretanto, não rompe completamente com o eu de Descartes e Kant. Em vez disso, ele associa o eu à construção de "cosmovisões" histórica e socialmente condicionadas.

Segundo Dilthey, somos herdeiros de um acúmulo de sabedoria humana expressa nos costumes sociais e na tradição. Esse corpo crescente de experiência ajuda-nos a ordenar o fluxo de nossa experiência, orientando-nos na edificação de um sistema metafísico coerente — a cosmovisão (*Weltanschauung*). Essa cosmovisão abarca nosso conhecimento e crenças sobre o mundo, nossos julgamentos de valor, o significado que encontramos no mundo, os fins, os ideais e princípios de conduta que direcionam nossa vida no mundo.[51]

Toda visão de mundo traz implícita a reivindicação de "verdade". Todavia, nenhuma *Weltanschauung* até hoje conseguiu adesão universal. Na verdade, os seres humanos abraçam cosmovisões não porque sejam simplesmente diferentes, mas irreconciliáveis. Dilthey argumenta que a própria natureza variada da vida acha-se no fundamento da miríade de cosmovisões. É preciso reconhecer que nossas experiências do mundo são finitas, diz ele, por isso não devemos reivindicar exclusividade total para a verdade da cosmovisão que construímos. Só então, ao compreendermos outras cosmovisões, seremos capazes de alargar nossa visão e, com isso, começar a lidar

---

[49] HODGES, *The philosophy of Wilhelm Dilthey*, p. xviii-xix.
[50] HODGES, *The philosophy of Wilhelm Dilthey*, p. 31.
[51] HODGES, *The philosophy of Wilhelm Dilthey*, p. 85-86.

com a visão completa e equilibrada das coisas que Dilthey considera como dignas de serem alcançadas.[52]

De modo semelhante, argumenta Dilthey, os filósofos devem evitar a tentação de crer na existência de um sistema metafísico válido universalmente.[53] Ele afirma que o objetivo de empreendimentos tais como o religioso, o artístico e o filosófico não é o de descobrir a existência de alguma ordem objetiva, e sim dar expressão às várias maneiras por que a mente humana se esforça para unificar sua experiência do mundo.[54]

Mais importante para Dilthey do que julgar as reivindicações à verdade das cosmovisões concorrentes é a observação das mudanças por que passam na história. Essas observações levaram-no a fazer diferenciações cruciais entre as ciências naturais e as ciências do espírito humano. As ciências naturais, diz Dilthey, dedicam-se à classificação de fenômenos e à compreensão de leis gerais; as ciências sociais não. A vida humana não nos chega como dados a serem catalogados, e sim como vidas já vividas — vividas por meio de interpretações e de significado. Podemos entender o comportamento humano unicamente porque somos capazes de observá-lo "de dentro" e, assim, reconhecer o significado no que as pessoas dizem e fazem. Os cientistas "impõem" categorias ou significados aos fenômenos naturais; quanto aos filósofos, porém, eles simplesmente "lêem" os significados já evidentes nas palavras, atos e gestos, bem como nas instituições humanas, as quais representam vastos complexos de interpretações.

Dilthey ressalta que o significado associado à atividade humana está sempre situado num contexto histórico. Por esse motivo, é geralmente saudado como personagem principal de um movimento denominado "historicismo". Para ele, não podemos jamais escapar às nossas circunstâncias históricas. Nem mesmo os filósofos podem reivindicar

---

[52] HODGES, *The philosophy of Wilhelm Dilthey*, p. 354-55.
[53] HODGES, *The philosophy of Wilhelm Dilthey*, p. 91.
[54] HODGES, *The philosophy of Wilhelm Dilthey*, p. 93-94. Hodges refere-se aqui ao v. 5 dos *Gesammelte Schriften* de Dilthey, p. 413-16.

a análise da história de um ponto de vista transcendental localizado fora dela. Sua compreensão é necessariamente limitada por seu próprio "horizonte", diz Dilthey, pelo contexto histórico em que se situam. Sua interpretação do passado, inevitavelmente, passa pelos conceitos e pelas preocupações do presente.[55]

O historicismo de Dilthey levou-o ao estudo da hermenêutica, ao que ele chama "interpretação sistemática da experiência humana". O propósito dessa empresa consiste em compreender os sistemas de significado social e cultural que se acham na base dessas expressões do passado da experiência humana e que continuam disponíveis para o estudo do presente. Ele argumenta que as expressões mais facilmente acessíveis e, portanto, mais importantes, são os escritos, por isso sustenta que o foco da hermenêutica é a linguagem.[56]

A tarefa de compreensão dos textos, contudo, é complicada desde o início pelo que Dilthey designa por "círculo hermenêutico". De fundamental importância para esse problema é a compreensão generalizada de que os todos complexos e suas partes estão sempre inseparavelmente entrelaçados. Podemos compreender um todo somente se recorrermos às suas partes; todavia, as partes adquirem seu significado somente no interior do todo. Ou, em outras palavras, somente seremos capazes de entender um sistema complexo se, em primeiro lugar, compreendermos as expressões específicas que o tornam manifesto; porém, só podemos entender as manifestações específicas se já tivermos compreendido o sistema como um todo.[57]

---

[55] SOLOMON, *Continental philosophy since 1750*, p. 106.

[56] "A recriação e o reavivamento daquilo que é estranho e passado...depende da disponibilidade de expressões permanentemente fixas, de modo que o entendimento possa sempre retornar a elas", escreve Dilthey. "À compreensão metódica de expressões permanentemente fixas chamamos *exegese*. À medida que a vida da mente somente encontra sua completude, esgotamento e, portanto, expressão objetivamente compreensível na linguagem, a exegese culmina na interpretação dos registros escritos da existência humana. Este método é a base da filologia. A ciência desse método é a hermenêutica" ("Construction of the historical world", in: *Dilthey: selected writings*, p. 228).

[57] SOLOMON, *Continental philosophy since 1750*, p. 106-7.

A ligação entre as palavras e as sentenças dá-nos um exemplo esclarecedor disso. Somente poderemos entender o imperativo, "*Hand me my club*" (*Passe-me o bastão*), se apreendermos o significado de cada palavra. Todavia, só poderemos determinar o significado apropriado de "*club*" [bastão] ou nos dar conta de que "*hand*" é um verbo [passar] e não um substantivo [mão], quando tivermos entendido o significado da sentença como um todo.[58]

De acordo com Dilthey, o problema relacionado com o binômio "parte-todo" permeia todos os aspectos do mundo humano e torna-se particularmente mais grave na área dos estudos históricos. Só podemos compreender o pensamento dos indivíduos se entendermos o ambiente cultural em que vivem, porém, nossa compreensão da cultura de uma dada era histórica exige uma compreensão do pensamento dos indivíduos que viveram naquela época.[59]

O círculo hermenêutico acaba com todas as esperanças de descobrirmos um ponto de partida transcendente ou uma certeza patente, autônoma, sobre a qual possamos construir um edifício de conhecimento absoluto. O próprio Dilthey admite que o círculo é, teoricamente, insolúvel. Não obstante, em sua opinião, há certos métodos de exposição capazes de resolver o problema na prática.

Especificamente, podemos lidar com uma compreensão das situações complexas por intermédio de um movimento indutivo, para frente e para trás, chegando a conclusões provisórias e, progressivamente, apurando-as e revisando-as. Das partes, obtemos um sentido preliminar do todo. Usamos então esse sentido para determinar com maior precisão o significado das partes. Tendo uma idéia melhor do significado das partes, testamos e corrigimos nossa idéia do todo, e assim por diante.

---

[58] H. P. Rickman usa esse exemplo em sua introdução a *Dilthey: selected writings*, p. 10-11.
[59] Ver "The construction of the historical world in the human studies", de DILTHEY, in: *Dilthey: selected writings*, p. 196.

> Aqui deparamos com a dificuldade geral de toda interpretação. O todo de uma obra deve ser entendido com base em cada palavra e em seu agrupamento, porém, o entendimento total de uma única parte pressupõe a compreensão do todo. Este círculo repete-se na relação de uma obra individual com a mentalidade e desenvolvimento de seu autor, e repete-se na relação dessa obra individual com seu gênero literário...Teoricamente, chegamos aqui ao limite de toda interpretação; só lhe é possível executar sua tarefa até certo ponto; assim, toda compreensão permanece sempre relativa e não pode jamais ser concluída.
>
> <div align="right">Wilhelm DILTHEY, "The development of hermeneutics",
in: <i>Dilthey: selected writings</i>, ed. por H. P. Rickman
(Cambridge, Cambridge University Press, 1976, p. 259).</div>

O processo exegético indutivo, contudo, tem suas limitações. Dilthey argumenta que ele pode trazer à tona a estrutura imanente dos dados particulares em estudo, tornando-os um todo coerente.[60] Todavia, tudo o que fará será levar-nos para *perto* da verdade. Não devemos imaginar que o processo seja um meio para o descobrimento de uma lei universal. Tudo aquilo que se aplica ao círculo hermenêutico em geral, aplica-se às ciências do espírito humano em particular. Embora Dilthey cultive a esperança de que sejamos capazes de ver além de nossos horizontes, ele não nos dá garantia alguma de que nosso estudo indutivo de história nos conduzirá a um significado necessário e universal que unirá toda a humanidade.

Schleiermacher asseverava que o propósito da interpretação bíblica consistia em captar o espírito do autor. Dilthey ampliou a preocupação de Schleiermacher pela hermenêutica e incluiu aí todos os textos e, na verdade, todas as atividades humanas. Ele cria que

---

[60] HODGES, *The philosophy of Wilhelm Dilthey*, p. 139-40. Hodges refere-se aqui ao v. 7 das *Gesammelte Schriften* de Dilthey, p. 220, 227.

toda empresa humana tem um significado à espera da iluminação do intérprete. No século XX, pensadores como Martin Heidegger e Hans-Georg Gadamer perseguiram tais idéias.

A Hermenêutica da Diferença: Martin Heidegger

Talvez nenhum outro filósofo do século XX tenha sido tão amplamente discutido e interpretado das mais variadas maneiras do que Martin Heidegger (1884-1976). Seus intérpretes costumam dividir as atividades literárias de Heidegger em dois segmentos. Eles contrastam o jovem Heidegger, mais existencialista, com o Heidegger mais velho, mais poético.

Ao longo de grande parte do século, sua importância maior reside em seu reconhecido *status* de "pai do existencialismo alemão" (um qualificativo que ele mesmo evitava).[61] Suas obras são citadas até mesmo por pensadores cristãos como Rudolf Bultmann e John Macquarrie, os quais tomaram os escritos de Heidegger para fundamento de sua teologia existencialista. Nesse sentido, Heidegger tem sido aclamado por seu *insight* penetrante das implicações existenciais decorrentes do fato de que os seres humanos tem consciência de sua morte iminente.[62]

---

[61] MEGILL, *Prophets of extremity*, p. 150-51.

[62] Para Heidegger, viver autenticamente significa estar "livre para morrer": "Somente quando estamos livres para morrer é que o *Dasein* [existência, literalmente, "estar lá"] atinge plenamente seu objetivo...É assim que designamos a "historiocização" primordial do *Dasein*, a qual se encontra em sua autêntica resolução e na qual o *Dasein* comunica-se consigo mesmo, livre para morrer, numa possibilidade que herdou e que ainda assim escolheu." Ser livre para a morte acontece quando antecipamos nossa morte. Nas palavras de Heidegger, "Se o *Dasein*, por antecipação, permite que a morte se torne poderosa em si mesma, e, de semelhante modo, livre para a morte, o *Dasein* entende-se a si mesmo em seu próprio *poder superior*, o poder de sua liberdade finita, de modo que, em sua liberdade, que *está* unicamente no fato de ter escolhido fazer tal escolha, pode assumir a *falta de poder* de seu abandono para o fato de que o fez, podendo assim vir a ter uma clara visão dos acidentes da Situação que foram expostos" (*Being and time*, trad. John Macquarrie e Edward Robinson, New York, Harper & Row, 1962, p. 435, 436.

O advento do pós-modernismo fez com que das preocupações existenciais do jovem Heidegger se passasse para as preocupações literárias do Heidegger mais maduro. Os pós-modernos o lêem como um dos primeiros pensadores que tentaram "levar Nietzsche a sério como pensador".[63] Porém, em que sentido foi ele o precursor do espírito pós-moderno?

Heidegger nasceu em 1889. Cursou a universidade em Freiburg, na Alemanha. Depois de lecionar ali por oito anos, tornou-se professor de filosofia em Marburg (1923), retornando a Freiburg somente em 1929 para assumir o posto que fora do famoso filósofo Edmund Husserl. Depois da queda do Terceiro Reich em 1945, Heidegger foi destituído de seu posto por causa de suas supostas simpatias pelo regime nazista durante a guerra. Depois disso, viveu em reclusão nas proximidades de Freiburg.

No início de sua carreira, Heidegger declarou que a questão fundamental da metafísica era a questão do ser: "Por que é que deve existir alguma coisa, e não nada?"[64] Essa pergunta levou-o a criticar radicalmente a filosofia predominante naqueles dias.

Heidegger afirma que a tradição filosófica do ocidente baseia-se na indagação errada. Desde o tempo dos gregos até sua própria época, diz ele, os filósofos procuraram julgamentos definitivos acerca das coisas-no-ser (ou coisas "lá fora"). Ao analisar os opostos do Ser (por exemplo, a transformação e a aparência), eles procuram descobrir categorias essenciais na esperança de transcender esses opostos e chegar ao Ser.

Ao fazê-lo, contudo, deixam de perceber que seu enfoque principal deveria se fixar no "ser-aí", no ser-no-mundo. Heidegger procurava descobrir o Ser ou a realidade (ao que chamou posteriormente

---

[63] HEIDEGGER, "The word of Nietzsche: *God is dead*", in: "*The question concerning technology*" *and other essays*, trad. William Lovitt (New York, Harper & Row, 1977, p. 54-55).

[64] HEIDEGGER, *An introduction to metaphysics*, trad. Ralph Manheim (New York, Doubleday-Anchor, 1961, p. 1).

"um novo alicerce de significado")⁶⁵ baseando-se desde o princípio na existência humana autêntica.

Esse projeto nos leva à pedra angular de sua obra inicial, o conceito de *Dasein* ("ser-em", ou literalmente, "ser-aí"). Embora o *Dasein* seja um conceito⁶⁶ complexo, praticamente indefinível, Heidegger parece associá-lo intimamente à existência humana. O *Dasein* é aquela realidade que tem a ver com a natureza de seu próprio ser. O *Dasein* se pergunta, O que sou eu? Como vim a ser? e Qual o significado de minha existência? O *Dasein* sempre suscita esses questionamentos; não se chega nunca a uma resposta final. Segundo Heidegger, temos de "formular" e não simplesmente "descobrir" quem (ou o quê) somos. Nossa vivência no mundo é que vai nos proporcionar essa experiência.

Em vez de uma "coisa" estática, portanto, o *Dasein* é uma atividade — é nossa formulação de vida no mundo. Na linguagem de Heidegger, o *Dasein* é, fundamentalmente, "ser-em" ou "ser-no-mundo".⁶⁷

Ao promover o conceito do *Dasein* como "ser-em", Heidegger formula uma negação ousada do conceito cartesiano-kantiano do eu, o sujeito conhecedor que depara com o mundo como objeto. Descartes — e toda a tradição iluminista depois dele — começa com a descoberta do eu pensante: "Penso, logo existo". Heidegger, pelo contrário, declara que o ponto de partida da filosofia não consiste na existência de um ser pensante consciente de si mesmo, mas simplesmente em "ser aí".

A substituição do ser pensante que confronta seu objeto pelo "ser-aí" abre o caminho para uma compreensão mais holista da realidade. Com isso, tem-se um meio para evitar o dualismo sujeito-objeto e a experiência dupla do "eu" e do "mundo" em favor de um

---

⁶⁵ Para uma discussão sobre essa mudança, ver a introdução de John M. Anderson ao *Discourse on thinking* de Heidegger, trad. John M. Anderson e E. Hans Freund (New York, Harper & Row, 1966, p. 19-21).

⁶⁶ Com relação ao *Dasein*, diz Solomon, "Trata-se de uma designação intencionalmente vaga, não-descritiva, quase que inócua; é praticamente um gesto indicador do que propriamente um assunto da filosofia" (*Continental philosophy since 1750*, p. 154).

⁶⁷ HEIDEGGER, *Being and time*, p. 78.

fenômeno unitário, o "o-ser-presente-e-acessível-junto" do sujeito e do objeto.[68] Essa visão de ser-no-mundo como um todo sem costuras possibilita a Heidegger atacar incansavelmente o dualismo que, em sua opinião, tem dominado a filosofia (e a teoria literária) desde Descartes.[69] Seu objetivo é desalojar dicotomias tais como mente e corpo, o eu e o mundo, sujeito e objeto, o eu e o outro.[70] De modo particular, ele quer se livrar da noção do sujeito como substância independente que existe acima do tempo e da sociedade humana ou que habita algum reino eterno e transcendente à parte da vida.[71]

A insistência de Heidegger em que nos alicercemos no mundo conduz ao que, talvez, tenha se tornado o aspecto mais importante de seu pensamento para os filósofos pós-modernos que reivindicam sua herança; ele oferece uma crítica desafiadora à compreensão filosófica ocidental do que seja a "presença".

Heidegger declara que os filósofos, desde Platão, fizeram confusão entre o ser e a "presença". De acordo com a tradição filosófica do Ocidente, consideramos a existência da perspectiva de um modo temporal único, "o presente". Dizemos que as coisas existem à medida que se apresentam a nós no aqui-e-agora.[72] Heidegger objeta à valorização do presente pelo fato de que isso reforça a dicotomia cartesiana fatal entre sujeito e objeto. Ela preserva a distinção entre nós mesmos enquanto seres conscientes e pensantes e o mundo físico, o qual vemos como objeto do nosso conhecimento.

Heidegger chama nossa atenção para que entendamos o Ser em relação a todas as três dimensões da temporalidade — passado, presente e futuro. Ao fazê-lo, diz ele, descobriremos que o Ser abrange a

---

[68] HEIDEGGER, *Being and time*, p. 221.
[69] Frank LENTRICCHIA, *After the new criticism* (Chicago, University of Chicago Press, 1980, p. 81).
[70] SOLOMON, *Continental philosophy since 1750*, p. 156.
[71] LENTRICCHIA, *After the new criticism*, p. 81, 85.
[72] Ver, por ex., *Being and time*, de Heidegger, p. 47, 101 e "Time and being", in: Heidegger, *On time and being*, trad. Joan Stambaugh (New York, Harper & Row, 1972, p. 3, 12-15).

ausência bem como a presença. Uma coisa existente não é meramente o que se apresenta para nós no presente; também é o que não está presente para nós, porque ou é passado ou é futuro.

Ao confrontarem a tese de Heidegger, os filósofos pós-modernos fazem uma pergunta crucial: O que permite a associação da presença e da ausência no Ser?[73] O que há entre um par de opostos aparentes, quer seja presença ou ausência, identidade e diferença, ou ser e não ser? Jacques Derrida lida com essa questão e com a discussão heideggeriana da "diferença" ao formular seu conceito de *differance*.[74] Os pensadores pós-modernos, contudo, têm se mostrado, de modo geral, menos interessados nas análises de Heidegger sobre questões filosóficas desse tipo do que nas questões sobre a natureza da "verdade" e da linguagem que ele explora em seus escritos.

Heidegger é crítico em relação à transformação da verdade na certeza do pensamento representativo que, segundo ele, é característico da tradição ocidental.[75] Isto é, ele rejeita a suposição comum de que a verdade consiste numa correspondência entre nossas afirmações e uma realidade totalmente formada que existe fora de nós. Para ele, a demanda por certeza associada a essa teoria da correspondência leva-nos à direção errada. A verdade não é absoluta e autônoma, argumenta ele; ela é *relacional*.[76] A visão dominante é inadmissível simplesmente porque o conceito de um mundo externo é, em si mesmo, ilógico.

---

[73] Ver, por ex., "The end(s) of theology", de Mark C. Taylor, in: *Theology at the end of modernity:* essays in honor of Gordon D. Kaufman, ed. por Sheila Greeve Davaney (Philadelphia, Trinity Press International, 1991). Taylor combate aqui, especificamente, o ensaio "The end of philosophy and the task of thinking", de Heidegger.

[74] Para a discussão de Heidegger sobre a "diferença", ver, por exemplo, seu ensaio "Language", in: *Poetry, language, thought*, trad. Albert Hofstadter (New York, Harper & Row, 1971, p. 202-10).

[75] HEIDEGGER, "*Metaphysics as history of being*", in: *The end of philosophy*, trad. Joan Stambaugh (New York, Harper & Row, 1973, p. 19-26).

[76] Heidegger critica a exigência de certeza porque esta busca uma base para a verdade "que já não mais depende de uma relação com alguma outra coisa, mas é, isto sim, absolvida desde o início dessa relação, contentando-se consigo mesma" ("Metaphysics as history of being", p. 26).

Temos somente o mundo da experiência pelo qual somos envolvidos como participantes. Conseqüentemente, podemos falar sobre a verdade somente enquanto estivermos "nela", e não buscando por ela fora da experiência.

A verdade não é uma recompensa na busca pela certeza das proposições, diz Heidegger. A verdade tem a ver com a "revelação", com o "desvelamento" do Ser. Para obter essa verdade, argumenta Heidegger, é preciso uma "abertura ao mistério" que somente ocorrerá à medida que nos distanciarmos de nossa fixação moderna pelo pensamento cauteloso e nos envolvermos no "pensamento meditativo".[77] Ele argumenta que nossas categorias conceituais tão alardeadas são insuficientes para nos ajudar a lidar com a verdade do Ser; precisamos de um tipo novo e mais rigoroso de pensamento que não seja meramente teórico ou prático, mas que preceda tais distinções.[78]

> A arte, portanto, é a transformação e o acontecimento da verdade. Será, então, que a verdade surge do nada? Certamente que sim, se por nada entendermos simplesmente o não daquilo que é, e se nós aqui pensarmos sobre aquilo que é como um objeto presente da maneira rotineira, e, depois, vem à luz e é desafiado pela existência da obra como só presuntivamente um ser verdadeiro.
>
> Martin HEIDEGGER, *Poetry, language, thought*, trad. Albert Hofstadter (New York, Harper & Row, 1971, p. 71).

Todavia, que tipo de pensamento permite a passagem da luz do Ser? Aqui Heidegger volta ao esteticismo de que Nietzsche foi o

---

[77] HEIDEGGER, "Memorial Address", in: *Discourse on thinking*, p. 55, 46.
[78] Ver "Letter on humanism", de Heidegger, in: *Basic writings*, ed. por David Farrell Krell (New York, Harper & Row, 1976, p. 235, 236).

pioneiro. Ele olha para além do discurso conceptual, para a expressão artística. Para Heidegger, a arte não é simplesmente um veículo para a *revelação* da verdade (e, portanto, do Ser), na realidade, ela pode tornar-se o meio para a *criação* da verdade.[79] Na opinião do filósofo, a obra de arte cria seu próprio mundo.[80]

Heidegger, entretanto, não consigna o poder criativo final unicamente ao reino da arte. A exemplo de Nietzsche que o antecedeu, ele credita esse poder mais amplamente à linguagem e, especialmente, à poesia, como a quintessência da expressão lingüística.[81]

A linguagem precede a arte porque está mais intimamente associada ao pensamento. Na verdade, segundo Heidegger, a linguagem e o pensamento são praticamente recíprocos no sentido de que a experiência da linguagem é a experiência que o pensamento tem de si mesmo.[82] Tal como Nietzsche, Heidegger crê que por intermédio de sua associação com o pensamento, a linguagem desempenha um papel fundamental na produção do mundo humano.[83]

Ainda assim, neste ponto, Heidegger parece dar um passo a mais que nem mesmo Nietzsche ousou dar. Ele assevera que, mais do que criar a linguagem, nós nos movemos em seu interior.[84] Nossa linguagem do "ser-em" permite-nos descobrir que a linguagem (que, para Heidegger, *é* a realidade ou o Ser) dá-se a nós. À medida que entrarmos nesse tipo de experiência genuína com a linguagem, crê Heidegger, seremos transformados.[85]

---

[79] Ver Megill, *Prophets of extremity*, p. 157-62.

[80] "Ser uma obra significa criar um mundo", diz Heidegger em *Poetry, language, thought*, trad. Albert Hofstadter (New York, Harper & Row, 1971, p. 44).

[81] HEIDEGGER, *Poetry, language, thought*, p. 73-74. Para a visão de Heidegger sobre a linguagem de modo geral, ver *Prophets of extremity*, de Megill, p. 162-70.

[82] Ver *Prophets of extremity*, de Megill, p. 164.

[83] "Só a palavra dá o Ser à coisa", afirma Heidegger ("The essence of language", in: *On the way to language*, trad. Peter D. Hertz (New York, Harper & Row, 1971, p. 62).

[84] HEIDEGGER, *What is called thinking?* trad. Peter D. Hertz (New York: Harper & Row, 1971, p. 62).

[85] HEIDEGGER, "The nature of language", p. 57.

PRELÚDIO AO PÓS-MODERNISMO

> Ao serem nomeadas, as coisas nomeadas nascem para sua condição de coisa. Em sua condição de coisa, elas revelam o mundo, no qual as coisas subsistem e, portanto, são subsistentes.
>
> Martin HEIDEGGER, *Poetry, language, thought*, p. 199-200.

A filosofia do Iluminismo começa com a suposição de que a experiência do significado privilegia o objeto conhecido. O significado ocorre à medida que o sujeito depara com um objeto e vem a conhecê-lo. Nietzsche promoveu o conhecedor que, a exemplo do artista, cria um mundo pessoal por intermédio da linguagem. Heidegger liberta a linguagem do artista. Ao fazê-lo, porém, deixa-nos com o que alguns críticos denominam de "uma visão de parte nenhuma", um encontro místico que não é nem objetivo e nem subjetivo.[86]

Apesar de Heidegger dar esse passo aparentemente radical para além do modernismo, em certo sentido ele fica em dívida com o projeto do Iluminismo. Ele deu as costas à noção do eu que alcança, de algum modo, uma certa essência transcendente. Na verdade, ele rejeita a noção de que haja tal essência além da vida neste mundo. Não obstante, Heidegger conserva o ideal pós-iluminista e romântico do sujeito que descobre a si mesmo. Sua filosofia da busca do eu pela autodescoberta continua sendo uma defesa nostálgica, enfadonha e desesperada do conceito do eu como uma totalidade unificada.[87]

Os herdeiros pós-modernos de Heidegger tomaram emprestado o fio místico e antimetafísico desse pensamento para eliminar, da herança que lhes legou o filósofo, o remanescente final do utopismo do século XIX.

---

[86] SOLOMON, *Continental philosophy since 1750*, p. 167. Thomas Nagel fez dessa frase o título de seu livro *The view from nowhere* (New York, Oxford University Press, 1986).

[87] Ver *Beyond the new criticism*, de Lentricchia. p. 99-100.

O Renascimento da Hermenêutica: Hans-Georg Gadamer

Em 1960, Hans-Georg Gadamer publicou seu *magnum opus*, *Wahrheit und Methode* [Verdade e Método], em que ele revive o emprego do termo *hermenêutica*, cuja utilização fora feita primeiramente por Schleiermacher.[88] Seu interesse, porém, não reside na tarefa específica da exegese bíblica; antes, seguindo Dilthey, Gadamer interessa-se pela hermenêutica como questão filosófica. Especificamente, diante de toda a experiência humana do mundo, ele suscita novamente o questionamento kantiano acerca de como é possível conhecer.[89]

Numa atitude semelhante a de Nietzsche e a de Heidegger, Gadamer volta-se para a experiência da arte como um meio de criticar a ênfase da hermenêutica modernista na racionalidade. Por intermédio da obra de arte, diz ele, vivenciamos a verdade que não podemos atingir de outra maneira. A experiência da arte desafia a consciência científica a reconhecer seus próprios limites. Desse ponto de partida — a justificação da verdade da arte — Gadamer tenta desenvolver uma nova compreensão do conhecimento e da verdade. Ele insiste em que essa compreensão deve corresponder ao todo de nossa experiência de vir a conhecer o mundo.[90] Ao buscar essa meta, ele procura se orientar em relação a duas "heresias" — objetivismo e relativismo.

Gadamer começa com a suposição de que a velha postura "objetivista" já não serve mais, de que não existe nenhuma verdade única e eterna "lá fora", independente de perspectivas particulares ou de métodos, à espera de ser descoberta por meio de procedimentos científicos e da empatia pessoal. Contrariamente ao que acreditava Schleiermacher, diz Gadamer, o intérprete não pode apreender a mente e a intenção do autor.[91] Tampouco pode o pesquisador recuperar o passado "exatamente como era".[92] Gadamer acusa Dilthey

---

[88] Ver o prefácio de Gadamer à segunda edição de *Truth and method*, p. xvi.
[89] GADAMER, *Truth and method*, p. xviii.
[90] GADAMER, *Truth and method*, p. xi-xii.
[91] GADAMER, *Truth and method*, p. 168.
[92] MEGILL, *Prophets of extremity*, p. 22.

> O objetivo da minha investigação não consiste em oferecer uma teoria geral da interpretação e um relato diferencial de seus métodos...e sim descobrir o que é comum a todas as formas de compreensão, bem como mostrar que a compreensão jamais é um comportamento subjetivo em relação a um dado "objeto", mas em relação à sua história efetiva — à história de sua influência; em outras palavras, a compreensão pertence ao ser daquilo que é compreendido.
>
> Hans-Georg GADAMER, Truth and method, trad. e ed. de Garrett Barden e John Cumming (New York, Crossroad, 1984, p. xix).

de estender o princípio objetivo à história em toda a sua inteireza e concluir erroneamente que o intérprete é capaz de descobrir o significado da história como um todo.[93]

Ele rejeita também a solução proposta pelos idealistas alemães. Esses pensadores do século XIX consideravam o sujeito (o eu) como o fundamento do significado no mundo, porém, diz Gadamer, deixaram de ver o corolário óbvio: o mundo pode ter diferentes significados, e não somente um único significado "verdadeiro".

Embora rejeite o objetivismo, Gadamer não quer abraçar o relativismo de pensadores perspectivistas como Nietzsche.[94] Ele os acusa de afirmarem falsamente a impossibilidade da existência de algo como "a verdade". Ele rejeita sua afirmação de que só se pode falar de perspectivas ou de uma variedade de verdades incomensuráveis capazes de mudar ao longo da história e de cultura para cultura.

Para realizar essa façanha aparentemente impossível de optar por um caminho que se coloque entre essa duas alternativas, Gadamer lança mão do conceito heideggeriano de "estar-no-mundo".[95] Foi

---

[93] GADAMER, *Truth and method*, p. xxiii.
[94] Ver, por ex., Gadamer, *Truth and method*, p. 308.
[95] GADAMER, *Truth and method*, p. 227-34.

Heidegger, diz Gadamer, quem ressaltou o fato de que a existência humana se dá totalmente "no mundo" ou na história. Uma vez que estamos no mundo, não podemos jamais fugir de nosso contexto histórico. Todavia, em virtude do fato de que nos encontramos em diferentes lugares do mundo, desenvolvemos naturalmente diferentes perspectivas sobre o mundo e diferentes interpretações a seu respeito. À luz disso, Gadamer segue Heidegger ao argumentar que a história não é um objeto externo do qual nos mantemos distanciados, e sim um processo contínuo que nos envolve.[96]

Gadamer, porém, nega que isso leve ao relativismo. Por trás da babélica competição de interpretações há uma realidade compartilhada —um mundo, uma tradição, uma linguagem. Em vista dessa dimensão comum, podemos prever a experiência de uma "fusão de horizontes".[97] Isto ocorre, diz Gadamer, graças a um tipo de conversação em que comparamos e contrastamos nossas várias interpretações. A conversação cria uma linguagem comum e estimula uma "comunhão" na qual deixamos de ser o que éramos.[98]

A idéia de "fusão de horizontes" de Gadamer dá-lhe um ponto de partida para a interpretação de textos literários. O significado não é somente uma questão daquilo que pretende o autor, que está ali no texto, à espera de ser desvendado por meio da interpretação científica e empática. Pelo contrário, o significado emerge à medida que o texto e o intérprete envolvem-se num diálogo, numa "conversação hermenêutica".[99] O propósito desse diálogo consiste na intersecção do horizonte do autor com o do intérprete.

Uma vez que o significado emerge da conversação, o objetivo da hermenêutica não é o de descobrir o "significado único" do texto. O significado do texto não está circunscrito de maneira tão restrita: os

---

[96] LENTRICCHIA, *After the new criticism*, p. 150. Ver *Truth and method*, de Gadamer, p. 175, 245, 250, 258, 264-65.
[97] Ver *Truth and method*, de Gadamer, p. 273, 337, 340, 358.
[98] GADAMER, *Truth and method*, p. 341.
[99] GADAMER, *Truth and method*, p. 349.

limites do significado de um texto não estão confinados somente ao objetivo do autor ou à compreensão do leitor.[100] Na verdade, não podemos jamais reivindicar que qualquer interpretação esteja correta "em si mesma".[101] Não obstante, cada texto pode conduzir a muitos casos em que o intérprete vivencia uma fusão de horizontes.

Gadamer não está simplesmente apresentando aqui uma nova teoria da literatura. Suas afirmações têm implicações de alcance muito maior para a questão do significado da realidade como um todo. A exemplo de Nietzsche e de Heidegger, ele apela para a experiência artística para poder compreender a ligação entre a linguagem e o mundo. Ele conclui que nosso relacionamento com o mundo é fundamentalmente lingüístico, e afirma que o significado emerge da empresa artística ou lingüística.

Conseqüentemente, então, o posicionamento de Gadamer (como o de Nietzsche e o de Heidegger) solapa o programa epistemológico do Iluminismo. O significado não é inerente ao mundo; ele não está oculto à espera de que o "eu conhecedor" de Descartes o traga à tona e o desvende. O conhecedor não descobre um significado "pré-existente lá fora;" pelo contrário, o significado emerge à medida que o intérprete se envolve num diálogo com o "texto" do mundo e a contínua conversação hermenêutica dá lugar a muitas experiências de fusão de horizontes entre o intérprete e o mundo.

Gadamer, porém, apresenta um fundamento ainda mais amplo para o abandono do eu cartesiano e da racionalidade da mente moderna. Num estilo que prefigura os filósofos pós-modernos, ele afirma que nossa conversação com o texto é muito mais um jogo de que participamos do que um evento no qual tomamos a iniciativa.[102]

---

[100] GADAMER, *Truth and method*, p. 356-57.
[101] GADAMER, *Truth and method*, p. 358.
[102] A crítica de Lentricchia a Gadamer permite-nos ver também uma outra conexão com o pós-modernismo:
> Só podemos nos espantar com a implicação do que ele tem a dizer, acriticamente, sobre a autoridade, o poder da tradição, do conhecimento, de nossas instituições e atitudes...Tão logo Gadamer começa a falar sobre uma autoridade

> Podemos ver agora que era esse movimento especulativo o que tínhamos em vista...O ser da obra de arte não era um ser-em-si que se diferenciava de sua reprodução ou da contingência de sua aparência.. Somente por meio de uma tematização secundária das duas coisas torna-se possível fazer esse tipo de "distinção estética". Semelhantemente, aquilo que se oferece a si mesmo para nosso estudo histórico com base na tradição ou como tradição, o significado de um evento ou de um texto, não consiste num objeto fixo de existência autônoma, cuja natureza temos simplesmente de estabelecer. A consciência histórica, na verdade, envolvia também a mediação entre o passado e o presente. Ao verificar que a linguagem era o domínio universal dessa mediação, pudemos ampliar nossa investigação a começar de suas origens — as críticas da consciência estética e histórica e a abordagem hermenêutica que os substituiriam — até as dimensões universais. As relações do homem com o mundo, portanto, são total e fundamentalmente lingüísticas por natureza e, conseqüentemente, inteligíveis.
>
> Hans-Georg GADAMER, Truth and method,
trad. e ed. por Garret Barden e John Cumming
(New York, Crossroad, 1984, p. 432-33).

Na verdade, conforme sua descrição, nem sequer tomamos a iniciativa de entrar no jogo; pelo contrário, é o próprio jogo que joga, atraindo-nos para si. Semelhantemente, não tomamos parte do jogo lingüístico;

---

tradicional e institucional "sem nome", fica claro que o termo "conhecimento" e "inteligibilidade" estão sendo usados (talvez involuntariamente) num sentido nietzschiano, e que a questão principal, que ele mesmo admite ("a tradição tem uma justificativa que extrapola os argumentos racionais"), é o poder. Em outras palavras, a razão é arbitrária; a razão é irracional. A questão da aquisição de poder não se distingue da questão da aquisição de conhecimento e autoridade. Nosso desejo de concordar com a autoridade não é simplesmente um ato racional, mas uma submissão à força que define e se apropria da tradição e do conhecimento e enfeixa nossa razão cognitiva no âmbito de suas fronteiras. (*After the new criticism*, p.153-54).

é ele que se dirige a nós. Quando chegamos à compreensão de um texto, aquilo que é significativo nele nos "encanta" (assim como a beleza nos encanta), antes mesmo de estarmos em posição de testar a afirmação que ele faz.[103]

O Problema da Linguagem

Friedrich Nietzsche deu o primeiro passo na destruição daquilo que, por fim, faria ruir a modernidade. A estrutura da filosofia iluminista não era capaz de suportar os novos tipos de questionamentos que surgiam. Dentre estes, as questões lingüísticas — especialmente as que se relacionavam com assuntos de interpretação — mostraram-se as mais decisivas.

Na esteira do ataque de Nietzsche à modernidade, alguns de seus herdeiros travaram um combate com a natureza da hermenêutica. Outros envolveram-se com problemas igualmente complicados, e vieram a descobrir o que criam ser um desafio de alcance ainda maior: a natureza da linguagem na obra de Nietzsche. A esse desafio responderam com uma proposição que assinalou uma mudança radical em relação ao pensamento do século XIX: a linguagem, afirmaram, é estruturada socialmente. Com isso, reconstruíam a própria natureza da linguagem.

A Linguagem como Jogo: Ludwig Wittgenstein

A reconstrução da natureza da linguagem ocorrida durante a primeira metade do século XX foi uma conseqüência dos esforços de diversos pensadores cujas obras foram produzidas quase que simultaneamente. Um dos principais personagens desse empreendimento foi o filósofo austríaco Ludwig Wittgenstein (1889-1951).

O primeiro grande tratado de Wittgenstein foi o *Tractatus logico-philosophicus* (1921). O enfoque do livro nos fatos elementares

---

[103] GADAMER, *Truth and method*, p. 446.

e sua afirmação de que o objetivo da linguagem consiste em afirmar fatos fez com que essa obra tivesse grande influência no surgimento do que tem sido chamado "positivismo lógico". Contudo, sua importância para o pensamento pós-moderno acha-se em outro lugar. Wittgenstein declara que a linguagem "retrata" o mundo.[104] Ao sustentar tal ponto de vista, Wittgenstein faz uma associação entre o pensamento, a linguagem e o conhecimento.

O *Tractatus* é, sobretudo, um modelo de lógica e de ordem sistemática. Ainda assim, Wittgenstein conclui seu livro com uma nota surpreendentemente mística. Existem alguns assuntos que desafiam as palavras, observa ele, e "sobre aquilo que não podemos dizer coisa alguma, devemos guardar silêncio".[105] Alguns intérpretes vêem nessa afirmação o propósito do livro como um todo. Segundo eles, Wittgenstein quer que o leitor se dê conta de que o pensamento racional deveria ser transcendido.[106]

O que Wittgenstein apenas alude no *Tractatus* torna-se mais evidente em dois de seus escritos posteriores, os assim chamados *Blue and brown books* e as *Investigações filosóficas*. Esses volumes refletem as mudanças por que passou o pensamento de Wittgenstein durante e depois da década de 1930. Talvez o desenvolvimento mais radical tenha sido a refutação da afirmativa que fizera no *Tractatus* de que a linguagem tem um propósito único. Nos livros posteriores, ele argumenta que usamos a linguagem não somente para afirmar fatos, mas para oferecer orações, fazer solicitações, transmitir cumprimentos cerimoniais e assim por diante.

Essa mudança de perspectiva levou Wittgenstein a formular seu bem conhecido conceito de "jogos lingüísticos". Ele assevera, essencialmente, que todo uso da linguagem ocorre num sistema completo, isolado e aparentemente autônomo que tem suas próprias regras.

---

[104] Por ex., *Tractatus logico-philosophicus*, de Ludwig Wittgenstein, 4.021, trad. D. F. Pears e B.F. McGuinness (London, Routledge & Kegan Paul, 1961, p. 39).
[105] WITTGENSTEIN, *Tractatus logico-philosophico*, 7, p. 151.
[106] SOLOMON, *Continental philosophy since 1750*, p. 147.

Nesse sentido, diz Wittgenstein, a utilização que fazemos da linguagem é semelhante a um jogo. É preciso que haja consciência das regras de funcionamento e do significado dos termos no contexto do propósito para o qual estamos empregando a linguagem. Todo uso da linguagem constitui um "jogo de linguagem" isolado, e talvez vários dos jogos tenham pouco em comum um com o outro.[107]

Adotar o conceito de "jogo de linguagem" significa dar um passo importante na rejeição da idéia da realidade objetiva. Posteriormente, Wittgenstein abandona explicitamente o conceito de verdade como correspondência com a realidade ou retrato dela, caracterizando-a, em vez disso, como função interna da linguagem. Nenhuma proposição pode ser limitada a um significado só, diz ele, porque seu significado depende necessariamente de seu contexto, do "jogo de linguagem" em que aparece. Portanto, qualquer sentença possui tantos significados quanto os contextos em que é utilizada. A conclusão lógica disso é que nunca podemos estar certos de estar afirmando a verdade final ou a verdade em qualquer sentido último que possa ter; no máximo, podemos produzir declarações verdadeiras no contexto em que são faladas.[108]

A metáfora de Wittgenstein comporta uma outra metáfora cuja implicação é de grande alcance. A caracterização da linguagem como "jogo" implica um sutil ataque à noção de que a linguagem possa ter um tipo qualquer de significado "particular". Ela supõe que a linguagem não é um fenômeno particular, surgindo quando a mente individual apreende uma verdade ou fato sobre o mundo e, então, expressando-o a seguir; a linguagem, em vez disso, é um fenômeno que ganha significado na interação social. Essa observação acha-se no fundamento da compreensão pós-moderna da linguagem.

---

[107] Ver, por ex., a discussão que começa em 1.65 das *Investigações filosóficas* de Wittgenstein, trad. G. E. M. Anscombe (Oxford, Basil Blackwell, 1953, p. 32). Ver também *Continental philosophy since 1750*, de Solomon, p. 150.

[108] Ver "Stories about stories", de Hillary Lawson, in: *Dismantling truth: reality in post-modern world*, ed. por Hilary Lawson e Lisa Appignanesi (New York, St. Martin's Press, 1989, p. xxiii-xxiv).

A Linguagem como Convenção Social: Ferdinand de Saussure

Wittgenstein tornou corrente o uso da expressão "jogo de linguagem" no discurso cotidiano, isto, porém, não foi o suficiente para consolidar o fundamento de uma compreensão totalmente nova da linguagem. Essa tarefa foi levada a cabo por um lingüista suíço cuja obra foi produzida na geração anterior à de Wittgenstein, Ferdinand de Saussure (1857-1913).

Ele nunca registrou por escrito o seu ponto de vista. As anotações tomadas por seus alunos forneceram as linhas gerais para a recriação póstuma de suas aulas em Genebra. Essa recriação, publicada em 1916 sob o título de *Curso de lingüística geral* é a fonte de maior influência da teoria lingüística conhecida como "estruturalismo".[109]

A importância de Saussure vem de seu ataque bem-sucedido à compreensão "histórica" da lingüística que predominava no século XIX. Essa antiga visão abordava o estudo da linguagem enfatizando o comportamento lingüístico real (do discurso humano, a que Saussure se referia como *parole*). Ela rastreava o desenvolvimento das palavras e expressões ao longo do tempo, investigando as influências da geografia, da migração, deslocamentos populacionais e outras características externas que afetam o comportamento lingüístico.[110]

Em vez de se concentrar no desenvolvimento histórico das expressões lingüísticas individuais, Saussure advoga uma abordagem não-histórica que vê a linguagem como um sistema coerente interno (uma *langue*). Assim, ele propõe uma teoria "estruturalista" da linguagem em substituição ao tratamento "historicista" de seus predecessores.

Para Saussure, a linguagem é semelhante a uma obra musical. Para compreender uma sinfonia, por exemplo, devemos ter em vista a obra completa e não somente as *performances* individuais (as quais, entre outras coisas, poderão conter erros da parte de cada um dos

---

[109] LENTRICCHIA, *After the new criticism*, p. 112.
[110] Ver, por ex., a caracterização de Emile Benveniste em *Problems in general linguistics*, trad. Mary Elizabeth Meek (Coral Gables, University of Miami Press, 1971, p. 4).

músicos).[111] De modo semelhante, para compreender uma linguagem, devemos concebê-la "sincronicamente" como uma rede de sons e significados inter-relacionados, e não atomisticamente, como uma categoria de expressões lingüísticas individuais. Saussure, portanto, coloca em dúvida toda a abordagem do Iluminismo do estudo da linguagem, em que o sujeito era estudado em partes e pedaços e "do lado externo" (isto é, objetivamente como os cientistas). Ele insiste em tratar a linguagem com um todo independente — daí a designação de "lingüística *estrutural*" dada à sua abordagem.[112]

Esse entendimento do método lingüístico provê o fundamento para a conclusão radical que Saussure legou ao pensamento pós-moderno. Seus predecessores viam a linguagem como um fenômeno natural que se desenvolve de acordo com leis fixas e observáveis. Para eles, a estrutura de nossas sentenças reflete a lógica dos processos de nossos pensamentos. Por exemplo, as categorias lógicas de "substância" e "qualidade" dão origem às categorias gramaticais do "substantivo" e do "adjetivo". Ou, pelo contrário, podemos dizer que nossas palavras servem como rótulos para coisas identificadas de maneira independente e que a linguagem, portanto, é uma nomenclatura.[113] Para Saussure, pelo contrário, a linguagem é um fenômeno social.[114]

---

[111] SAUSSURE, *Course in general linguistics*, ed. por Charles Bally, Albert Sechehaye e Albert Riedlinger, trad. Wade Baskin (New York, Philosophical Library, 1959, p. 18).

[112] Ver *Problems in general linguistics*, de Benveniste, p. 5,8. Na verdade, Saussure menciona dois ramos da lingüística com diferentes conteúdos. A lingüística sincrônica estuda a *langue*, ao passo que a lingüística diacrônica preocupa-se com as relações de sucessão entre os itens individuais: "A *lingüística sincrônica* ocupa-se das relações lógicas e psicológicas que unem os termos coexistentes e formam um sistema na mente coletiva dos falantes. A *lingüística diacrônica*, pelo contrário, estuda as relações que unem sucessivos termos não percebidos pela mente coletiva, mas que são substituídos uns pelos outros sem formar um sistema" (*Course in general linguistics*, p.100). Para Saussure, uma vez que os lingüistas do século dezenove estavam preocupados unicamente com as questões históricas, não davam importância alguma à linguagem (*langue*). Ver *Saussure: Signs, system, and arbitrariness*, de David Holdcroft (Cambridge, Cambridge University Press, 1991, p. 70).

[113] HOLDCROFT, *Saussure*, p. 11.

[114] HOLDCROFT, *Saussure*, p. 7-8.

A visão de Saussure é uma ruptura significativa não somente com a teoria lingüística do século XIX, mas também com a epistemologia do Iluminismo. Porque, se a linguagem é de fato um fenômeno social, conforme ele afirma, todo sistema de signos lingüísticos é determinado por nada mais do que uma convenção social. Conforme diz Saussure, a linguagem é autônoma: sua estrutura não é um reflexo da estrutura do pensamento ou da representação de "fatos" dados independentemente; ela é, isto sim, totalmente interna à própria linguagem.[115]

Além do mais, se a linguagem é um fenômeno social, então os signos lingüísticos são arbitrários. Não podemos apresentar razão lógica alguma para explicar por que as palavras (ou expressões lingüísticas) significam o que significam. O máximo que podemos dizer é que essa é a forma de funcionamento da linguagem. No jargão contemporâneo, o vínculo entre o "significante" e o "significado" (a conotação) é arbitrário; o significante não tem relação natural com o significado.[116] Podemos definir os significantes (ou "signos") somente no que se refere a seus relacionamentos no interior do sistema da linguagem — e tais relacionamentos são determinados culturalmente.[117]

Finalmente, o estudo sincrônico da linguagem é essencialmente o estudo dos fatos sociais. O lingüista observa as convenções e relações lingüísticas em vigor numa determinada época que conferem aos sinais do sistema os valores que possui.[118] De acordo com essa compreensão, Saussure advoga uma nova ciência — a "semiologia" — para exploração da natureza dos sinais.

---

[115] HOLDCROFT, *Saussure*, p. 10.
[116] SAUSSURE, *Course in general linguistics*, p. 67-69.
[117] HOLDCROFT, *Saussure*, p. 2.
[118] HOLDCROFT, *Saussure*, p. 135.

> Se as palavras estivessem encarregadas de representar os conceitos dados de antemão, cada uma delas teria, de uma língua para outra, correspondentes exatos para o sentido; mas não ocorre assim...surpreendemos, em lugar de idéias dadas de antemão, valores que emanam do sistema. Quando se diz que os valores correspondem a conceitos, subentende-se que são puramente diferenciais, definidos não positivamente por seu conteúdo, mas negativamente por suas relações com outros termos do sistema. Sua característica mais exata é ser o que os outros não são...Tudo o que precede equivale a dizer que na língua só existem diferenças. E mais ainda: uma diferença supõe em geral termos positivos entre os quais ela se estabelece; mas na língua há apenas diferenças sem termos positivos. Quer se considere o significado, quer o significante, a língua não comporta nem idéias nem sons preexistentes ao sistema lingüístico, mas somente diferenças conceituais e diferenças fônicas resultantes deste sistema.
>
> Ferdinand de Saussure, Curso de lingüística geral.
> 9.a ed. Trad. Antônio Chelini, José Paulo Paes e Izidoro Blikstein.
> (São Paulo, Cultrix, s/d., p. 135, 136, 139).

O enfoque de Saussure nas relações tem outra conseqüência importante: ele promove a categoria de "diferença". Para Saussure, é impossível formular definições totais de cada palavra. Portanto, em sua busca por significado, ele se volta para o domínio de relacionamentos entre termos. Especificamente, Saussure argumenta que a linguagem é essencialmente um *sistema de relações* e que as palavras revestem-se de significado somente no contexto dessas relações. No fundo, diz ele, um sistema lingüístico é simplesmente uma série de diferenças sonoras combinadas com uma série de diferenças de idéias.[119]

---

[119] Saussure, *Course in general Linguistics*, p. 120.

O "Eu" Dissolvido: O Estruturalismo

A compreensão de Saussure acerca da linguagem como um sistema de base social proporcionou o fundamento para um modo inteiramente novo de ver não somente a linguagem, mas também o fenômeno humano de modo geral. Essa visão veio a ser conhecida como estruturalismo.[120] No âmago do estruturalismo encontra-se a afirmação de que um sistema objetivo, culturalmente universal, "estrutura" nossos processos mentais e essa estrutura é evidente tanto na linguagem humana quanto nas instituições sociais.[121] Em virtude do amplo alcance de suas implicações, o estruturalismo tem se mostrado atraente não só para os lingüistas, como também para os especialistas de campos diversos.

Muitos dos primeiros seguidores de Saussure desenvolveram um estruturalismo "platonizado". Sua premissa era a de que todas as culturas refletiam uma estrutura de relações comum e em grande parte invariável.[122] Seus estudos concentraram-se nos elementos básicos da atividade humana — ações e palavras — numa tentativa de descobrir as estruturas que unem todas essas atividades em relações ordenadas.[123]

Alguns estruturalistas crêem que essa estrutura acha-se refletida numa gramática universal comum a todas as línguas. Tzvetan Todorov, por exemplo, afirma que uma gramática universal é a fonte de todos os universais — e que, na verdade, ela define a humanidade. Essa gramática é universal não só porque informa todos os sistemas de significação do universo, argumenta Todorov, mas também porque coincide com a estrutura do próprio universo.[124]

---

[120] LENTRICCHIA, *After the new criticism*, p. 115.
[121] Charlene SPRETNAK, *States of grace: the recovery of meaning in the postmodern age* (San Francisco, HarperCollins, 1991, p. 259).
[122] REESE, *Dictionary of philosophy and religion*, p. 553.
[123] Ver, por ex., *Continental philosophy since 1750*, de Solomon, p. 197.
[124] TODOROV, *Grammaire du Decameron* (The Hague, Mouton, 1969, p. 15). Lentricchia cita a suposição de Todorov referente à gramática universal como sendo possivelmente a mais extrema expressão de um "Saussure platonizado" (*After the new criticism*, p. 116).

Os estruturalistas posteriores, especialmente aqueles voltados para a crítica literária, concentraram-se mais no significado dos *insights* de Saussure para a interpretação dos textos. Os estruturalistas literários recorrem ao conceito saussuriano de *langue* para destacar o conceito de "quadro cultural" relativamente ao significado da obra literária.[125] Eles falam de cada estilo particular de expressão e de cada tipo de análise como uma *langue* diferente e auto-suficiente. Portanto, esses estruturalistas transformam os intérpretes e os críticos literários em "tradutores" que expressam em uma das "linguagens" de seus dias o sistema formal que o autor da obra desenvolveu nas condições sociais de outra época.

Esses críticos literários utilizam as categorias e métodos da lingüística para desvelar as estruturas que produzem o significado de obras específicas. Eles se concentram nas relações entre os textos e as estruturas retóricas e os processos específicos na área da lingüística, da psicanálise, metafísica, lógica e sociologia. Consideram a descoberta de tais estruturas mediadoras de significado mais importantes do que qualquer significado "verdadeiro" pretendido ou implicação "correta" do trabalho em si. Eles estão muito mais interessados na linguagem e na estrutura da obra[126] do que no objetivo do autor.

Talvez as implicações mais importantes do estruturalismo para o pensamento pós-moderno tenham sido elaboradas no contexto da crítica literária. Nessa área, o estruturalismo subverteu as compreensões modernas do significado dos textos e também, efetivamente, do eu conhecedor.

---

[125] Lentricchia cita Jonathan Culler como exemplo desse tipo de estruturalista literário. Culler redefine Saussure "ao fazer da *langue* um sistema de leitura que, no âmbito de uma dado quadro cultural, governa plenamente a interpretação— assim como o conceito, na esfera das tradições racionalistas, tiranizava o particular" (*After the new criticism*, p. 116; Lentricchia discute aqui o livro de Culler, *Structuralist poetics: structuralism, linguistics and the study of literature*, Ithaca, N.Y., Cornell University Press, 1975).

[126] Jonathan CULLER, *On deconstruction: theory and criticism after structuralism*, Ithaca (N.Y.: Cornell University Press, 1982, p. 21-22).

A subversão da modernidade começa quando o autor do texto desaparece por detrás das estruturas da linguagem. Os estruturalistas edificam seu pensamento com base na suposição de que não há somente um gênio por detrás de uma obra. Eles insistem em que a idéia moderna do eu criador é uma construção, um produto dos sistemas culturais sobre os quais o indivíduo não tem controle algum. Além de dissolverem o autor no contexto social, os estruturalistas tendem a solapar a visão tradicional do texto como "possuidor" de significado.

O texto, dizem eles, não é um "dado" do qual o intérprete se aproxima com o objetivo de revelar o significado já presente em seu interior; pelo contrário, trata-se de um tipo de material amorfo ao qual os modos estruturados de leitura impõem uma forma.[127]

> Texto quer dizer Tecido; mas enquanto até aqui esse tecido foi sempre tomado por um produto, por um véu todo acabado, por trás do qual se mantém, mais ou menos oculto, o sentido (a verdade), nós acentuamos agora, no tecido, a idéia gerativa de que o texto se faz, se trabalha através de um entrelaçamento perpétuo.
>
> Roland BARTHES, O prazer do texto, trad. J. Guinsburg. (São Paulo, Perspectiva, 1977. p. 82. Coleção ELOS).

A destruição do "eu" iluminista é evidente na escrita de um dos estruturalistas de maior influência no século XX, o antropólogo Claude Lévi-Strauss (nascido em 1908).[128] Ele formula como ninguém a

---

[127] Lentricchia cita a dissolução do autor no texto e a transferência do local do significado do texto para o processo da leitura como os dois motivos fundadores do estruturalismo (*After the new criticism*, p. 108).

[128] Lévi-Strauss é citado, às vezes, como o fundador do estruturalismo. Ver, por ex., *Dictionary of philosophy and religion*, de Reese, p. 303, 553.

mudança estruturalista de ênfase, passando do eu consciente humano para as estruturas universais.

Na base do trabalho de Lévi-Strauss acha-se a suposição de que cada ser humano está completamente envolvido num contexto cultural e conceptual. Desse modo, ele argumenta que, para descobrirmos o que é verdadeiramente importante sobre os seres humanos, temos de explorar não a consciência humana como tal, e sim as expressões culturais do ser humano.

Na busca desse objetivo, Lévi-Strauss combina os *insights* da lingüística estrutural com as ferramentas do antropólogo na tentativa de trazer à tona as semelhanças básicas que unem os mitos, rituais e costumes religiosos aparentemente diferentes das sociedades humanas. Seu fim último consiste em desvelar a estrutura social universal a qual, segundo crê, é reproduzida de maneira parcial e incompleta. Para ele, essa estrutura social reflete as estruturas da mente humana.

Na análise de Lévi-Strauss, o indivíduo se dissolve na estrutura social da qual todos os seres humanos participam. Ele rejeita categoricamente a afirmativa de que a máxima cartesiana — ou, na verdade, o eu cartesiano — seja o ponto de partida adequado para o entendimento do fenômeno humano. Porém, não é somente a idéia do eu que ele rejeita: ele rejeita também a subjetividade. Os seres humanos, em sua concepção, são criaturas basicamente sociais, produtos da genética, da linguagem e da educação cultural.

Ele afirma que as ciências humanas não deveriam ser orientadas no sentido de tornar a pessoa humana um objeto do conhecimento; deveriam, isto sim, preocupar-se com o desaparecimento do eu na análise estrutural.

> Creio que o objetivo último das ciências humanas seja o de dissolver o homem, e não o de constituí-lo.
>
> Claude LÉVI-STRAUSS, The savage mind
> (Chicago, University of Chicago Press, 1966, p. 247).

A dissolução do eu, evidente na obra de Lévi-Strauss e de outros estruturalistas, é o resultado lógico e final da lingüística saussuriana. Saussure dizia que a linguagem humana não é um fenômeno histórico em desenvolvimento, e sim um sistema de relações independentes, e que o significado de qualquer unidade lingüística é produto da "diferença". Somente um pequeno passo faz com que os estruturalistas passem dessa afirmação lingüística para a afirmação antropológica correspondente — ou seja, tal como a unidade lingüística, a pessoa humana (cuja maior expressão mental é a linguagem) é essencialmente uma estrutura de relações entrecruzadas.[129] A exemplo da expressão lingüística, o eu acha sua identidade graças a seu lugar num sistema mais amplo.

O advento do estruturalismo assinala a destruição do eu iluminista. Não obstante isso, o predomínio da abordagem estruturalista não aponta necessariamente para uma mudança completa da modernidade para o pós-modernismo. Apesar das implicações radicais de seu posicionamento, os estruturalistas conservam um remanescente do projeto iluminista.

Eles continuam a se dedicar à tarefa da interpretação de textos — quer seja o texto literário ou o "texto" do mundo. Não vão além de seus predecessores, rejeitando a presença de algum significado no texto. Pelo contrário, apresentam um método inovador na exploração de um certo tipo de significado. Tendo Saussure como referência, os estruturalistas procuram descobrir as relações existentes no âmbito de um sistema lingüístico que possam dar conta da forma e do significado das obras literárias.

Outro vestígio revelador do projeto iluminista encontra-se na epistemologia estruturalista. Os estruturalistas continuam convencidos de que ainda é possível que haja algum tipo de conhecimento sistemático. Lévi-Strauss apresenta um exemplo esclarecedor em suas referências a uma estrutura social universal. No mínimo, sua obra

---

[129] TAYLOR, *Deconstructing theology*, p. 99.

> O homem já não é mais um cognito coeso, ele agora habita os interstícios, "os espaços interestelares vazios", não como um objeto, menos ainda como sujeito; pelo contrário, o homem é a estrutura, a generalidade dos relacionamentos dentre aquelas palavras e idéias a que chamamos humanísticas, em contraste com as ciências puras ou naturais.
>
> Edward S<small>IAD</small>, Beginnings: intention and method
> (New York, Basic Books, 1975, p. 286).

emerge da convicção de que o conhecimento sobre a natureza humana, como tal, é possível. Em última análise, a busca de Lévi-Strauss por tal conhecimento motiva seu interesse pela descoberta de estruturas universais.

A presença desses remanescentes do Iluminismo faz com que os pensadores pós-modernos sintam-se inquietos com o programa estruturalista. Esse desconforto tem levado alguns deles a um "pós-estruturalismo".

Alguns pensadores — ao ressaltarem os modos por que o projeto estruturalista é subvertido pelos modos de operação do próprio texto — foram chamados pós-estruturalistas, já que não compactuam com o programa literário estruturalista. Mais importante ainda, porém, os pós-estruturalistas se caracterizam por sua afirmação das suposições pós-modernas em geral. Em primeiro lugar, rejeitam a pretensão ao conhecimento que mantém seus colegas estruturalistas vinculados ao projeto do Iluminismo. Os pensadores pós-estruturalistas dizem saber somente uma coisa: a impossibilidade de saber.[130]

Os pensadores pós-modernos, conforme já observamos, deram um passo a mais no desenvolvimento da hermenêutica e da lingüística. Michel Foucault, por exemplo, levou em frente, até a sua conclusão radical, o "jogo de linguagem" que conduz à dissolução do eu. Seu

---

[130] C<small>ULLER</small>, *On deconstruction*, p. 22.

objetivo era o de exorcizar completamente o espírito do ideal iluminista — o observador imparcial — do estudioso estruturalista. Foucault exige que os eruditos abandonem toda pretensão à neutralidade e aceitem o fato de que sua tarefa consiste em trazer à luz o sistema de pensamento sem autor, sem sujeito e anônimo, presente na linguagem de uma determinada época. É desse modo que o crítico pós-moderno procura se libertar da fé na racionalidade.[131]

---

[131] LAWSON, "Stories about stories", p. xiii.

OS FILÓSOFOS DO PÓS-MODERNISMO
CAPÍTULO SEIS

NO DIA 25 DE JUNHO DE 1984 MORRIA "O INTELECTUAL MAIS FAMOSO E SINGULAR DO mundo".[1] Em certo sentido, a morte de Michel Foucault aos cinqüenta e sete anos assinalava a maioridade do pós-modernismo. Subitamente, a colagem de "experiências-limite" justapostas que havia caracterizado a vida desse arquiteto do pós-modernismo ganhava um novo contorno. Via-se agora na montagem a face sinistra de uma pessoa cuja vida, em pleno viço, fora arrebatada no auge de sua influência pelo flagelo da nascente era pós-moderna — a Aids.

No âmago da filosofia pós-moderna persiste continuamente o ataque às premissas e às pressuposições do modernismo. Os pós-modernos rejeitam como pretensioso o enfoque moderno no eu. Zombam da confiança moderna no conhecimento humano. Execram a duplicidade inerente à suposição moderna de que todas as pessoas, por toda parte, são, em última análise, semelhantes a nós.[2]

---

[1] James MILLER, *The passion of Michel Foucault* (New York, Simon & Schuster, 1993, p. 13).
[2] Robert C. SOLOMON, *Continental philosophy since 1750: the rise and fall of the self* (Oxford University Press, 1988, p. 196).

Muitas vozes uniram-se ao coro pós-moderno. De todas elas, porém, há três que assomam de maneira fundamental e paradigmática— Michel Foucault, Jacques Derrida e Richard Rorty. Eles formam um trio de filósofos pós-modernos que, às vezes, cantam em uníssono, porém, com mais freqüência, produzem um tipo de música dissonante típica da era pós-moderna.[3]

Em vez de apresentar um relato integralmente moderno e objetivo dos escritos desses três filósofos, quero tentar vê-los pela ótica pós-moderna. Nas próximas páginas, procuraremos, no conjunto de suas obras, aquelas linhas de raciocínio responsáveis pelos alicerces da superestrutura pós-moderna.

Conhecimento como Poder: Michel Foucault

Michel Foucault (1926-1984) é a encarnação do erudito pós-moderno. Quando morreu, os críticos e os estudiosos sociais estavam a braços com as perguntas que ele suscitara acerca dos limites do conhecimento e de sua vinculação com o poder. Discutiam sua investida contra os fundamentos da moralidade. Levavam a sério a reformulação radical que ele aplicara à tarefa da investigação histórica, bem como sua nova compreensão sobre a natureza da identidade pessoal.[4]

Foucault é geralmente considerado um historiador da cultura; contudo, ele preferia a designação de "arqueólogo do conhecimento". Já quase no fim da vida, referia-se a si mesmo como filósofo. Todavia, acima de tudo, Foucault foi em requintado nietzschiano. Foi chamado "o mais genuíno sucessor de Nietzsche no século XX"[5] e "o maior dos

---

[3] Foucault, Derrida e Rorty são, todos eles, pensadores complexos e passíveis de diferentes leituras. Neste capítulo, cada um deles será abordado com base numa leitura cujo objetivo será o de descobrir como vieram a se tornar arautos do pós-modernismo.

[4] MILLER, *The passion of Michel Foucault*, p. 13.

[5] Merold WESTPHAL, *Suspicion and faith: the religious uses of modern atheism* (Grand Rapids, William B. Eerdmans, 1993, p. 241).

discípulos contemporâneos de Nietzsche".[6] Sob muitos aspectos, toda a sua vida foi uma busca nietzschiana.[7]

O Mais Genuíno dos Discípulos de Nietzsche

Por ocasião de seu nascimento em 15 de outubro de 1926, Michel Foucault foi batizado "Paul Michel Foucault". Mais tarde, tirou o "Paul" porque não queria ter o mesmo nome de seu pai, a quem odiara na adolescência.[8] Seu pai, assim como o avô paterno e o materno, era médico, e lecionava anatomia na escola de medicina de Poitiers, na França. Embora seus pais fossem apenas nominalmente religiosos, o segundo filho, bem como o primogênito do casal, atuaram como acólitos e membros do coral da igreja Católica Romana local. Quando a Segunda Guerra Mundial lançou suas sombras sobre a escola pública local, a mãe de Foucault recorreu ao sistema católico para a conclusão dos estudos secundários de Michel. Depois de três anos numa escola católica, Foucault saiu de lá com ódio da religião e dos padres.[9]

A paixão de Michel por História e Literatura fê-lo romper o vínculo familiar com a medicina, levando-o a dedicar-se ao estudo da filosofia como preparação para os exames de admissão à Ecole Normale Supérieure (ENS). Essa busca levou-o a Paris em 1945. Ali, encontrou os escritos de pensadores que tiveram enorme influência no desenvolvimento de seu pensamento — Hegel, Marx, Nietzsche e Freud.

Em sua trajetória educacional, Foucault estudou posteriormente na Sorbonne, onde foi licenciado em filosofia em 1948 e em psicologia

---

[6] Edward W. SAID, "Michel Foucault, 1926-1984", in: *After Foucault: humanist knowledge, postmodern challenges*, ed. por Jonathan Arac (New Brunswick, N.J., Rutgers University Press, 1988, p. 1).

[7] Para um relato intrigante sobre sua procura, ver *The passion of Michel Foucault*, de MILLER. Ver também *Michel Foucault*, de Didier ERIBON, trad. Betsy Wing (Cambridge, Harvard University Press, 1991).

[8] ERIBON, *Michel Foucault*, p. 5.

[9] ERIBON, *Michel Foucault*, p. 11.

em 1950. Finalmente, em 1952, recebeu o Diplôme de Psycho-Pathologie da Université de Paris.

Depois de um período como conferencista na ENS (1951-55), Foucault ausentou-se da França por cinco anos. Durante esse exílio a que se obrigara, viveu na Suécia, Polônia e Alemanha antes de regressar a seu país em 1960 na função de diretor do Institut de Philosophie da Faculté de Lettres de Clermont-Ferrand. A essa altura de sua carreira, seu envolvimento político era pelo menos tão significativo quanto sua destreza acadêmica. Foucault era um jovem adido cultural promissor que mantinha ligações com certos diplomatas do novo governo de Charles de Gaulle.

Em meados da década de 60, o jovem Foucault granjeara a reputação de estruturalista brilhante e de nova estrela na constelação intelectual francesa. Todavia, quando a revolta estudantil de esquerda abalou os alicerces do gaullismo em maio de 1968, Foucault aliou-se a um grupo maoísta radical. Depois de uma estada na Tunísia entre 1966 e 1968, Foucault voltou a Paris em 1969 para lançar sua bem-sucedida candidatura a uma cadeira no Collège de France. De seu posto no pináculo do sistema acadêmico francês, ele não somente dedicou-se a escrever como também envolveu-se em atividades políticas e fez viagens — ao Irã, Polônia e aos Estados Unidos, especialmente à Califórnia.

Na Califórnia, Foucault deu plena vazão aos seus impulsos homossexuais. Na primavera de 1975, mergulhou apaixonadamente na comunidade gay de São Francisco, atraído especialmente pelo erotismo sadomasoquista consentido que florescia em diversas saunas de Bay City naquela época.[10] Sempre ansioso por "transformar a textura de sua vida cotidiana",[11] Foucault procurava "o prazer completo e total", a "experiência-limite" que ele associava à morte.[12] Com

---

[10] MILLER, *The Passion of Michel Foucault*, p. 253, 27.
[11] MILLER, *The passion of Michel Foucault*, p. 253.
[12] FOUCAULT, "The Minimalist self", in: *Politics, philosophy, culture: interviews and other writings, 1977-1984*, ed. por Lawrence D. Kritzman, trad. Alan Sheridan et al. (New York, Routledge, 1988, p. 12).

essas experiências-limite vivenciadas na Califórnia, ele tencionava confirmar radicalmente sua tese de que o corpo (assim como a alma) era, de certo modo, construído socialmente, por isso, ao menos em princípio, podia ser mudado.[13]

No outono de 1983, Foucault embarcou para São Francisco naquela que seria sua última viagem. Aparentemente, ele estava preocupado com a Aids e com a possibilidade de sua morte em decorrência dessa doença fatal.[14] Além da loucura, das drogas, da sexualidade e da Aids, a morte seria a "experiência-limite" final, a qual, já perto do fim da vida, Foucault definiu sucintamente como uma forma de ser "que pode e deve ser pensada", uma forma de ser "historicamente constituída" por meio de "jogos da verdade".[15]

De volta a Paris, Foucault desmaiou em seu apartamento em 2 de junho de 1984. Muitos acreditavam que ele estava em processo de recuperação, por isso houve um choque quando veio a notícia de sua morte no dia 25 daquele mês. O hospital em que morreu Foucault era uma antiga instituição mental que servira de base para um de seus primeiros livros, *Madness and civilization* [Loucura e civilização] (1961).

Durante essa sua última internação, Foucault recebeu várias vezes a visita de seu amante, o escritor Herve Guibert. Guibert mantinha um diário das conversas que travara com Foucault e, posteriormente, usou-as como base para seu romance *To the friend who did not save my life* (1990) [Ao amigo que não salvou minha vida] e no conto "The secrets of a man" [Os segredos de um homem]. James Miller, biógrafo de Foucault, tece algumas especulações a esse respeito. Em sua opinião, o filósofo sabia o que queria quando, no leito de morte, fazia confidências a um romancista e escritor: com isso, o homem que havia devotado sua vida à destruição da idéia do eu individual, rendia-se à incapacidade de escapar do

---

[13] MILLER, *The passion of Michel Foucault*, p. 273.
[14] MILLER, *The passion of Michel Foucault*, p. 29.
[15] FOUCAULT, *The use of pleasure*, v. 2 da *The history of sexuality*, trad. Robert Hurley (New York, Pantheon Books, 1985, p. 6-7).

sentimento de que devia dizer a verdade sobre quem ele era e no que se havia transformado.¹⁶

> O *bios philosophicos* é a animalidade do ser humano, que se renova como um desafio e se pratica como um exercício — e se lança na face de outros como um escândalo.
>
> Michel Foucault, numa conferência dada no Collège de France em 14 de março de 1984, conforme citação de James Miller em *The passion of Michel Foucault* (New York, Simon & Schuster, 1993, p. 363).

A Rejeição do Iluminismo

Pela maneira como viveu e pela forma como escreveu, Foucault propugnava uma rejeição total à cosmovisão moderna. Ele era um crítico incansável do Iluminismo e da perspectiva moderna que o Iluminismo engendrava.

A Rejeição do Eu

Conforme já pudemos observar, a cosmovisão moderna baseia-se no conceito do eu, o sujeito conhecedor autônomo que vê o mundo como um objeto acessível ao conhecimento humano. O pensador moderno supõe que as percepções do eu inquiridor produzem representações precisas de um mundo externo e, portanto, constituem uma base sólida para o conhecimento do mundo. A crítica de Foucault ao modernismo começa pela rejeição desse ponto de partida cartesiano-kantiano.¹⁷

---

[16] MILLER, *The passion of Michel Foucault*, p. 358.

[17] Nesse contexto, podemos considerar a *Arqueologia do saber* de Foucault mais como uma paródia do método moderno do que um tratado sobre a metodologia pós-moderna propriamente dita. Foucault ataca o cartesianismo segundo a percepção da ênfase totalmente subjetiva que ele observa na base da ciência e da tecnologia modernas. Ver *Prophets of extremity: Nietzsche, Heidegger, Foucault, Derrida*, de Allan Megill (Berkeley and Los Angeles, University of California Press, 1985, p. 228).

Em vez de seguir os postulados iluministas, Foucault recorre à ênfase nietzschiana na riqueza e na multiplicidade do real. A razão e o discurso racional são problemáticos, diz ele, porque nos obrigam a espremer as várias faces da realidade num todo homogêneo artificial capaz de acomodar nossos conceitos. Desse modo, o discurso privilegia a mesmice e os universais em detrimento da diferença e da alteridade.

Foucault procura desmascarar essa tendência revertendo-a. Assim como Nietzsche, ele dá preferência ao específico e ao especial, elevando-os acima do geral e do universal.[18] Seus escritos favorecem a alteridade e não a mesmice. A estratégia que emprega para isso consiste em negar a suposta universalidade e a eternidade das categorias situando-as novamente no fluxo histórico.[19]

Dos universais que a razão declara conhecer, nenhum é mais crucial para a era moderna do que aquele a que chamamos "natureza humana". Em sua análise desse conceito, Foucault evita questões abstratas do tipo "O que é a natureza humana?" e "Existe a natureza humana?" Em vez disso, ele indaga: "De que modo o conceito da natureza humana funcionava em nossa sociedade?" Situando dessa maneira a questão, Foucault prepara o terreno para seu programa de desmantelamento do eu iluminista.

De fundamental importância para a investida de Foucault contra o eu e a compreensão moderna da subjetividade é a atenção que ele dá ao aspecto social do discurso herdado dos estruturalistas. Seguindo-lhes os passos, Foucault afirma que nossa experiência subjetiva é constituída social e historicamente por fatores que "internalizamos" inconscientemente.[20] Na verdade, até mesmo nosso trabalho é essencialmente social. Ele argumenta, por exemplo, que os indivíduos praticam a medicina ou estudam história não porque tenham talento

---

[18] SAID, "Michel Foucault, 1926-1984", p. 5-7.
[19] Ver a introdução de Rabinow a *The Foucault reader*, ed. por Paul Rabinow (New York, Pantheon Books, 1984, p. 4).
[20] David Couzens HOY, "Foucault: modern or postmodern?" in: *After Foucault*, p. 27.

para essas tarefas, mas simplesmente porque são capazes de obedecer às regras de suas respectivas profissões, que aceitam sem duvidar. Foucault se propõe a trazer à tona os modos por que as regras que governam tais regras vieram a reforçar o que e como as pessoas pensam, vivem e falam.[21]

Uma preocupação com estruturas da linguagem aparece de modo nítido nos escritos de Foucault da década de 60.[22] Não obstante isso, ele não era um estruturalista qualquer.[23] Apesar de suas inovações, os estruturalistas preservam a suposição de que há algum tipo de estrutura por detrás do fenômeno humano. Foucault insiste em que tais fundamentos sólidos inexistem. Não há nenhum "significado" original ou transcendental a que todos os "significantes" devam se referir em última análise.[24] Não existe natureza humana alguma a ser manifesta nas estruturas sociais que estudamos nas ciências humanas.

Tudo isso para dizer que Foucault nos conduz do estruturalismo ao "pós-estruturalismo". Ele nos faz atravessar a fronteira entre o modernismo e o pós-modernismo (embora ele mesmo não empregue o termo).[25] Os pós-modernos como Foucault não se empenham mais na procura por um eu independente, uma realidade dada regida pela

---

[21] SAID, "Michel Foucault, 1926-1984", p. 10.

[22] De especial importância são *The order of things:* an archaeology of the human sciences (New York, Random House Pantheon, 1971) e *The archaeology of knowledge and the discourse on language* (1969), trad. A. M. Sheridan Smith (New York, Pantheon Books, 1972).

[23] Durante seus anos de formação, Foucault foi influenciado por Claude Lévi-Strauss, Jacques Lacan, Roland Barthes e Louis Althusser. A associação a tais nomes pode ter levado alguns críticos a rotulá-lo estruturalista. Ver, por ex., a localização de Foucault, s.v. "Structuralism", no *Dictionary of philosophy and religion*, de William L. Reese (Atlantic Highlands, N.J., Humanities Press, 1980, p. 553). O próprio Foucault objetava veementemente a essa classificação (ver, por ex., *The order of things*, p. xvi). Para uma discussão da vinculação de Foucault com o estruturalismo, ver *Prophets of extremity*, de Megill, p. 203-19.

[24] MEGILL, *Prophets of extremity*, p. 21.

[25] Para uma discussão que chega a uma conclusão semelhante, ver "Foucault: modern or postmodern?" de David Couzens Hoy, p. 12-41.

lei da regularidade. Eles tendem a se ocupar mais de coisas como a interpretação de textos. Nesse esforço, não há a suposição de que todo texto consista numa única estrutura unificadora, pelo contrário, os textos são infinitamente complexos. Resumindo, o paradigma pós-moderno, conforme exemplificado em Foucault, celebra a *complexidade*.[26]

A Rejeição da Antropologia

De fundamental importância para a rejeição do eu em Foucault é sua investida contra a antropologia. Para tanto, ele se dedica a extensos estudos de várias ciências humanas. Todavia, não se vê como um praticante, e sim como um analista dessas ciências. Seu intento consiste em determinar como elas aparecem, os conceitos em torno dos quais se formam, como são usadas e o efeito que têm tido na cultura ocidental.[27]

No âmago do ataque de Foucault à antropologia encontramos sua declaração de que a "humanidade" (ou o "homem" para utilizarmos uma nomenclatura antiga) é um fenômeno relativamente recente. Nosso enfoque atual na pessoa humana como objeto do conhecimento resulta de uma mudança histórica cujo início data do século XVII. Para entender isso, ele propõe uma diferenciação entre "linguagem" e "discurso". A "linguagem" reconhece a si mesma *como* um mundo; o "discurso", pelo contrário, vê a si mesmo como *representação* do mundo. A função única do discurso consiste em ser uma representação transparente de coisas e idéias situadas fora de si.

Segundo Foucault, a "linguagem" desapareceu e o "discurso" emergiu em princípios de 1600. Porém, no final do século XVIII, a "linguagem" reapareceu, desencadeando a "dissolução" da humanidade.[28]

A expressão, "dissolução da humanidade", refere-se ao desaparecimento do discurso sobre o eu humano, à perda da humanidade

---

[26] HOY, "Foucault: modern or postmodern?", p. 28.
[27] Ver a introdução de Rabbinow a *The Foucault reader*, p. 12.
[28] FOUCAULT, *The order of things*, p. 81, 235-36, 303-4, 311, 385-86.

como um objeto de nosso conhecimento. Foucault chama "antropologia" ou "história contínua" a busca do eu humano. Os praticantes da história contínua procuram desvendar a verdade do presente pela descoberta de suas origens no passado. É fundamental para seu trabalho o conceito de continuidade histórica e a suposição de que a história é o desdobramento dos atributos essenciais da humanidade. A humanidade pode tornar-se o objeto da história na exata medida em que o gênero humano é o sujeito da história.

> Uma coisa em todo o caso é certa: é que o homem não é o mais velho problema nem o mais constante que se tenha colocado ao saber humano. Tomando uma cronologia relativamente curta e um recorte geográfico restrito — a cultura européia desde o século XVI — pode-se estar seguro de que o homem é aí uma invenção recente...De fato, dentre todas as mutações que afetaram o saber das coisas e de sua ordem, o saber das identidades, das diferenças, dos caracteres, das equivalências, das palavras — em suma, em meio a todos os episódios dessa profunda história do *Mesmo* — somente um, aquele que começou há um século e meio e que talvez esteja em via de encerrar, deixou aparecer a figura do homem. E isso não constitui liberação de uma velha inquietude, passagem à consciência luminosa de uma preocupação milenar...foi o efeito de uma mudança nas disposições fundamentais do saber. O homem é uma invenção cuja recente data a arqueologia de nosso pensamento mostra facilmente. E talvez o fim próximo. Se estas disposições viessem a desaparecer tal como apareceram...então se pode apostar que o homem se desvaneceria, como, na orla do mar, um rosto de areia.
>
> Michel FOUCAULT, *As palavras e as coisas:
> uma arqueologia das ciências humanas*, 4.a ed.,
> trad. Salma Tannus Muchail (São Paulo, Martins Fontes,
> 1987, p. 403, 404. Coleção Ensino Superior).

Foucault argumenta que a "antropologia" tem determinado a trajetória do pensamento filosófico desde o tempo de Kant, mas que essa orientação está se desintegrando atualmente diante de nosso olhos.[29] A antropologia foi deposta de seu trono de rainha das ciências na sociedade ocidental contemporânea. A humanidade já não é mais a principal preocupação do conhecimento humano. Foucault afirma que estamos agora nos dando conta de que a "humanidade" nada mais é do que uma ficção produzida pelas ciências humanas modernas. Para ele, a credibilidade dessa "ilusão" foi destruída pelo interesse contemporâneo pela lingüística e pelo crescente ceticismo de que a história possa, efetivamente, dar-nos uma base para uma compreensão universal acerca da pessoa humana. O eu já não é mais visto como a fonte principal e a base para a linguagem; pelo contrário, estamos percebendo que o eu é constituído na linguagem e por meio dela.

O fundamento para o deslocamento de Foucault para "além" das certezas ingênuas da metafísica do pensamento primitivo acha-se em Nietzsche e Saussure. A contribuição de Saussure consistiu numa teoria da linguagem que não deixava lugar para o sujeito individual como origem ou local do significado. Nietzsche contribuiu com uma crítica a todas as filosofias que identificam a verdade com a procura por um conhecimento humano específico.[30] Usando a linguagem metafórica de Foucault, Nietzsche redescobriu o fato de que a morte de Deus e a promessa do super-homem eram o anúncio da iminência da morte da humanidade. Conseqüentemente, já não podemos mais pensar a não ser no vazio deixado pela desaparecimento do eu humano.

Embora pesquisasse diversas ciências humanas, Foucault demonstra um interesse especial pela disciplina que situa no âmago da antropologia: a *História*, o estudo da revelação do ser ao longo

---

[29] FOUCAULT, *The order of things*, p. 342-43.
[30] Christopher NORRIS, *Derrida* (Cambridge, Harvard University Press, 1988, p. 218).

do tempo. Com tratamento semelhante ao que conferia a outras dimensões da antropologia, ele não aborda a História como um profissional. Diferentemente de outros historiadores modernos, seu objetivo não é seguir pensadores como Hegel, engajando-se numa busca por uma teoria geral da História. Pelo contrário, ele considera essa teoria geral como parte do problema atual. Em sua opinião, a História — entendida como a busca desinteressada pelo conhecimento do passado — é um mito ocidental que devemos sepultar.

Para Foucault, a História é uma disciplina altamente suspeita. Com o objetivo de apresentar uma história contínua, os historiadores acabaram por dissolver a descontinuidade e a singularidade dos eventos únicos além de encobrir seu trabalho com a linguagem dos universais. Violaram a essência de sua própria realidade ao buscarem intencionalmente apagar quaisquer elementos em sua obra que pudessem revelar a dependência de seu próprio tempo e lugar, de suas preferências pessoais e seus preconceitos.[31]

> A todos os que pretendem ainda falar do homem, de seu reino ou de sua liberação, a todos os que formulam ainda questões sobre o que é o homem em sua essência, a todos os que pretendem partir dele para ter acesso à verdade...a todas essas formas de reflexão canhestras e distorcidas, só se pode opor um riso filosófico — isto é, de certo modo, silencioso.
>
> Michel FOUCAULT, *As palavras e as coisas: uma arqueologia das ciências Humanas*. 4.a ed., trad. Salma Tannus Muchail (São Paulo, Martins Fontes, 1987, p. 359. Coleção Ensino Superior).

---

[31] FOUCAULT, "Nietzsche, genealogy, history", in: *Language, counter-memory and practice: selected essays and interviews,* trad. Donald F. Bouchard e Sherry Simon (Ithaca, N.Y., Cornell University Press, 1977, p. 156-57).

Conhecimento como Poder

A revolta estudantil de 1968 provocou uma reviravolta no pensamento de Foucault. Aparentemente, ele se sentia impelido a avaliar tanto os limites da insurreição quanto a intensidade com que as leis do discurso regulam a vida humana.[32] Desse ponto em diante, sua preocupação fundamental — o poder — passa para o primeiro plano.[33]

De acordo com Foucault, há três séculos a sociedade ocidental vem cometendo uma série de erros gravíssimos. Em seu entender, os estudiosos creram erroneamente (1) na existência de um corpo de conhecimento que espera para ser descoberto; (2) que possuem de fato tal conhecimento e que este é neutro ou isento de juízos de valor; e (3) que a busca pelo conhecimento beneficia toda a humanidade e não apenas a uma só classe.[34]

Foucault não aceita esses pressupostos do Iluminismo. Ele rejeita o ideal moderno do conhecedor desinteressado. Para ele, é inadmissível a idéia de que possamos nos situar perante a história e a sociedade humana, pois não há nenhum ponto estratégico capaz de nos oferecer um conhecimento certo e universal.[35] Portanto, ele não compactua com a antiga compreensão da verdade como algo teórico e objetivo; não há como aceitar a crença de que a verdade é uma declaração do conhecimento que pode ser validada pelos procedimentos elaborados por uma comunidade intelectual adequada.

Foucault, porém, leva sua rejeição ao Iluminismo um pouco mais adiante. Uma vez que o conhecimento está entretecido no mundo, diz Foucault, ele participa das lutas e dos conflitos pelo poder que constituem nosso mundo. Portanto, não podemos recorrer ao "conhecimento objetivo" ou à "verdade" como meio de nos sobre-

---

[32] Ver "Michel Foucault, 1926-1984", de Said, p. 6.
[33] Sheldon S. WOLIN, "On the theory and practice of power", in: *After Foulcalt*, p. 181.
[34] Ver "On the theory and practice of power", de Wolin, p. 186.
[35] Ver a introdução de Rabinow a *The Foucault reader*, p. 4.

pormos ao combate.³⁶ Pelo contrário, o conhecimento é o produto ao qual Foucault (fazendo eco à vontade de potência nietzschiana) designa como uma "vontade de conhecimento" que arbitrariamente estabelece sua própria "verdade". Assim, ele dá à palavra *discurso* uma definição mais precisa, enraizando-a nas relações de poder —particularmente naquelas formas de poder expressas nas linguagens especializadas e institucionalizadas.³⁷

O conhecimento está inescapavelmente ligado ao poder em decorrência de sua vinculação ao "discurso". Isto é, o conhecimento relaciona-se ao que Foucault chama uma "formação discursiva". As práticas e as instituições produzem essas declarações de conhecimento, as quais o sistema de poder considera proveitosas. O discurso traz à luz os objetos identificando-os, especificando-os e definindo-os. Como exemplo, Foucault cita a psiquiatria, segundo a qual os esquizofrênicos são uma realidade e, portanto, devem ser objeto da terapia.³⁸

Foucault chega à conclusão, em vista de todas essas coisas, de que a "verdade" é uma fabricação ou ficção, "um sistema de procedimentos ordenados para a produção, regulamentação, distribuição, circulação e operação de afirmações". Ele assevera também que esse sistema de verdade apresenta um relacionamento recíproco com os sistemas de poder que o produzem e o mantêm.³⁹ A verdade é tãosomente o produto das práticas que a tornam possível.⁴⁰ O poder do conhecimento revela-se num discurso por meio do qual ele, arbitrariamente, e tendo em vista seus próprios propósitos, envolve-se na

---

[36] Ver a introdução de Rabinow a *The Foucault reader*, p. 6-7.
[37] Ver *The archaeology of knowledge*, de Foucault; ver também deste mesmo autor "The order of discourse", in: *Untying the text:* a post-structuralist reader, ed. por Robert Young (London, Routledge & Kegan Paul, 1981, p. 48-78).
[38] FOUCAULT, *The archaeology of knowledge*, 40-49.
[39] FOUCAULT, "Truth and power", in: *Power/knowledge: selected interviews and other writings*, 1972-1977, trad. Collins Gordon, Leo Marshall, John Mepham e Kate Soper (New York, Pantheon Books, 1980, p. 133).
[40] Ver "On the theory and practice of power", de Wolin, p. 191-92.

invenção da "verdade".⁴¹ Desse modo, diz Foucault, o conhecimento produz nossa realidade.⁴²

> O poder produz saber...poder e saber estão diretamente implicados...não há relação de poder sem constituição correlata de um campo de saber, nem saber que não suponha e não constitua ao mesmo tempo relações de poder. Essas relações de "poder-saber" não devem então ser analisadas a partir de um sujeito do conhecimento que seria ou não livre em relação ao sistema de poder; mas é preciso considerar ao contrário que o sujeito conhece, os objetos a conhecer e as modalidades de conhecimentos são outros tantos efeitos dessas implicações fundamentais do poder-saber e de suas transformações históricas. Resumindo, não é a atividade do sujeito de conhecimento que produziria um saber, útil ou arredio ao poder, mas o poder-saber, os processos e as lutas que o atravessam e que o constituem, que determinam as formas e os campos possíveis do conhecimento.
>
> Michel FOUCAULT, *Vigiar e punir*: nascimento da prisão. 3.a ed., trad. Ligia M. Pondé Vassallo (Petrópolis, Vozes, 1984).

Obviamente, a postura de Foucault solapa toda concepção de ciência objetiva. Na verdade, ele caracteriza a "ciência" como uma "ideologia" e afirma que, como tal, ela está irremediavelmente presa às relações de poder.

A exemplo de todas as formas do discurso humano, diz Foucault, a história não pode fazer reivindicação nenhuma no que se refere à independência de valores ou à neutralidade. Ele discorda que o desejo de conhecer o passado seja dirigido por uma busca desinteressada

---

[41] MEGILL, *Prophets of extremity*, p. 191-92.
[42] FOUCAULT, *Discipline and punish: the birth of the prison*, trad. Alan Sheridan (New York, Pantheon Books, 1977, p. 194).

pelo conhecimento e pela verdade; para Foucault, tal desejo resulta de outro, ou seja, o de domesticar e controlar o passado a fim de validar as estruturas presentes.[43] A tentativa aparentemente neutra do historiador de aprender a verdade acerca do passado é simplesmente uma máscara da "vontade de conhecimento".[44] Essa vontade de conhecimento/potência torna-se explícita no modo como as narrativas históricas invariavelmente excluem certos objetos enquanto "privilegiam" (isto é, promovem) outros, diz Foucault. Ela se mostra também na tendência que têm os historiadores de achatarem os elementos heterogêneos com o objetivo de assegurar um aspecto de homogeneidade à história e estimular a aparência de progresso histórico.

A ligação que Foucault faz entre conhecimento e poder assinala o fim pós-moderno da estrada que Francis Bacon sinalizara quando o Iluminismo era ainda incipiente. De acordo com Foucault, o conhecimento humano não nos permite apenas exercer poder sobre a natureza como afirmara Bacon; muito mais do que isso, conhecimento é violência. O ato de conhecer, diz Foucault, é sempre um ato de violência.

Tomando por base essas considerações, Foucault funde teoria e conhecimento. A atividade teórica, argumenta ele, deve ter sempre um significado inteiramente prático.[45] O propósito da teoria não consiste em fornecer um fundamento para a ação, mas sim em explicitar estratégias para ela. Foucault considera específica do estudioso a ação que se ocupa da crítica perene às estruturas atuais. De fundamental importância para essa crítica é sua compreensão da história como meio de propagação de mitos úteis — mitos que "desordenarão" a ordem e lançarão no "passado" o presente.[46]

---

[43] H. D. HAROOTUNIAN, "Foucault, genealogy, history: the pursuit of otherness", in: *After Foucault*, p. 113.

[44] FOUCAULT, "Nietzsche, genealogy, and history", p. 162.

[45] Megill propõe essa interpretação interessante em *Prophets of extremity*, p. 232-33.

[46] FOUCAULT, "Two lectures", in: *Power/knowledge*, p. 80-81.

> O saber não se afasta lentamente de suas raízes empíricas, das necessidades iniciais de onde surgiu, para tornar-se mero assunto de especulação que satisfaça simplesmente as exigências da razão...Em vez disso, ele recria uma escravização progressiva à sua violência instintiva.
>
> Michel FOUCAULT, "Nietzsche, genealogy, history", in: *Language, counter-memory, and practice. Selected essays and interviews*, ed. por Donald F. Bouchard, trad. Donald F. Buchard e Sherry Simon (Ithaca, N.Y., Cornell University Press, 1977, p. 163).

Para que haja envolvimento na tarefa de minar as bases das estruturas atuais, segundo Foucault, é preciso uma "história eficaz", em que os historiadores reconheçam que suas "histórias" estão condicionadas pela sua perspectiva pessoal.[47] A própria obra de Foucault atende a esse propósito. Em seus livros, ele procura mostrar como a forma da narrativa histórica serve aos interesses do poder e da dominação. Ele lança o vocabulário da história contra os que o utilizaram outrora em proveito próprio.[48] Foucault traz à tona aspectos históricos desprezados pelos historiadores na tentativa de fazer com que o "Outro" fale através da barreira erguida pelo "regime da razão".

Fica claro que Foucault, em seus escritos, vê o mundo como discurso. E, se de fato é essa a natureza das coisas, segue-se que a ordem prevalecente no mundo, como não poderia deixar de ser, fica sujeita ao ataque discursivo sob a forma de suspeita sistemática de qualquer ordem que seja.[49]

Genealogia

Em seu ataque à "ordem", Foucault dispara uma arma poderosa tomada do arsenal nietzschiano — a genealogia.[50] Seu objetivo é o

---

[47] FOUCAULT, "Nietzsche, genealogy, and history", p. 156.
[48] FOUCAULT, "Nietzsche, genealogy, and history", p. 154.
[49] MEGILL, *Prophets of extremity*, p. 238-39.
[50] FOUCAULT, "Nietzsche, genealogy, and history", p. 152.

de descobrir um novo discurso que possibilite ao indivíduo posicionar-se fora e contra as reivindicações da razão à verdade "hegemônica". Seu método consiste em rastrear a "genealogia" de um corpo de conhecimento — isto é, observando como os conceitos de uma disciplina ou de uma ciência humana vieram a ser construídos. A idéia é que, trabalhando dessa forma, podemos obter um entendimento melhor sobre como o presente veio a tornar-se o que é. A genealogia, porém, também trabalha no sentido de demolir e de desorientar o presente.

> Chamemos *genealogia* à união do saber erudito e das memórias locais que nos permitem fixar um saber histórico das lutas; façamos uso tático desse conhecimento nos dias de hoje...O que ele faz de fato é acalentar as reivindicações de atenção aos conhecimentos locais, descontínuos, não qualificados e ilegítimos em oposição às reivindicações de um corpo teórico unitário que os filtraria, hierarquizaria e ordenaria em nome de algum conhecimento verdadeiro e de alguma idéia arbitrária acerca do que constitui uma ciência e seus objetos.
>
> Michel FOUCAULT, "Two lectures", in: *Power/knowledge: selected interviews and other writings, 1972-1977*, trad. Colin Gordon, Leo Marshall, John Mepham e Kate Soper (New York, Pantheon Books, 1980, p. 83).

Os principais alvos das genealogias de Foucault são as grandes teorias unificadoras da sociedade, da história e da política que regulam a vida na sociedade ocidental moderna.[51] O objetivo dos pensadores modernos tem sido o de formular uma descrição abrangente da história humana sob o tema do progresso ou da emancipação da humanidade — exatamente o tipo de "teoria sistemática global" ou

---

[51] Jana SAWICKI, "Feminism and the power of foucauldian discourse", in: *After Foucault*, p. 163.

de "discurso reducionista verdadeiro" que Foucault rejeita.[52] Ele acusa tais teorias de funcionarem, em última análise, como "regimes da verdade" que procuram tão-somente legitimar as estruturas sociais presentes e, portanto, acabam mascarando a vontade de potência que atua por seu intermédio.[53] Uma vez que, para os eruditos modernos prevalece a suposição de neutralidade do conhecimento, diz ele, os defensores do "discurso verdadeiro" continuam cegos perante à vontade de potência que permeia seus esforços de erudição. Assim, a erudição moderna encobre efetivamente a verdade em vez de revelá-la.[54]

A tarefa dos genealogistas foucaultianos, portanto, não consiste em produzir mais "verdades", e sim em desmascarar todas as formas de "discurso verdadeiro" pela determinação das condições que permitem sua existência, trazendo à tona seus efeitos políticos.[55]

Conforme observamos anteriormente, Foucault assevera que a antropologia (ou a história contínua) tem sido o "discurso verdadeiro" predominante na sociedade ocidental desde o século XVIII. Para ele, o compromisso do historiador com a continuidade histórica utiliza o passado para santificar o presente e privilegia o presente como ponto estratégico que permite, inequivocamente, o conhecimento do passado.

O objetivo de Foucault é desmantelar sistematicamente os dispositivos que os historiadores usam tradicionalmente na edificação de uma visão histórica abrangente.[56] Seu projeto compreende a substituição dos conceitos unificadores da história centrada no homem (por exemplo, a tradição, a influência, o desenvolvimento, a evolução, a fonte e a origem) pelos seus opostos (descontinuidade, ruptura, limiar, limite e transformação).[57] Portanto, ele rejeita o enfoque do

---

[52] FOUCAULT, "Power and strategies", in: *Power/knowledge*, p. 145.
[53] FOUCAULT, "Truth and power", in: *Power/knowledge*, p. 131.
[54] FOUCAULT, *The archaeology of knowledge*, p. 219.
[55] Isaac D. BALBUS, "Disciplining women: Michel Foucault and the power of feminist discourse", in: *After Foucault*, p. 139.
[56] FOUCAULT, "Nietzsche, genealogy, and history", p. 153.
[57] Douglas CRIMP, "On the museum's ruins", in: *The anti-aesthetics essays on postmodern culture*, ed. por Hal Foster (Port Townsend, Wash., Bay Press, 1983, p. 45).

historiador tradicional na continuidade e privilegia, em vez disso, a *des*continuidade entre o presente e o passado, a fim de minar a legitimação da ordem presente valorizada pelo historiador tradicional.

Foucault deseja demonstrar que o presente não é conseqüência das ações passadas; que ele não é simplesmente o último estágio na história contínua do progresso e da emancipação. Para tanto, Foucault utiliza a genealogia. Segundo Foucault, a prática da genealogia informa nos que a história não é controlada pelo destino ou por algum mecanismo regulador; a história é o produto, isto sim, de conflitos fortuitos.[58] Resumindo: a história não tem significado algum.[59] Para minar a suposição da existência de significado no âmbito da história, o genealogista deve abrir mão da humanidade como sujeito dela.[60]

A genealogia de Foucault, portanto, não é uma teoria da história no sentido tradicional. Na verdade, podemos chamá-la "antiteoria". O genealogista apresenta um método de análise das teorias consolidadas tendo como referência os seus efeitos. As genealogias de Foucault descrevem como algumas de nossas formas de pensamento nos dominam "pela produção da verdade".[61] Elas não explicam tanto a realidade quanto criticam as tentativas de apreendê-la nos limites de uma teoria unificadora reducionista.

De acordo com Foucault, as histórias "continuístas" tradicionais tendem a legitimar, e não a criticar as estruturas presentes, além de obscurecerem os conflitos e lutas do passado. Os genealogistas procuram reverter também essa tendência. Os estudos de Foucault apontam caminhos na história que não foram seguidos, possibilidades que não foram concretizadas e eventos que não se encaixam no contexto da narrativa de progresso do historiador tradicional. Seu propósito

---

[58] FOUCAULT, "Nietzsche, genealogy, and history", p. 146-154.
[59] Charles C. LEMERT & Garth GILLAN, *Michel Foucault: social theory and transgression* (New York, Columbia University Press, 1980, p. 91).
[60] FOUCAULT, "Truth and power", in: *Power/knowledge*, p. 117.
[61] FOUCAULT, "Questions of method: an interview with Michel Foucault", in: *After philosophy:* end of transformation? ed. por Kenneth Baynes, James Bohman e Thomas McCarthy (Cambridge, MIT Press, 1987, p. 108).

ao enfocar tais coisas é dar início a uma guerrilha, a uma "insurreição dos conhecimentos subjugados" contra a ordem estabelecida.[62]

O ataque de Foucault à ordem estabelecida não é motivada por um desejo de substituí-la por alguma outra ordem específica. Seu propósito não é o de firmar a predominância de algum conhecimento antes subjugado. Diferentemente de Marx e de seus seguidores, Foucault não tem interesse algum em perseverar na utopia iluminista, também não oferece nenhuma visão de uma sociedade melhor. Pelo contrário, ele se envolve numa cruzada incessante a favor do conhecimento subjugado de modo geral.[63] Ele desafia a própria ordem. Seu alvo não se restringe a meros sistemas sociais existentes, ele compreende também a noção de ordem em si mesma. Em sua opinião, o pensamento, a interpretação, o discurso e a linguagem têm um poder escravizador tão terrível quanto qualquer outro sistema social.[64]

Finalmente, argumenta Foucault, o pensamento transforma-se em discurso e o discurso constrói e desconstrói nosso mundo.[65] Não há ordem natural de tipo algum por trás daquilo que inventamos quando usamos a linguagem. Ao fazer esse tipo de afirmação, Foucault revela-se um pós-moderno muito sofisticado. De fundamental importância para o pós-modernismo é a tentativa de desmascarar a falsidade —a falsa reivindicação à "naturalidade" ou à validade ontológica— que está por trás de cada ordem "dada".

História como Ficção

As obras de Foucault podem ser classificadas de duas maneiras: obras históricas e tratados metodológicos elaborados com o objetivo de

---

[62] Ver "Two lectures", de Foucault, p. 80.
[63] Ver "Two lectures", de Foucault, p. 80.
[64] Foucault diz que o pensamento "é incapaz de outra coisa que não seja libertar e escravizar" (*The order of things*, p. 328).
[65] Em um de seus últimos estudos, Foucault aplica essa idéia à sexualidade. Para ele, o discurso sobre a sexualidade produz a sexualidade. Seu objetivo com essa argumentação é instaurar o divórcio entre a sexualidade e a natureza.

possibilitar a redação de obras históricas.⁶⁶ Suas histórias, porém, não se limitam simplesmente ao passado. Seu projeto consiste em descrever os mecanismos de ordem e exclusão que vêm atuando na sociedade ocidental desde fins do século XVIII. Sua principal preocupação não é representar (e, portanto, legitimar) o passado, e tampouco o presente; e sim investir contra a "ordem das coisas" em vigor.⁶⁷ Para tanto, Foucault concebe uma genealogia nietzschiana dos discursos que estudam as configurações cambiantes do conhecimento e do poder. Diferentemente dos trabalhos dos historiadores modernos, essas genealogias não tratariam de autores individuais do passado. Foucault rejeita a idéia do autor único classificando-a de ficção moderna; ele insiste em que todos os trabalhos são, em última análise, produzidos socialmente.

Foucault reconhece que suas histórias são também ficções, mas argumenta que têm papel importante na produção do mito.

Ao afirmar que o conhecimento resulta de uma perspectiva específica, Foucault não pretende produzir a verdade objetiva; seu intento é causar um certo impacto em seus leitores. Ele expõe o que chama "história efetiva", que introduz a descontinuidade em nosso quadro de referência e nos impede de afirmarmos a estabilidade da vida.⁶⁸

Foucault trabalha com a premissa de que as análises históricas deveriam ser parte real da luta política, e não meras tentativas de relatar os fundamentos teóricos dos conflitos. Para isso, ele atribui ao passado um caráter de "ficção", a fim de abrir nossos olhos para a realidade do presente.⁶⁹ Seus escritos podem ser *lidos* como história — ele mesmo os rotula assim — contudo, há neles uma duplicidade de códigos: ele incorpora, deliberadamente, o caráter fictício de toda interpretação histórica à sua obra. Essa duplicidade de códigos serve para conferir à sua obra o poder retórico que lhe é próprio.

---

⁶⁶ MEGILL, *Prophets of extremity*, p. 192.
⁶⁷ MEGILL, *Prophets of extremity*, p. 192-93.
⁶⁸ FOUCAULT, "Nietzsche, genealogy, history", p. 154.
⁶⁹ Por ex., "The history of sexuality", de Foucault, in: *Power/knowledge*, p. 193.

> O autor não precede as obras; ele é um tipo de princípio funcional por meio do qual, em nossa cultura, limita-se, exclui-se e se escolhe. Em suma, por meio dele impede-se a livre circulação, a livre manipulação, a livre composição, decomposição e recomposição.... Pode-se dizer que o autor é um produto ideológico, uma vez que o representamos como o oposto de sua função historicamente real....O autor é, portanto, o personagem ideológico por intermédio do qual marca-se o modo por que temamos a proliferação do significado.
>
> Michel FOUCAULT, "What is an author?" in: *Textual strategies: perspectives in post-structuralist criticism*, ed. de Josue V. Harari (Ithaca, N.Y., Cornell University Press, 1979, p. 159).

A Desconstrução do Logocentrismo: Jacques Derrida

Se Foucault é o mais extravagante dos filósofos pós-modernistas, Jacques Derrida é o mais rigoroso de todos eles.[70] E, se Foucault é o mais "genuíno" discípulo de Nietzsche neste século, Derrida é o responsável pela mais significativa das reinterpretações da obra nietzschiana.

Jacques Derrida nasceu em 1930, filho de pais judeus, em El Biar, na Argélia. Quando ainda estudava para sua graduação, sentiu-se atraído para o estudo da filosofia. Saiu de casa e foi servir o exército na França. Depois de dar baixa, permaneceu no país e cursou a Ecole Normale Supérieure (ENS). A exemplo de Foucault, estudou sob a orientação de Jean Hyppolite, que traduziu para o francês as obras do fenomenologista alemão Edmund Husserl (1859-1938). Quando chegava ao fim de sua graduação, Derrida abandonou a idéia de escrever uma tese para um doutorado específico. Aos poucos, adquirira consciência dos problemas criados pela filosofia em relação à literatura.

---

[70] Tem havido uma certa polêmica quanto ao fato de ser Derrida um filósofo pós-moderno ou não. Ver, por ex., *Prophets of extremity*, de Megill, p. 263. 337.

Parecia-lhe, cada vez mais, ser inescapável a conclusão de que a filosofia é um gênero literário.

Derrida lançou-se profissionalmente como professor universitário em 1955. Desde então, ocupou postos de ensino tanto na ENS quanto na Sorbonne. Em 1972, dividia seu tempo entre as aulas em Paris e conferências que proferia em várias universidades americanas, dentre as quais, a universidade Johns Hopkins e Yale.

Os escritos de Derrida são excessivamente difíceis de compreender. Na base de tudo o que ele faz encontramos sua preocupação em censurar a filosofia por sua tendência de julgar outras expressões literárias, enquanto resiste à idéia de que ela mesma seja um tipo de escrita. Derrida faz objeção à tendência dos filósofos de reivindicarem objetividade para suas observações com a prerrogativa de que estão em condições de levantarem indagações acerca das outras disciplinas, tais como "O que é Literatura?" ou "O que é Poesia?"

Para combater essa inclinação, Derrida procura desestabilizar a filosofia. Ele mesmo não reivindica ponto estratégico algum fora ou acima de outros tipos de atividades literárias. Em vez disso, ao recorrer a outras formas (tais como a poesia) e incorporá-las aos domínios do filósofo, indireta e discretamente ele questiona a tentativa da filosofia de distinguir um tipo de escritura da outra.[71] Essa estratégia dá aos escritos de Derrida um ar iconoclasta. Eles oscilam entre uma certa jocosidade e uma paródia deliberada das convenções literárias aceitas.

Derrida emprega diversas técnicas para obter o resultado desejado. Muitas de suas obras consistem em polêmicas com diversos escritos dos grandes filósofos e outros escritores. Sua prosa justapõe, freqüentemente, um estilo ou tom com outro. Às vezes, ele justapõe dois textos dispondo-os lado a lado ao longo de várias páginas dividindo-os vertical ou horizontalmente. Em outras ocasiões, ele apresenta diálogos com várias vozes, ou com uma voz principal que é

---

[71] Ver as observações de Peggy Kamuf em *A Derrida reader:* between the blinds, ed. por Peggy Kamuf (New York, Columbia University Press, 1991, p. 143-44).

> O fim da escritura linear é, de fato, o fim do livro, mesmo que, ainda hoje, os novos escritos — literários ou teóricos — se apresentem sempre sob essa forma. Não se trata tanto de submeter os novos escritos à forma do livro, é muito mais uma questão de ler o que se escreveu nas entrelinhas dos volumes. Esta é a razão por que, ao começar a se escrever sem linha, começa-se também a reler a escritura passada de acordo com uma organização diferente do espaço. Se hoje o problema da releitura está na linha de frente da ciência, isto é uma decorrência dessa suspensão entre duas eras da escritura. Uma vez que estamos começando a escrever, e escrever diferente, temos de reler de modo diferente.
>
> Jacques DERRIDA, *Of grammatology*, trad. Gayatri Chakravorty Spivak (Baltimore, The Johns Hopkins University Press, 1976, p. 86-87).

interrompida por seus interlocutores. Derrida surge como mestre dos códigos duplos e do significado oculto. Ele nos convida a novos modos de leitura e de escrita.

A Natureza da Linguagem

Foucault ataca o que caracteriza como a ilusão moderna do saber. Particularmente, ele se adestra na antropologia como o estudo da "humanidade" e introduz a arma da genealogia cuja influência se fará sentir na legitimação da "ordem das coisas". Ele investiga os campos do discurso erudito a fim de descobrir as conexões ocultas entre o conhecimento e o poder. Derrida, diferentemente, investe contra o "logocentrismo".

Em certo sentido, Derrida começa onde Kant parou. Ele levanta a questão "Que fundamento podemos oferecer para a utilização da razão?"[72] Ele, porém, questiona a fé moderna na razão dedicando-se

---

[72] Christopher NORRIS, *What's wrong with postmodernism:* critical theory and the ends of philosophy (Baltimore, The Johns Hopkins University Press, 1990, p. 197).

principalmente a uma exploração impiedosa da natureza da linguagem e de sua relação com o mundo. Para isso, Derrida apresenta uma crítica à chamada compreensão "realista" da linguagem — segundo a qual nossas declarações são representações do mundo como de fato é à parte da atividade humana. Derrida nega que a linguagem tenha um significa-do fixo relacionado a uma realidade fixa ou que ela desvele a verdade definitiva. Ele quer nos desviar desse conceito moderno e abrir-nos para as possibilidades "hermenêuticas" da palavra escrita; para as possibilidades que surgem à medida que nos envolvemos num processo contínuo de conversação com o texto.[73]

Derrida considera um grande estorvo para esse tipo de diálogo a compreensão enganosa do que seja a literatura e que tem caracterizado o pensamento ocidental. Para lidar com esse problema, ele ressalta a distinção entre a "fala" e a "escrita".[74] A "fala" implica a possibilidade do contato direto com a verdade; a "escrita" implica a percepção de que não temos esse contato imediato.

Essas duas dimensões da linguagem são metáforas apropriadas para o contraste que Derrida procura esclarecer. Por sua própria natureza, a fala está mais intimamente relacionada com sua fonte do que a escrita. Quando falamos, o que dizemos é transmitido imediatamente para o mundo e, súbito, desaparece. A fala, portanto, comporta uma sentido de imediatismo. Quando, porém, escrevemos, nossa escrita rapidamente se desliga de nós. Já não depende mais de nós para sua existência. Na verdade, o que registramos por escrito poderá perdurar ainda por muito tempo depois que já não mais existirmos. Em virtude do fato de que a escrita não depende da presença de sua origem,[75] vê-se despojada do sentido de imediatismo que a fala implica.

---

[73] MEGILL, *Prophets of extremity*, p. 271.
[74] Alguns acham que ele mesmo, posteriormente, "desconstrói" essa distinção. Ver Megill, *Prophets of extremity*, p. 286.
[75] DERRIDA, *Of grammatology*, trad. Gayatri Chakravorty Spivak (Baltimore, The Johns Hopkins University Press, 1976, p. 37).

Derrida critica a filosofia ocidental por evitar a "escrita" em sua busca pela "fala".[76] Os pensadores modernos supõem que seus esforços literários podem lançar luz à presença imediata da verdade ou do significado, mas, ironicamente, a filosofia assume a forma da escrita — o modo de linguagem que indica ausência, e não presença.

Derrida classifica essa tendência da filosofia ocidental de "logocentrismo". Conforme indica o termo, o "logocentrismo" refere-se ao método filosófico que se volta para o *logos*, a palavra ou a linguagem — especialmente a linguagem escrita — como portadora de significado.

O logocentrismo relaciona-se com o que Derrida designa como "metafísica da presença". Os filósofos ocidentais pressupõem a existência, na base de nossa linguagem, de uma "presença" do ser ou de uma essência que podemos vir a conhecer.[77] Eles estão convencidos de que a linguagem (o sistema de "sinais" lingüísticos) é capaz de "significar" ou de representar essa realidade dada em sua natureza essencial. Conseqüentemente, buscam alguma "palavra", presença, essência, verdade ou realidade última que sirva de fundamento para nosso pensamento, linguagem e experiência (o "significado transcendental").[78] Eles apresentam uma série de títulos para esse fundamento (o "significante transcendental") — Deus, a Idéia, o Espírito do Mundo, o Eu. Nesse sentido, alguns filósofos afirmam que temos acesso à mente divina ou à compreensão infinita que Deus possui. Outros pressupõem a existência de uma subjetividade infinitamente criativa ou falam do eu humano presente a si e totalmente conhecido de si mesmo.[79]

Impregnada desse "mito da presença", diz Derrida, a tradição filosófica ocidental reivindica coisas que simplesmente não tem como

---

[76] DERRIDA, *Of grammatology*, p. 35.
[77] Ver Derrida, *Of grammatology*, p. 11-12. Ver também o prefácio de Spivak na mesma obra, p. lxviii.
[78] DERRIDA, *Of grammatology*, p. 73.
[79] DERRIDA, *Of grammatology*, p. 73.

sustentar e exibe uma confiança para a qual não tem base nenhuma. Essa tradição "onto-teo-lógica" nega-se a considerar a possibilidade de que, de fato, não há tal coisa como um fundamento último para nossos sistemas de pensamento e de linguagem. Todavia, se realmente existisse tal significante transcendental, ressalta Derrida, teria de estar situado fora do sistema lingüístico. Ele não poderia deixar-se manchar pelas diferenças lingüísticas ou permitir-se enredar-se, de qualquer modo que fosse, pela linguagem que, supostamente, estaria a suportá-lo.[80]

Derrida, portanto, preocupa-se com a questão do significado; de que forma a linguagem obtém seu significado? Para ele, a resposta moderna é insatisfatória. Ele acusa de engano os filósofos ocidentais quando tentam situar o significado na capacidade que têm nossos pensamentos e afirmações de representar uma realidade objetiva, dada. Ele os critica, também, por verem na escrita uma representação da fala.[81]

Diferença e Differance

O alvo inicial dos ataques de Derrida ao logocentrismo é a "fenomenologia" de Edmund Husserl.

Husserl renova a incessante tentativa moderna de proporcionar um fundamento indiscutível para a razão e a linguagem. De modo semelhante a Descartes, ele se propõe a descobrir as estruturas primordiais do pensamento e da percepção. Husserl está convencido de que isto é facilitado pela elevação do saber resultante da "autopresença" autêntica sobre o saber com base na memória, na antecipação, ou em traços da experiência ausente. Esta diferenciação, por sua vez, requer uma demarcação entre o "agora", em que o sujeito está localizado, e os horizontes cada vez mais limitados do passado e do futuro.

---

[80] Terry EAGLETON, *Literary theory* (Minneapolis University of Minnesota Press, 1983, p. 131).

[81] NORRIS, *Derrida*, p. 121.

De fundamental importância para o projeto de Husserl é a distinção entre dois modos de linguagem —"expressivo" e "indicativo". Os sinais expressivos indicam a intenção pessoal. Os sinais indicativos têm significado, mas não são portadores de intenção animada (por exemplo, as nuvens escuras podem ser indício de tempestade, porém, não são indício da intenção de alguém que deseja fazer chover sobre um desfile antecipadamente programado). Para Husserl, os sinais expressivos (e não os indicativos) fornecem a chave para a compreensão da linguagem.[82] Ele argumenta que o estudo da linguagem deve se debruçar sobre a consciência auto-reflexiva e solitária — a vida mental do indivíduo — e não sobre o reino do discurso "intrapessoal".

Ao desafiar a "lógica da presença" de Husserl, Derrida recorre ao conceito de "diferença" utilizado primeiramente por Saussure e outros.[83]

Todavia, introduz uma nuança interessante. Sob sua direção artística, "diferença" torna-se "*differance*".[84]

O substantivo francês *differance* foi cunhado pelo próprio Derrida. Sua raiz etimológica acha-se no verbo *differer*, que significa tanto "diferenciar" quanto "diferir". *Differance* soa exatamente igual a *difference*. Todavia, ao acrescentar a terminação *ance*, que no francês é responsável pela formação do gerúndio com valor de substantivo, Derrida constrói uma nova forma que significa literalmente tanto "diferenciador" quanto "postergador".

O termo *differance* compreende a rejeição de Derrida ao projeto de Husserl. Derrida recorre à observação saussuriana de que um significante lingüístico (por exemplo, uma palavra) não possui um significado fixo em si mesmo, obtendo seu significado com base nas relações existentes na esfera do sistema lingüístico.[85] O significado é

---

[82] NORRIS, *What's wrong with postmodernism*, p. 201-2.
[83] DERRIDA, *Of grammatology*, p. 52.
[84] Para um exemplo de sua descrição do termo *differance*, ver seu ensaio "Difference", em Derrida, *Margins of philosophy*, trad. Alan Bass (Chicago, University of Chicago Press, 1982, p. 1-27).
[85] SAUSSURE, *Course in general linguistics*, trad. W. Baskin (New York, Philosophical Library, 1959, p. 120).

produzido pela diferença entre os significantes na cadeia lingüística. A linguagem, porém, é mais do que simplesmente um composto de unidades significativas independentes. Os sinais que usamos para expressar intenção são apanhados numa rede de relações lingüísticas. Assim sendo, argumenta Derrida, fica claro que o significado não se encontra sepultado no âmbito da consciência isolada e auto-reflexiva de Husserl. A "presença" de Husserl (ou o significado do presente) e o eu são dados autônomos: são necessariamente contextuais, resultando de suas relações positivas e negativas referentes a outros elementos.

Derrida, porém, aprofunda um pouco mais a questão. A palavra *differance* implica não somente "diferenciador" mas também "postergador".

Tomando por base a idéia de Saussure, Derrida diferencia um significante fônico (isto é, a própria palavra) de seu significado mental correspondente (o conceito, a idéia, a percepção ou emoção a que a palavra está ligada).[86] Quando utilizamos os significantes fônicos para expressar significados mentais, criamos uma diferença crucial entre a linguagem e o processo mental que procuramos exprimir. Os significados das palavras que empregamos resultam de suas relações na esfera do contexto imediato em que aparecem (sua "localização textual") e não necessariamente de alguma conexão com significados mentais.

Derrida conclui que a linguagem, em última análise, é simplesmente "auto-referencial". Um signo, diz ele, conduzirá sempre a outro. Portanto, uma linguagem é uma cadeia de significantes que se referem a outros significantes, em que cada significante, por sua vez, torna-se aquilo que é significado por outro significante. Em vista do fato de que a localização textual em que está circunscrito um significante muda constantemente, seu significado não pode jamais ser

---

[86] Ver, por exemplo, *Of grammatology*, de Derrida, p. 63. Ver também *States of Grace:* the recovery of meaning in the postmodern age, de Charlene Spretnak (San Francisco, HarperCollins, 1991, p. 234).

determinado. Derrida, portanto, sustenta que o significado nunca é estático, totalmente consolidado de uma vez por todas. Pelo contrário, o significado muda ao longo do tempo e conforme a variação dos contextos. Por esse motivo, precisamos "postergar" continuamente nossa tendência de atribuir significado.[87]

A suposição da existência de similaridade entre o significado e a consciência é fundamental para a perspectiva de Derrida. Ele argumenta que ambos são dependentes da linguagem. Não existe um significado à parte do significante — não existe conceito mental à parte da palavra que creditamos àquele pensamento.[88] Em virtude desse elo entre a atividade mental e a linguagem, a *differance* — a interação entre a diferenciação passiva e a postergação ativa — proporciona uma crítica radical do conceito do eu como uma entidade existente à parte de seu contexto. Na verdade, o conceito implica a inexistência de um eu qualquer que seja anterior à atividade lingüística ou que esteja em sua base.

Como, porém, lidamos com nossa experiência de existirmos como um eu no "agora"? Segundo Derrida, a experiência de um "presente" singular e objetivo é ilusória. Aquilo que vivenciamos no presente, na verdade, é resultado de uma teia complexa de significados em constante transformação. Por intermédio da linguagem e dos conceitos, impomos o sentido de significado objetivo ao fluxo da experiência.

Para ver com isso funciona, suponhamos que eu afirme ver uma caneca sobre a mesa da sala. Nossa tendência é de supor que tal fato seja uma ocorrência objetiva e dada. Todavia, não há uma única afirmação correta que descreva objetivamente a experiência. Pelo contrário, eu poderia apresentar muitas descrições possíveis desse

---

[87] DERRIDA, *Positions*, trad. Alan Bass (Chicago, University of Chicago Press, 1981, p. 28-29).
[88] Frank LENTRICCHIA, *After the new criticism* (Chicago, University of Chicago Press, 1980, p. 168).

fato. Cada descrição, na verdade, modificaria e daria outro tom à experiência. Dependendo das circunstâncias, posso me ver tomando uma bebida refrescante em meu local de trabalho; posso ver nisso, também, mais um exemplo da desorganização do meu filho; é possível ainda enxergar na caneca uma arma a ser usada contra alguém que esteja me agredindo.[89]

O objetivo de Derrida é trazer à luz essa dimensão da linguagem, especialmente da linguagem escrita. Ele quer disciplinar a pretensão moderna que atribui significados fixos ao fluxo da experiência.

A mudança de "difference" para "*differance*" possui ainda uma outra função. A substituição do *e* pelo *a* não é perceptível imediatamente na fala. Só se torna evidente na escrita. O emprego que Derrida faz de *differance*, portanto, contém uma crítica implícita à idéia clássica em vigor no Ocidente de que a escrita é simplesmente a representação da fala humana, que é mais fundamental e imediata. Assim, jocosamente, ele procura subverter a teoria clássica do significado, que passa do pensamento para a fala e da fala para a linguagem escrita.[90]

Há também uma outra implicação. O emprego consistente que Derrida faz de *differance* lembra ao leitor que o termo *difference* está ausente do texto, embora seu significado esteja bem presente ali.[91] Esse fenômeno dá sustentação à tese de Derrida, colhida em Heidegger, de que o significado da escrita resulta da interação entre presença e ausência. O significado ocorre por causa da presença de um "traço" de uma realidade agora ausente ou em decorrência de um traço de suas conexões anteriores com outros elementos. O novo estilo de escrita de Derrida procura demonstrar essa situação.

---

[89] Quanto à fundamentação desse exemplo, ver "Stories about stories", de Hillary Lawson, in: *Dismantling truth:* reality in the post-modern world, ed. por Hillary Lawson e Lisa Appignanesi (New York, St. Martin's Press, 1989, p. xxv).

[90] Jonathan CULLER, *On deconstruction:* theory and criticism after structuralism (Ithaca, N.Y., Cornell University Press, 1982, p. 97).

[91] Ver o prefácio de Spivak a *Of grammatology*, p. xiii.

> É uma questão...de produzir um novo conceito de escritura. Esse conceito pode ser chamado *grama* ou *differance*...Seja na ordem do discurso falado ou escrito, nenhum elemento pode funcionar como símbolo sem se referir a outro elemento que, em si mesmo, simplesmente não está presente. Desse entrelaçamento resulta que cada "elemento" — fonema ou grafema — é constituído com base no traço, em seu interior, dos outros elementos da cadeia ou do sistema. Esse entrelaçamento, esse tecido, é o texto produzido tão-somente pela transformação de outro texto. Nada, nem entre os elementos, nem no interior do sistema, está presente ou ausente em algum lugar. Só existem, por toda parte, diferenças e traços de traços. O grama, portanto, é o conceito mais genérico de semiologia — que se torna então gramatologia.
>
> Jacques Derrida, *Positions*, trad. Alan Bass
> (Chicago, University of Chicago Press, 1981, p. 26).

A investida de Derrida contra o conceito de "presente" de Husserl derruba também a idéia de sucessão linear de "presentes" (i.e., de história). Nesse sentido, ela também solapa a noção de escrita — ou de "livro" — como depósito de experiências vividas.[92] Para Derrida, não há um "fora do texto". Tudo o que temos é o próprio texto, e não algum tipo de significado externo para o qual o texto aponta.[93] O "livro" é, na verdade, nossa "leitura" do texto.

Os pós-modernos extraem implicações de profundas conseqüências das conclusões de Derrida. Nessa crítica, eles encontram uma refutação da noção de significado único. Um texto, dizem, nada mais é do que um jogo de significantes lingüísticos; não existe um lugar fora do discurso com base no qual possa se estabelecer os limites metafísicos do jogo lingüístico.[94] Isto significa, na verdade,

---

[92] Derrida, *Of grammatology*, p. 86.
[93] Derrida, *Of grammatology*, p. 158.
[94] Lentricchia, *After the new criticism*, p. 160.

que o texto é fluido. Ele não tem origem, identidade ou fim fixos. Além do mais, o processo de interpretação do texto não pode jamais chegar à conclusão alguma; todo ato de leitura do texto é um prefácio para o seguinte.[95] Ficamos unicamente com a repetição do ato de interpretação — que se torna um jogo totalmente livre e destituído de âncoras ontológicas.

> A ausência de um significado transcendental amplia infinitamente o domínio e o jogo de significações.
>
> Jacques DERRIDA, *Writing and difference*, trad. Alan Bass (Chicago, University of Chicago Press, 1978, p. 280).[96]

À semelhança do projeto de Foucault, portanto, o programa de Derrida leva ao questionamento da ordem vigente no pensamento ocidental ao longo da era moderna. Sua avaliação da situação, entretanto, difere da de seu compatriota. Foucault assevera que a "ordem das coisas" é produto das leituras seletivas do passado que "privilegiam" os poderosos. Derrida argumenta que o problema tem raízes mais profundas, que ele resulta da inevitável estrutura logocêntrica que possibilita o emprego da razão. Assim sendo, diz ele, devemos questionar essa ordem. Todavia, só nos é possível fazê-lo no âmbito da ordem propriamente dita. Esse é o objetivo de Derrida. Ele prega o questionamento estratégico da razão pela razão, a inquirição incansável de nossa tradição metafísica ocidental *por meio das ferramentas que herdamos da tradição*.

---

[95] Ver o prefácio de Spivak a *Of grammatology*, p. xii.
[96] Em outro lugar, Derrida escreve: "O domínio e a interação de signifcação estendem-se *ad infinitum*" ("Structure, sign, and play in the discourse of the human sciences", in: *Structuralist controversy:* the language of criticism and the sciences of man, ed. por Richard Macksey e Eugenio Donato, Baltimore, The Johns Hopkins University Press, 1972, p. 249). Ver também *Of grammatology*, de Derrida, p. 50.

> A inigualável, única e majestosa grandeza da ordem da razão, o que faz dela não somente uma outra ordem real ou estrutura (uma estrutura histórica determinada, uma estrutura entre outras estruturas possíveis), é que não podemos falar contra ela se não formos a seu favor, não podemos protestar contra ela se não estivermos nela incorporados...
>
> Se, porém, ninguém pode escapar a essa necessidade, e, portanto, se ninguém pode ser responsabilizado por ceder a ela, não importa se em pequena medida, isto não significa que todas as formas de ceder têm igual pertinência. A qualidade e a fecundidade de um discurso são, provavelmente, mensurados pelo rigor crítico pelo qual é pensada essa relação com a história da metafísica e com os conceitos herdados. Trata-se aqui tanto de uma relação crítica com a linguagem das ciências sociais quanto da responsabilidade crítica do próprio discurso. É uma questão de situar o problema do *status* do discurso explícita e sistematicamente, o qual toma da herança os recursos necessários para a desconstrução dessa mesma herança.
>
> Jacques DERRIDA, *Writing and difference*, trad. Alan Bass (Chicago, University of Chicago Press, 1978, p. 36, 289).

Desconstrutivismo

Quando Foucault investe contra a antropologia, seu patrono é Nietzsche, sua arma é a genealogia e seu objetivo é a produção de uma "história eficaz" — novos mitos capazes de subverter continuamente a presente ordem. Em sua crítica à linguagem, Derrida tem Heidegger como mentor — ou, para ser mais preciso, Nietzsche, mas pela ótica heideggeriana.[97]

---

[97] Para um exemplo da avaliação que Derrida faz de Heidegger, ver *Of spirit: Heidegger and the question*, de Derrida, trad. Geoffrey Bennington e Rachel Bowlby (Chicago, University of Chicago Press, 1989). Para um exemplo da leitura que Derrida faz de Nietzsche, ver seu ensaio "The ends of man", in: *Margins of philosophy*, p. 109-36. Com relação ao ponto que Derrida está colhendo de Nietzsche segundo a ótica heideggeriana, ver o prefácio de Spivak em *Of grammatology*, p. xxxiii.

Diferentemente de seus predecessores, Derrida não é um novo artífice de mitos.[98] Ele não procura construir algo novo sobre um fundamento antigo. Em vez disso, seu propósito é em grande medida negativo ou destrutivo — ou seja, fazer com que a tradição ocidental enxergue seu logocentrismo. Derrida tem como meta a destruição do ideal moderno que vê a filosofia como um questionamento puro e desinteressado, bem como repudiar o lugar comum de que há algum tipo de correspondência direta entre a linguagem e o mundo externo. Para tanto, Derrida lança mão da arma do *desconstrutivismo*.

Desconstrutivismo é um termo de difícil definição. Na verdade, ele desafia toda definição, já pelo fato de Derrida, sutilmente, ter colocado obstáculos pelo caminho. A começar por sua insistência de que o desconstrutivismo não é um método, uma técnica, um estilo de crítica literária, nem mesmo um procedimento para interpretação textual.[99] Ele nos adverte para que não substituamos a atividade real da leitura desconstrutivista pela descrição ou por um entendimento conceitual daquela atividade.[100]

A despeito da dificuldade de definição, todavia é possível dizer algo em relação ao desconstrutivismo. No fundo, a desconstrução tem a ver com a linguagem. Em certo sentido, a desconstrução é todas aquelas coisas que Derrida dissera não ser; ou seja, o desconstrutivismo implica a utilização de certas suposições filosóficas ou filológicas cujo propósito consiste em desfechar um ataque ao logocentrismo — entendido como a suposição de algo situado além de nosso sistema de signos lingüísticos, ao qual uma obra escrita pode se referir para substanciar sua reivindicação de declaração genuína.[101]

---

[98] Ver *Prophets of extremity*, de Megill, p. 333.
[99] DERRIDA, "Letter to a japanese friend: between the blinds", ed. por Peggy Kamuf (New York, Columbia University Press, 1991, p. 273).
[100] Ver *Derrida*, de Norris, p. 20.
[101] Ver *Reality isn't what it used to be:* theatrical politics, ready-to-wear religion, global myths, primitive chic, and other wonders of the postmodern world, de Walter Truett Anderson (San Francisco, Harper & Row, 1990, p. 90).

O alvo primeiro de Derrida quer nos despir do logocentrismo mostrando-nos a impossibilidade de demarcação de uma linha nítida entre a realidade e nossas representações lingüísticas. Sua meta maior, naturalmente, é a linguagem escrita — os textos. Ele quer nos dissuadir daquela atitude que tão prontamente tomamos sempre que supomos ter a capacidade de descobrir o significado inerente a um texto. Para isso, ele demonstra as dificuldades de qualquer teoria que defina o significado de modo unívoco, quer apelando para a intenção do autor, quer para as convenções literárias a que o texto se vê obrigado, ou até mesmo para aquilo que os leitores vivenciam.[102] Depois de teorizarmos tanto, permanece ainda "o livre jogo de significado", o qual resulta do que Derrida chama "o jogo do mundo". O texto sempre proporciona outras vinculações, correlações e contextos, portanto, tem sempre o potencial para a produção de mais significados.

O alvo imediato da desconstrução é a filosofia. Derrida crê que a tradição filosófica ocidental é irremediavelmente logocêntrica e "objetivista". Há nela uma obsessão pelo fundamento último de nossa linguagem. Derrida, porém, declara que não há obra escrita que se mantenha estática graças a uma âncora metafísica. Não existe referencial extralingüístico para a escrita.

Conseqüentemente, toda tentativa de construir tal referencial nada mais produzirá a não ser uma ficção que nasce das palavras. Segundo Derrida, o "princípio primeiro" da filosofia não deve consistir num fundamento unificador imaginário para todas as linguagens, e sim num sistema de símbolos cujo único sustentáculo seja a linguagem. Além do mais, o propósito da filosofia não deve ser o de defender ou o de se responsabilizar por todos esses sistemas; deve ela, isto sim, desconstruí-los.[103]

---

[102] CULLER, *On deconstruction*, p. 131-34.
[103] ANDERSON, *Reality isn't what it used to be*, p. 91; e *Continental philosophy since 1750*, de Solomon, p. 201.

O desconstrutivismo não pode se limitar a uma neutralização ou prosseguir imediatamente nessa direção; ele deve, por meio de um gesto duplo, de uma ciência dupla, de uma escritura dupla, levar a cabo uma *subversão* da oposição clássica *e um deslocamento geral do sistema*. Essa é a condição única para que o desconstrutivismo proporcione para si mesmo os meios pelos quais *intervirá* no campo das oposições que critica, o qual também é um campo de forças não-discursivas. Cada conceito, além disso, faz parte de uma cadeia sistemática e constitui em si mesmo um sistema de predicados. Não existe conceito metafísico em si mesmo e por si mesmo. Há uma obra — metafísica ou não — sobre sistemas conceituais. O desconstrutivismo não consiste na passagem de um conceito para outro, mas na subversão e no deslocamento de uma ordem conceitual, bem como não-conceitual, com a qual articula-se a ordem conceitual. Por exemplo, a escritura, como conceito clássico, traz consigo predicados que têm sido subjugados, excluídos ou mantidos em reserva por forças e segundo necessidades a serem analisadas. São esses predicados (mencionei alguns deles) cuja força de generalidade, generalização e "generatividade" encontram-se liberados e enxertados em um "novo" conceito de escritura que corresponde também ao que quer que sempre tenha *resistido* à organização anterior de forças, que sempre constituiu o *remanescente* irredutível à força dominante que organizou a — em breves palavras — hierarquia logocêntrica. Deixar a esse novo conceito o velho nome de escritura significa manter a estrutura do enxerto, a transição e a adesão indispensável a uma *intervenção* eficaz no campo histórico constituído. Significa também conferir sua chance e sua força, seu poder de *comunicação,* a tudo o que se manifesta nas operações da desconstrução.

    O que, porém, não se disse, será prontamente entendido...como uma operação de disseminação *separada* da presença (do Ser) segundo todas as suas modificações; a escritura, se houver, talvez comunique, mas certamente não existirá. Ou escassamente, aqui, na forma da assinatura mais improvável.

    Jacques Derrida, "Signature event context", in: *Margins of philosophy*, de Derrida, trad. Alan Bass (Chicago, University of Chicago Press, 1982, p. 329-30).

As implicações do desconstrutivismo, todavia, são mais profundas. Saussure assevera que o significado lingüístico resulta das estruturas de relações, e não de alguma correspondência ideal entre o som e o sentido. Derrida insiste em que essa perspectiva tem desdobramentos que não se limitam unicamente à linguagem escrita. Em todas as suas formas, a linguagem é sempre um sistema de signos diferenciadores. Sendo este o caso, diz Derrida, a definição clássica da escrita aplica-se a toda forma de linguagem, até mesmo ao pensamento.[104]

Por esse motivo, Derrida afirma que devemos abandonar a busca logocêntrica por um significado cuja existência se dá fora e além do jogo diferenciador da linguagem (i.e., a busca pelo "significado transcendental"). O desconstrutivismo lembra-nos continuamente de que a origem da linguagem está na escrita (o "signo de um signo") e não em alguma suposta experiência imediata da correspondência entre pensamento e objeto. Nem mesmo o pensamento é capaz de escapar do caráter infinitamente complementar do sistema lingüístico.

Na esteira da obra de Derrida, os pós-modernos de vanguarda chegam à conclusão de que já não podemos mais pressupor um fundamento ontológico para um certo conhecimento. A investida de Derrida contra o "centro", dizem eles, destruiu para sempre os apelos tradicionais à intenção do autor. Na verdade, foram abalados quaisquer apelos que não estejam confinados ao texto.

Que devemos fazer em tal situação? Os discípulos de Derrida aconselham-nos simplesmente a aprender a viver com a ansiedade que resulta de sua desconstrução do logocentrismo aliada à morte da metafísica da presença. É preciso que abandonemos o velho ponto de vista segundo o qual a leitura é uma tentativa de penetrar o texto a fim de compreender seu significado; em vez disso, devemos abraçar a idéia de que a leitura é um ato violento pelo qual tomamos posse do texto.[105]

---

[104] DERRIDA, *Of grammatology*, p. 50.
[105] LENTRICCHIA, *After the new criticism*, p. 179.

A Utopia Pragmática: Richard Rorty

Na noite de sábado de 19 de março de 1994, um professor da área de ciências humanas da Universidade da Virgínia deveria fazer uma palestra no *campus* da Universidade de British Columbia, em Vancouver. Esse acontecimento acadêmico suscitou tanto interesse que, meia hora antes do horário programado, o salão de conferências já estava totalmente repleto. Para acomodar a multidão, a Universidade teve de providenciar um circuito fechado de TV em dois outros salões adjacentes. O conferencista, Richard Rorty, desponta atualmente como um dos filósofos acadêmicos de maior popularidade na América do Norte.

Rorty nunca se mostrou renitente em rotular suas idéias. Houve época em que se aliou ao pós-modernismo, referindo-se à sua postura como "liberalismo burguês pós-moderno".[106] Desde então, Rorty chegou à conclusão de que o termo *pós-moderno* está desgastado e que não devemos "periodizar" a cultura.[107] Se há uma classificação que Rorty sempre acolhe de muito bom grado é a de "pragmático".

O Novo Pragmatismo

Se Foucault é o mais genuíno dos discípulos de Nietzsche neste século, e se o patrono de Derrida é Heidegger, então Richard Rorty é indiscutivelmente o protegido de John Dewey.[108] É de tal modo importante essa vinculação que Rorty tem sido aclamado como o "principal personagem por trás do renovado interesse pela tradição pragmática americana".[109]

---

[106] Rorty escolheu essa expressão para título de um de seus ensaios. Nesse ensaio, ele refere-se a seu mentor, John Dewey, como "pós-moderno *avant la lettre*") ("Liberalismo burguês pós-moderno", in: *Objectivity, relativism, and truth*, Cambridge, Cambridge University Press, 1991, p. 201).

[107] RORTY, "Introduction: pragmatism and post-nitzschean philosophy", in: *Essays on Heidegger and others,* Cambridge (Cambridge University Press, 1991, p. 1).

[108] Rorty reconhece, reiteradas vezes, sua grande dívida para com Dewey. Ver, e.g., "Introduction: Antirepresentationalism, Ethnocentrism, and Liberalism", de Rorty, in: *Objectivity, relativism, and truth*, p. 16-17.

[109] Ver, Introduction to "Stories about truth" de Hilary Lawson, in: *Dismantling truth*, p. 4.

Se Foucault é difícil de entender e Derrida praticamente impossível de compreender, a prosa clara de Rorty é um sopro de vento fresco. Afinal, é isso que se espera de um filósofo americano que usa a escrita e a argumentação filosófica para convencer o leitor da validade de um ponto de vista a que chama "pragmatismo".[110]

A Perspectiva Pragmática

No âmago da tradição pragmática encontramos um entendimento específico acerca da natureza da verdade. No âmago do pragmatismo de Rorty deparamos com o abandono da idéia que tem predominado na filosofia desde o Iluminismo — a saber, que a mente é um "espelho da natureza".[111] Podemos ter uma noção da imensa mudança no pensamento que Rorty propõe se pinçarmos uma série de comparações com que ele ponteia seus escritos.

A visão pragmática da verdade é não-realista em vez de realista. O realista trabalha com o pressuposto de que temos acesso direto ao mundo independentemente da linguagem; nossa linguagem, para ele, é decorrência de nossas observações desse mundo dado e objetivo. Portanto, dizemos, "a neve é branca", porque, no mundo real, a neve é de fato branca. A *verdade*, por sua vez, é um termo metafísico que significa "aquilo que representa precisamente a realidade objetiva".

O não-realista, em contrapartida, começa pelo pressuposto de que nosso acesso ao mundo é mediado pela linguagem. Dizemos: "A neve é branca" simplesmente porque escolhemos nossas categorias dessa maneira. Conseqüentemente, a verdade não é, antes de tudo, um conceito metafísico, e sim uma questão de convenção humana.[112]

---

[110] Para um resumo dos três pontos do pragmatismo de Rorty, ver "Pragmatism, relativism, and irrationalism", in: *The consequences of pragmatism* (Minneapolis, University of Minnesota Press, 1982, p. 160-66).

[111] Essa é a tese central do principal tratado de Rorty: *Philosophy and the mirror of nature* (Princeton, Princeton University Press, 1979).

[112] RORTY, *The consequences of pragmatism*, p. xvi-xvii.

Além de não-realistas, os pragmáticos apegam-se a uma compreensão da verdade cujo caráter é não-essencial ao invés de essencial. Os "essencialistas" crêem que um objeto ou coisa possua propriedades tanto "intrínsecas" quanto "relacionais". As propriedades intrínsecas são as qualidades essenciais que a coisa tem "em si mesma", ao passo que as propriedades relacionais são qualidades que a coisa possui simplesmente em relação a outras coisas, especialmente desejos e interesses humanos.

Os não-essencialistas concentram-se nas propriedades relacionais. Não podemos falar da natureza essencial de uma coisa isoladamente, dizem eles, tão-somente podemos fazê-lo em relação a outras coisas. Portanto, para não-essencialistas como Rorty, os "objetos" são coisas que julgamos proveitosas para nosso discurso e que nos possibilitam lidarmos com os estímulos com que deparamos.[113]

Rorty faz um paralelo entre seu próprio não-essencialismo e o não-essencialismo dos pioneiros da nova lingüística, como Saussure e Wittgenstein, além do não-essencialismo do herdeiro deles, Derrida.[114] Ele elogia os filósofos da lingüística por rejeitarem a compreensão essencialista no campo da linguagem. Eles ressaltam que a importância de uma sentença resulta de seu lugar numa teia de outras sentenças (como o significado de crenças e de desejos resulta de seu lugar em teias de outras crenças e desejos). Assim, asseveram eles que tanto os signos lingüísticos quanto os pensamentos são sensíveis dentro de um contexto. Os signos e os pensamentos não são "coisas" com propriedades intrínsecas, e sim nódulos numa teia de relações.

O objetivo de Rorty é estender essa afirmativa, a começar pelos sinais lingüísticos chegando até a todos os objetos de nosso discurso — abrangendo de *quarks* e mesas a pessoas e instituições sociais.[115]

---

[113] RORTY, "Inquiry as recontextualization: an anti-dualist account of interpretation", in: *Objectivity, relativism, and truth*, p. 106-7.

[114] Para uma discussão de Rorty e Derrida, ver *Derrida*, de Norris, p. 150-55; e Culler, *On deconstruction*, p. 153.

[115] RORTY, "DE Man and the american cultural left", in: *Essays on Heidegger and others*, p. 130-31.

Sua versão do pragmatismo consiste simplesmente em não-essencialismo aplicado a todos os outros "objetos" da teoria filosófica — verdade, saber e moralidade, bem como linguagem.[116]

Além disso, os pragmáticos propõem uma compreensão não-representativa da verdade, em vez de representativa. Os "representativistas" atribuem uma certa objetividade não somente ao mundo como também à linguagem humana. Para eles, nosso discurso é capaz de representar o mundo como de fato é. Qualquer proposição que represente corretamente o mundo "real" é verdadeira. Essa afirmação "re-presenta" — traz ao presente do pensador ou do falante — o que a afirmação está descrevendo corretamente. O conhecimento, por sua vez, é a compilação das proposições corretas.

Os não-representativistas negam que a linguagem tenha a capacidade de representar o mundo dessa maneira. A representação não pode significar "representação", dizem eles, porque a linguagem não pode trazer à nossa presença o que está ausente. Como não-representativistas, os pragmáticos como Rorty não encaram o conhecimento como uma questão de "corrigir a realidade". Em vez disso, procuram adquirir hábitos práticos para lidar com ela.[117]

Pelo fato de ser não-realista, não-essencialista e não-representativista, a postura pragmática da verdade promove a coerência em vez da correspondência. O projeto epistemológico moderno baseia-se na teoria da correspondência da verdade. Rorty caracteriza o objetivo dessa teoria como a penetração no véu das aparências, a fim de observar as coisas como de fato são. Medidas pelo critério da correspondência, as afirmativas sempre têm um nítido valor de verdade: ou são verdadeiras ou falsas. Podemos descobrir a veracidade de uma afirmação verificando se ela corresponde ou não à realidade que pretende descrever.

---

[116] RORTY, "Pragmatism, relativism and irrationalism", in: *The consequences of pragmatism*, p. 162.
[117] RORTY, "Introduction: antirepresentationalism, ethnocentrism, and liberalism", p. 1.

Nos passos de Dewey, Rorty refere-se à teoria da correspondência como a "teoria do espectador do saber", e desfaz-se dela considerando-a simplesmente impraticável. Ela supõe que sejamos capazes de adquirir uma perspectiva de fora do mundo — o que Hilary Putnam chama "ponto de vista divino" das coisas.[118]

Rorty atribui a Dewey o crédito de nos indicar uma direção mais proveitosa. No lugar da suposição de que as crenças representam a realidade, Dewey substitui a idéia de que as crenças sejam ferramentas que nos permitem lidar com a realidade; elas são máximas que ditam o comportamento daquele que as sustenta.[119]

Na esteira de Dewey, Rorty procura nos afastar da teoria da correspondência da verdade. Em lugar dela, ele prega um tipo de teoria da coerência, embora evite propor qualquer teoria específica da verdade.[120] Com base em Wittgenstein, ele declara que as afirmações são "verdadeiras" na medida em que se mantêm coerentes com todo o sistema de crenças — o "vocabulário" — que professamos. O objetivo da investiga-ção, por sua vez, é tornar coerentes nossas crenças e desejos.[121]

Mais importante ainda, os pragmáticos entendem a verdade como aquilo que funciona, e não como algo teoricamente correto. Segundo Rorty, o pragmatismo é o "vocabulário" da prática, e não da teoria. Seu enfoque recai sobre a ação e não sobre a contemplação.[122] Os pragmáticos formulam suas perguntas sobre o que é "certo" em referência ao que é "útil".[123] Eles perguntam: "Que diferença essa crença produzirá em nossa conduta?"[124] É com base nisso que Rorty prega sua "filosofia edificante".[125]

---

[118] PUTNAM, *Reason, truth, and history* (Cambridge, Cambridge University Press, 1981, p. 49-50).

[119] Ver a introdução de Rorty ao livro de John P. Murphy *Pragmatism: from Peirce to Davidson* (Boulder, Westview Press, 1990, p. 2).

[120] RORTY, "Solidarity or objectivity", in: *Objectivity, relativism, and truth*, p. 24.

[121] RORTY, "Inquiry as recontextualization", p. 106.

[122] RORTY, "Pragmatism, relativism and irrationalism", p. 162.

[123] RORTY, "Introduction: pragmatism and post-nietzschean philosophy", in: *Essays on Heidegger and others*, p. 4-5.

[124] Ver a introdução de Rorty aos *Essays on Heidegger and others*, p. 2.

[125] RORTY, *Philosophy and the mirror of nature*, p. 373.

No que se refere à empresa filosófica, os pragmáticos são nominalistas. Para eles, não há sentido intrínseco algum na palavra, que é simplesmente uma convenção, um uso regular de uma marca ou ruído. A linguagem, por sua vez, é uma ferramenta que os seres humanos utilizam como marcas e ruídos para obter o que desejam.[126]

O pragmatismo de Rorty tem implicações significativas para o empreendimento científico. Citando Thomas Kuhn e John Dewey, ele propõe que abandonemos a idéia de que o objetivo da ciência seja a produção de modelos que correspondam perfeitamente à realidade. Em vez disso, devemos entender que o discurso científico é simplesmente um vocabulário entre tantos outros. Nossa pergunta deve ser: "Que vocabulário funciona melhor para o propósito que temos em vista?"[127]

Esse tipo de pragmatismo motiva também Rorty a punir Heidegger e Derrida por procurarem escapar da "tradição onto-teo-lógica" da filosofia ocidental. De maneira tipicamente pragmática, ele propõe que, em vez de nos desfazermos da tradição *in toto*, devíamos procurar descobrir quais "partes" dela podem ser úteis em algum dos propósitos atuais.[128]

Pragmatismo Pós-Moderno

Rorty, porém, não está meramente vestindo com trajes novos o velho pragmatismo. Ele confere uma nuança caracteristicamente pós-moderna à tradição iniciada por Dewey e outros.

Ao promover a noção de que nossas afirmações são verdadeiras na medida em que se harmonizam com todo o nosso sistema de crenças, ele não chega ao ponto de defender a idéia de que podemos alcançar

---

[126] RORTY, "Is Derrida a transcendental philosopher?" in: *Essays on Heidegger and others*, p. 126.
[127] RORTY, "Method, social science, and social hope", in: *The consequences of pragmatism*, p. 193.
[128] RORTY, "Deconstruction and circumvention", in *Essays on Heidegger and others*, p. 87.

um sistema de crenças com perfeita consistência interna. Do mesmo modo como não temos acesso a uma perspectiva externa ao mundo, também não temos acesso a uma perspectiva de racionalidade ou moralidade objetivas fora de nosso vocabulário particular historicamente condicionado, com base no qual possamos julgá-lo.[129]

À semelhança dos herdeiros da nova lingüística, Rorty tem como certa "a relatividade do caráter de coisa para a escolha da descrição".[130] As propriedades não são inerentes aos objetos isoladamente; pelo contrário, as propriedades de uma coisa dependem da linguagem que usamos para descrevê-las. Rorty admite prontamente que, no fim, a verdade torna-se, essencialmente, verdade *para nós*.[131]

O pragmatismo pós-moderno de Rorty não apresenta nenhuma diferença epistemológica entre a verdade sobre o que deve ser e a verdade sobre o que é. Tampouco admite ele qualquer diferença metafísica entre moralidade e ciência. Para ele, a ética e a física são igualmente objetivas. Rorty recusa-se a assentir à tendência moderna de elevar os cientistas à categoria de pessoas mais objetivas, lógicas, metódicas ou devotadas à verdade do que as demais. Para ele, há somente um motivo para elevar a ciência acima de todas as disciplinas especializadas: as instituições científicas são modelos para o restante da cultura de tolerância (ou "acordo não-obrigatório") e da solidariedade humana.[132]

O nivelamento das ciências naturais com as ciências humanas dá um tom pós-moderno ao nominalismo de Rorty. Juntamente com outros representantes dessa longa tradição, ele considera a linguagem como uma ferramenta que usamos para satisfazer uma gama de desejos: comida, sexo, um entendimento sobre a origem do universo, uma percepção mais aprofundada da solidariedade humana e, possivel-

---

[129] RORTY, "The contingency of community", *London Review of Books*, 24 de julho de 1986, p. 10.
[130] RORTY, em sua introdução aos *Essays on Heidegger and others*, p. 4-5.
[131] RORTY, "The contingency of community", p. 10.
[132] RORTY, "Science as solidarity", in: *Objectivity, relativism, and truth*, p. 39.

mente, até mesmo uma identidade pessoal que se alcança pelo desenvolvimento de uma linguagem filosófica particular e autônoma. Rorty admite que um vocabulário único poderia servir a vários de nossos muitos objetivos, mas, bem ao estilo pós-moderno, ele questiona a existência de um "colossal metavocabulário" sob o qual pudéssemos agrupar todos os inúmeros tipos do discurso humano.

> É inútil indagar qual vocabulário está mais próximo da realidade, uma vez que diferentes vocabulários têm objetivos distintos, e não existe tal coisa como um propósito que esteja mais perto da realidade do que outro...Nada se diz quando...se afirma que o vocabulário empregado na predição do movimento de um planeta está mais próximo da realidade das coisas do que o vocabulário por meio do qual atribuímos a esse planeta uma influência astrológica. Pois, dizer que a astrologia está em desacordo com a realidade não *explica* o porquê de sua inutilidade; isto simplesmente ratifica tal fato segundo termos representativos enganosos.
>
> Richard Rorty em sua introdução ao livro de John P. Murphy
> *Pragmatism: from Peirce to Davidson*
> (Boulder, Westview Press, 1990, p. 3).

Não há motivo, segundo Rorty, para juntarmos na categoria de linguagem "todos os vários empregos de todas as marcas e ruídos que usamos para todos esses diversos propósitos".[133]

O "Eu" Pragmático e a Comunidade Humana

No contexto de seu elogio à ciência, Rorty introduz sua compreensão do eu e da comunidade. É neste ponto que as sensibilidades modernas de seu pensamento aparecem com maior nitidez.

---

[133] RORTY, "Is Derrida a transcendental philosopher?" p. 126-27.

Em primeiro lugar, Rorty une-se ao ataque pós-moderno ao conceito moderno do eu. Ele rejeita a visão cartesiana do eu como uma substância autônoma pensante, caracterizando-o, em vez disso, como uma teia de crenças e de desejos, sem um centro definido e em constante mutação, que produz ação.[134]

Além disso, Rorty rejeita a busca kantiana pelo eu humano universal, que, freqüentemente, toma a forma de uma procura por uma imagem coerente capaz de adequar-se à espécie a que pertencemos como um todo... Em vez disso, ele nos estimula a moldarmos uma identidade pessoal coerente para nós mesmos que possa servir como fundamento para nosso comportamento.[135] Podemos apressar essa tarefa se considerarmos nossa vida como episódios situados na esfera maior das narrativas históricas.

Quando Rorty introduz o conceito de "narrativa" no contexto de nossa procura por um sentido pessoal de identidade, ele nos dá uma indicação da dimensão estritamente sociocultural em que situa o indivíduo (bem como a verdade). O fato é que Rorty tem plena convicção de que o modo como pensamos e agimos está totalmente contaminado pelo contexto temporal e cultural em que vivemos. Conseqüentemente, ele propõe uma visão "etnocêntrica" da justificação das reivindicações da verdade.[136] Para ele, o indivíduo não pode ultrapassar os procedimentos de justificação de sua sociedade. Tudo o que dizemos sobre a verdade ou a racionalidade faz parte da compreensão e dos conceitos específicos da sociedade em que vivemos.[137]

Rorty, porém, preocupa-se menos em formular um fundamento filosófico para uma visão social do eu e mais em combater aquilo que para ele é a tendência inútil da filosofia e da cultura ocidentais: a

---

[134] Ver a introdução de Rorty a *Essays on Heidegger and others*, p. 1; e *Objectivity, relativism, and truth*, p. 93. Ver também "The contingency of selfhood", cap. 2 de *Contingency, irony, and solidarity*.

[135] RORTY, "Freud and moral reflection", in: *Essays on Heidegger and others*, p. 162.

[136] RORTY, "Solidarity or objectivity", p. 23.

[137] RORTY, "Science as solidarity", p. 11.

suposição de que o eu conhecedor possa ocupar uma posição externa à teia e ao fluxo de nosso contexto histórico. Os "platonistas" ocidentais afirmam que a realidade é, em última análise, não-histórica e não-humana por natureza, diz ele. Em seu erro, eles imaginam ser capazes de transcender o vocabulário e as práticas de seu próprio tempo, descobrindo assim a "verdade" universal, eterna, necessária e não-histórica. Ao buscar a resposta a perguntas tais como "Por que devo acreditar que as coisas em que creio são verdadeiras?" e "Por que devo fazer o que acredito ser o correto?" eles acham necessário recorrer a absolutos que vão além das razões rotineiras e concretas sobre as quais assentam seu contexto histórico e social.[138]

Rorty menciona uma série de métodos propostos por pensadores ocidentais com o objetivo de alcançar o reino da verdade eterna. Os cristãos propõem que busquemos estar afinados com a voz de Deus no coração. Os cartesianos tentam esvaziar a mente de toda proposição duvidosa até descobrirem aquilo de que não se pode duvidar. Os discípulos de Kant atentam para a estrutura fundadora da inquirição, da linguagem e da vida social.

Rorty evita todas essas tentativas. Para ele, é impossível encontrar um ponto inicial para nosso discurso que esteja situado além da contingência de nosso próprio contexto temporal. Especificamente, ele argumenta que não é possível erguermo-nos acima das comunidades humanas.[139] Assim sendo, ele nos adverte contra todas as tentativas de revestir qualquer interpretação com um caráter de autoridade eterna e universal.[140]

Todavia, em vez de lamentar a perda de um ponto estratégico transcendental, Rorty dá as boas-vindas a esse novo estado de coisas. É proveitoso, diz ele, porque edifica nossa percepção comunitária. Na medida em que reconhecemos a contingência dos pontos de partida, damo-nos conta de que o legado que recebemos de nossos

---

[138] RORTY, "Pragmatism", in: *The consequences of pragmatism*, p. 165.
[139] RORTY, "Science as solidarity", p. 38.
[140] RORTY, "Freud and moral reflection", p. 163.

semelhantes e o diálogo que mantemos com eles é nossa única fonte de orientação.[141]

> Se abrirmos mão dessa esperança [de nos tornarmos uma máquina devidamente programada], perderemos aquilo a que Nietzsche chamou "conforto metafísico", porém, é bem provável que ganhemos uma sensibilidade comunitária renovada. Nossa identificação com a comunidade a que pertencemos — nossa sociedade, nossa tradição política, nossa herança intelectual — aumenta quando passamos a ver essa comunidade como *nossa* e não como pertencente à *natureza*, moldada e não *fundada*, como uma dentre as muitas que os seres humanos construíram. Por fim, dizem-nos os pragmáticos, o que conta é nossa lealdade e adesão a outros seres humanos em meio à escuridão, e não a esperança de que as coisas entrem num rumo certo.
>
> Richard RORTY, "Pragmatism", in: *The consequences of pragmatism* (Minneapolis, University of Minnesota Press, 1982, p. 166).

Rorty argumenta que a conscientização desse fato pode nos ajudar a passar da confrontação para o diálogo em nossas contínuas investigações.[142]

Por trás da rejeição de Rorty a qualquer ponto de partida inicial para o saber e a verdade, encontramos uma rejeição de amplas conseqüências da busca por uma teoria do conhecimento (i.e., por uma epistemologia). Ao menos desde o Iluminismo, a filosofia tem sido motivada pela crença de que, a despeito das evidentes diferenças e das opiniões conflitantes de cada ser humano, estamos, não obstante isso, unidos por uma racionalidade comum subjacente. Impelidos

---

[141] RORTY, "Pragmatism", p. 165.
[142] RORTY, *Philosophy and the mirror of nature*, p. 163.

por essa crença, os filósofos têm procurado estabelecer um quadro neutro de referencial fixo para julgarem o discurso humano; trata-se de uma teoria do conhecimento que traz à tona a racionalidade oculta de que nós todos compartimos.

Rorty, entretanto, opõe-se a todo fundamento. Ele não aceita a idéia de que o filósofo possa determinar os "princípios primeiros" ou os cânones da racionalidade capazes de proverem o fundamento para nossa descoberta da verdade e do conhecimento preciso. Não podemos extrair um fundamento para o discurso humano, diz Rorty, recorrendo à natureza dos objetos de nossa investigação, à mente, ou às regras da linguagem. O empreendimento do saber erudito já não é mais dirigido por limitações objetivas extraculturais. Simplesmente não podemos submeter o discurso humano a uma série de regras da racionalidade: não há nenhum conjunto de regras transcendentais capaz de nos auxiliar a determinar como dirimir declarações conflitantes.[143]

Não devemos buscar um fundamento objetivo e externo para a inquirição humana em torno da verdade, diz Rorty; temos tão-somente de nos conformar às limitações que resultam de nossas conversações com nossos parceiros de investigação.[144] As únicas diretrizes válidas para nós são as da comunidade a que pertencemos. O único fundamento que jamais poderemos constituir é o toma-lá-dá-cá do diálogo entre as interpretações rivais. O objetivo peculiar à filosofia não consiste em revelar a verdade objetiva, mas em preservar a discussão entre essas interpretações conflituosas.[145]

Avesso a todo fundamento, Rorty advoga a passagem da epistemologia para a hermenêutica.[146] Ao proclamar o abandono da busca por uma teoria universal do conhecimento em prol da participação num diálogo contínuo, Rorty revela-se herdeiro de uma trajetória iniciada por Schleiermacher e Dilthey, passando por Heidegger e

---

[143] RORTY, *Philosophy and the mirror of nature*, p. 315-17.
[144] RORTY, "Pragmatism", p. 165.
[145] RORTY, *Philosophy and the mirror of nature*, p. 377.
[146] RORTY, *Philosophy and the mirror of nature*, p. 315-16.

Gadamer chegando até Foucault e Derrida. Rorty complementa a virada pós-moderna do conhecimento para a interpretação. Em meio ao barulho dissonante dessas interpretações concorrentes, ele insiste em que o filósofo já não pode mais bancar o árbitro neutro. O filósofo pós-moderno pode apenas "execrar a noção de ter um ponto de vista ao mesmo tempo em que evita ter um ponto de vista sobre pontos de vista".[147]

O Novo "Utopismo"

O ataque de Foucault à "ordem das coisas" inaugura um estado de sítio permanente a favor do "conhecimento subjugado". A investida de Derrida contra os bastiões do logocentrismo deixa-nos em posição de fazer pouco mais do que lidar com a ansiedade produzida pela vida num mundo sem centro definido. Diferentemente das implicações aparentemente sombrias de outros filósofos, o pragmatismo de Rorty parece agradavelmente esperançoso. Contrariamente à antiutopia de Derrida e à utopia negativa de Foucault, Rorty conduz seus seguidores a um novo utopismo pós-moderno.

    O utopismo de Rorty torna-se manifesto em sua rejeição inflexível ao relativismo que seus críticos freqüentemente lhe atribuem. Ele nega categoricamente que a substituição da idéia de fundamento por uma compreensão que traga implícita a "verdade" no seio da comunidade deságüe num relativismo autonegador. Para ele, não temos escolha, a não ser começar dentro das redes sociais em que nos encontramos e nas comunidades com as quais nos identificamos atualmente. Ele repudia, porém, a idéia de que isto torne uma determinada comunidade tão boa quanto outra qualquer. Na verdade, ele argumenta que se adotarmos esse tipo de relativismo, estaremos adotando, implicitamente, a própria instância contra a qual nos adverte: a suposição de que podemos nos elevar acima da história e reivindicar a posse da

---

[147] RORTY, *Philosophy and the mirror of nature*, p. 371.

onisciência divina em relação ao mundo. Só Deus poderia chegar à conclusão de que todas as comunidades são igualmente boas.[148]

Embora o utopismo de Rorty apareça claramente em sua negação do relativismo, sua base acha-se em outro lugar. Rorty é um filósofo utópico porque crê que a inquirição conduza a um alvo positivo e que esse alvo possa ser atingido mesmo numa era pós-moderna. Ele define essa meta como a "obtenção de uma mistura bem equilibrada de assentimento espontâneo com discordância tolerante".

Rorty advoga o tipo de pluralismo cultural eficaz em conformidade com o espírito de tolerância que tornou possível a existência das democracias constitucionais. Ele afirma que esse pluralismo cultural só será possível na medida em que as instituições públicas permanecerem neutras em relação às questões fundamentais em torno do propósito da existência humana.[149] Fiel, porém, à sua visão etnocêntrica da verdade, Rorty volta-se para a comunidade social para determinar, por tentativa e erro, o que deve ser levado em conta na "mistura bem equilibrada" entre concordância e discordância na esfera desse pluralismo.[150]

Rorty confia que a empresa pragmática pode libertar nossa sociedade dos fantasmas que a possuem no presente. Seguindo o programa pragmático, diz ele, poderíamos deixar de lado não somente o modelo de correspondência como também o modelo sujeito-objeto da investigação e o modelo "pai-filho" da obrigação moral.[151]

Como verdadeiro utópico, Rorty já vê sinais do alvorecer do paraíso pragmático. Ele acolhe de bom grado a obra dos pós-modernos europeus, inclusive a ofensiva de Derrida contra o essencialismo e o logocentrismo. Para Rorty, o pragmatismo e a filosofia da Europa continental estão empenhadas numa mesma missão — ou seja, a demolição da concepção reinante de filosofia. Ambos concordam que a filosofia não dispõe da habilidade de tomar decisões sobre assuntos

---

[148] RORTY, "Postmodernist bourgeois liberalism", p. 202.
[149] RORTY, "DE Man and the american cultural left", p. 133.
[150] RORTY, "Science as solidarity", p. 16-17.
[151] RORTY, "Science as solidarity", p. 17-18.

de significado máximo para a vida humana; em outras palavras, o filósofo não é um "supercientista".[152]

Para Rorty, a investida contemporânea contra a visão moderna é simplesmente o último estágio de um desenvolvimento gradual e contínuo de nossa compreensão sobre o relacionamento que temos com o resto do universo, uma trajetória que levou da adoração aos deuses à adoração de sábios, e destes, à adoração de investigadores empíricos da ciência. Ele espera, porém, que essa trajetória nos leve um pouco mais adiante: sua esperança é que seremos capazes de nos livrar da adoração a qualquer coisa que seja.[153]

Sua devoção a esse objetivo está por trás de sua crítica à tentativa do cientista natural de assumir a função deixada vaga pelo filósofo. Na sociedade ideal do pragmático, o papel do supercientista jamais deve ser preenchido.[154]

Para Rorty, não importa que tenhamos de sacrificar algo de valor para que a utopia pragmática possa ser alcançada. Ele vê apenas benefícios no desabrochar pleno do pluralismo cultural. Depois de extintos os "altares elevados", segundo Rorty, os aspectos totais da cultura se multiplicarão — galerias, vitrinas de livrarias, filmes, concertos, museus. Estaremos deixando para trás nada mais do que uma disciplina ou prática central privilegiada.[155]

---

[152] RORTY, "Pragmatism without method", in: *Objectivity, relativism, and truth*, p. 75.
[153] RORTY, "DE Man and the american cultural left", p. 132.
[154] RORTY, "Pragmatism", p. 75.
[155] RORTY, "DE Man and the american cultural left", p. 132-33.

O EVANGELHO E O CONTEXTO PÓS-MODERNO
CAPÍTULO SETE

OS EVANGÉLICOS TÊM LAÇOS MUITO PRÓXIMOS COM A MODERNIDADE. FILHO DA REFORMA, do pietismo e dos "espirituais" despertamentos, o movimento evangélico nasceu nos primórdios do período moderno. No caso norte-americano, ele atingiu a maturidade em meados do século XX — no auge da era moderna.

Como pensadores modernos, os evangélicos sempre utilizaram os instrumentos da modernidade, tais como o método científico, a abordagem empírica da realidade e o realismo do senso comum.[1] Todavia, essas ferramentas tornaram-se sobremodo importantes no século XX, à medida que os intelectuais evangélicos procuravam entender e dar expressão ao evangelho com olhos voltados para o desafio colocado pela cosmovisão da modernidade tardia — o secularismo.

Os evangélicos do século XX têm se empenhado com muita energia na tarefa de demonstrar a credibilidade da fé cristã a uma cultura que glorifica a razão e deifica a ciência. O modo como apresentam o evangelho, freqüentemente, tem sido acompanhado de uma apologética racional que recorre a provas para demonstrar a existência de

---

[1] George M. MANDEN, "Evangelicals, history, and modernity", in: *Evangelicalism and modern America*, ed. por George M. Marsden (Grand Rapids, William B. Eerdmans, 1984, p. 98).

Deus, a confiabilidade da *Bíblia* e a historicidade da ressurreição de Jesus. As teologias sistemáticas dos evangélicos, de maneira geral, têm privilegiado o conteúdo proposicional da fé, na tentativa de produzir uma apresentação lógica da doutrina cristã. Resumindo, os evangélicos modernos saíram-se bem ao desenvolverem uma visão da fé cristã em conformidade com a sociedade da série clássica de *Jornada nas estrelas*.

Agora, porém, estamos rumando para um contexto novo. O mundo ocidental — da cultura "pop" à acadêmica — está se desfazendo dos princípios do Iluminismo que contribuíram para com o fundamento da modernidade. Estamos entrando em uma era pós-moderna.

O espírito pós-moderno exerce uma influência muito importante sobre a nova geração — entre jovens adultos que encaram com naturalidade a era da informação, os inúmeros canais de TV a cabo e a MTV. Essa geração foi criada num contexto cuja conformação foi obra muito mais de *Jornada nas estrelas: a nova geração* e seus sucedâneos do que da série clássica. Nesse contexto, a suspeita de Foucault com relação a toda "ordem presente", o questionamento de Derrida à razão pela razão e o pragmatismo radical de Rorty incorporaram-se à linguagem cotidiana das pessoas, mesmo daquelas que nunca ouviram os nomes desse gurus filosóficos da cultura pós-moderna.

A passagem do território familiar da modernidade para o terreno desconhecido da pós-modernidade tem sérias implicações para os que procuram viver como discípulos de Cristo nesse novo contexto. É preciso que ordenemos nosso pensamento segundo as ramificações das mudanças fenomênicas em desenvolvimento na sociedade ocidental, de modo que possamos compreender a fé cristã e saibamos como apresentar o evangelho à nova geração.

De que forma, portanto, devemos fazer frente ao espírito intelectual do mundo pós-moderno em ascensão? Para facilitar a reflexão sobre esse assunto, gostaria de concluir minha pesquisa acerca do pós-modernismo com uma avaliação do fenômeno pós-moderno.[2]

---

[2] Para uma discussão do movimento evangélico e dos contornos futuros da teologia evangélica, ver meu livro *Revisioning evangelical theology* (Downers Grove, Ill. InterVarsity Press, 1993).

A Crítica Pós-moderna do Modernismo

Conforme já observei diversas vezes ao longo deste livro, a busca pela ruptura com o projeto iluminista da modernidade é inerente ao pós-modernismo. Não importa no que se transforme o pós-modernismo no fim das contas, no início, foi ele uma rejeição à mentalidade moderna que se desenvolveu na esfera da modernidade. Em conformidade com essa orientação — em grande medida negativa —, essa rejeição do passado imediato, os intelectuais pós-modernos, de modo geral, não procuram apresentar novas propostas construtivas de quaisquer tipos que sejam. Seu objetivo primordial tem sido o de estabelecer uma crítica contundente ao projeto do Iluminismo com base nos princípios de suas próprias teorias.

De que forma devemos avaliar essa crítica?

Tomada de Posição:
Não à Rejeição da Metanarrativa

Os cristãos que se defrontam pela primeira vez com as idéias de pensadores como Foucault, Derrida e Rorty tendem a recuar horrorizados diante da possibilidade de que o projeto iluminista tenha ido longe demais.

Em relação a um aspecto importante do programa pós-moderno, tal sentimento justifica-se. O pós-modernismo pôs de lado a verdade objetiva, ao menos o entendimento clássico a seu respeito. Foucault, Derrida e Rorty opõem-se ao princípio epistemológico que, há séculos, reina absoluto — a teoria da correspondência da verdade (a crença de que a verdade consiste na correspondência entre proposições e o mundo "lá fora"). Essa rejeição da teoria da correspondência conduz não somente ao ceticismo, que solapa o conceito de verdade objetiva de modo geral; ela mina também as reivindicações cristãs de que nossas formulações doutrinárias apresentam a verdade objetiva.

O choque do pós-modernismo com os postulados cristãos desenrola-se num nível mais profundo do que o do debate acerca da teoria epistemológica que devemos adotar. O desespero pós-moderno, no que se refere à busca pela descoberta da verdade total, é algo mais radical do que a rejeição da teoria da correspondência. Na verdade, o espírito pós-moderno resulta da suposição de que não existe um todo unificado a que possamos chamar "realidade". Os pensadores pós-modernos abandonaram a busca pela verdade universal e final porque estão convencidos de que não há nada mais a descobrir exceto uma miríade de interpretações conflitantes ou uma infinidade de mundos criados pela linguagem.

O abandono da crença na verdade universal implica a perda de todo critério final, graças ao qual podem-se avaliar as várias interpretações da realidade que se entrechocam na esfera intelectual contemporânea. Nesse caso, todas as interpretações humanas — inclusive a cosmovisão cristã — são igualmente válidas porque todas são igualmente inválidas. (De fato, como adjetivos que descrevem objetivamente as interpretações, *válido* e *inválido* tornam-se palavras sem sentido.) No máximo, dizem os pós-modernos, podemos julgar essas interpretações somente com base em padrões pragmáticos, ou seja, com base "naquilo que funciona".

O ceticismo pós-moderno, portanto, deixa-nos num mundo que se caracteriza por uma luta sem fim contra as interpretações rivais. Ele nos coloca numa situação que faz lembrar a guerra de Hobbes contra todos.

Nosso compromisso para com o Deus revelado em Cristo obriga-nos a resistir ao menos a um aspecto ou a um desdobramento do ceticismo radical do pós-modernismo: a perda de um "centro".

Como cristãos, só podemos nos permitir acompanhar Derrida até um certo ponto, por exemplo, em sua luta incansável contra a "metafísica da presença" e o "logocentrismo". Diferentemente do pensamento pós-moderno, cremos que a realidade possui um centro unificador. Mais especificamente, reconhecemos em Jesus de Nazaré, a Palavra eterna presente em nosso meio, a manifestação desse centro.

Em outras palavras, podemos dizer que, em virtude de nossa fé em Cristo, não podemos afirmar que o princípio central do pós-modernismo seja, conforme a definição de Lyotard, a rejeição à meta narrativa. Podemos acolher com simpatia a conclusão de Lyotard quando aplicada à preocupação principal de sua análise — ou seja, a empresa científica. Na verdade, é possível viver muito bem sem mitos tais como o do progresso do saber. Todavia, não podemos assentir à extensão da tese de Lyotard à realidade como um todo.

Nosso mundo é mais do que uma coleção de narrativas locais e conflitantes. Contrariamente às implicações da tese de Lyotard, cremos firmemente que as narrativas locais das diversas comunidades humanas encaixam-se perfeitamente numa única e grandiosa narrativa: a história da humanidade. Existe uma única metanarrativa que abarca todos os povos de todas as épocas.

Como cristãos, declaramos conhecer essa narrativa magnífica. Trata-se da história da ação de Deus na história para a salvação da humanidade decaída e a finalização das intenções de Deus com relação à criação. Proclamamos corajosamente que o enfoque dessa metanarrativa é a história de Jesus de Nazaré, o qual, testificamos, é o Filho encarnado, a segunda Pessoa do Deus Trino.

Os pensadores pós-modernos chamam com razão nossa atenção para a ingenuidade da tentativa iluminista de descobrir a verdade universal recorrendo tão-somente à razão. Em última análise, a metanarrativa que proclamamos ultrapassa os limites da razão a ser descoberta ou avaliada. Portanto, concordamos que, neste mundo, testemunharemos a luta entre as narrativas conflitantes e as interpretações da realidade. Devemos, porém, acrescentar que, embora todas as interpretações sejam, de certo modo, inválidas, não são inválidas todas elas *igualmente*. Cremos que as interpretações conflitantes podem ser avaliadas segundo um critério que, de algum modo, transcende a todas elas. É nossa crença que "a Palavra fez-se carne" em Jesus Cristo, por isso estamos convictos de que esse critério é a história da ação de Deus em Jesus de Nazaré.

Resumindo, não podemos simplesmente permitir que o cristianismo seja relegado ao *status* de mais uma fé entre outras. O evangelho é, em sua essência, uma mensagem missionária em expansão. Cremos não somente que a narrativa bíblica faz sentido para *nós*, como é também mensagem de boas-novas para *todos*. Ela proporciona a satisfação dos desejos e das aspirações de todos os povos. Ela incorpora *a* verdade — a verdade de toda a humanidade e para toda a humanidade.

Uma Posição em Comum:
A Rejeição da Epistemologia Iluminista

Como cristãos, devemos nos opor à rejeição pós-moderna da metanarrativa. Simplesmente não compartilhamos do desespero pela perda da universalidade que conduz ao ceticismo radical da era em ascensão. Ao mesmo tempo, não devemos permitir que nosso "Não!" bem sonoro ao pós-modernismo nessa questão fundamental nos cegue quanto à validade de sua crítica à modernidade. Pelo contrário, uma investigação mais aprofundada do fenômeno deveria nos convencer de que estamos fundamentalmente de acordo com a rejeição pós-moderna da mentalidade moderna e sua epistemologia de cunho iluminista.[3]

Conforme observamos anteriormente, a modernidade ergue-se sobre a suposição de que o saber é certo, objetivo e bom. O pós-modernismo rejeita essa suposição. Infelizmente, os evangélicos aceitam, com muita freqüência e de modo acrítico, a visão moderna do saber, apesar do fato de que a crítica pós-moderna, em determinados pontos, seja mais conforme aos pontos de vista teológicos do cristianismo.

A Certeza do Conhecimento

O pós-modernismo questiona a pressuposição do Iluminismo de que o conhecimento seja preciso e de que o critério para a certeza repousa em nossas capacidades racionais humanas.

Semelhantemente, a fé cristã implica a negação de que o método racional e científico seja a única medida da verdade. Afirmamos que certos aspectos da verdade encontram-se fora da esfera da razão e não

---

[3] Diversos evangélicos expressaram recentemente sua simpatia pelo pós-modernismo. Ver, e.g., "Two cheers for postmodernism", de Jonathan Ingleby, *Third way* 15 (maio de 1992): 25.

podem ser por ela perscrutados. Nas palavras de Blaise Pascal: "O coração tem razões que a própria razão desconhece".

Além disso, os cristãos assumem uma postura cautelosa e até mesmo desconfiada em relação à razão humana. Sabemos que em decorrência da queda da humanidade, o pecado é capaz de cegar a mente humana. Estamos conscientes de que a obediência ao intelecto, às vezes, pode nos desviar de Deus e da verdade.

A Objetividade do Conhecimento

Do mesmo modo, é louvável o questionamento pós-moderno da suposição iluminista de que o saber é objetivo e, portanto, desapaixonado.

Conforme já pudemos ver, a epistemologia moderna foi edificada sobre o encontro do eu cartesiano com o universo de Newton como objeto externo. Todavia, diferentemente do ideal moderno do observador desapaixonado, afirmamos a realidade da descoberta pós-moderna, segundo a qual nenhum observador pode ficar de fora do processo histórico. Tampouco podemos ter acesso a um saber universal e culturalmente neutro na qualidade de especialistas não-condicionados. Pelo contrário, somos participantes de nosso contexto histórico e cultural, e todos os nossos esforços intelectuais estão, inevitavelmente, condicionados por essa participação.

Os epistemologistas pós-modernos, na verdade, estão fazendo eco a Agostinho quando asseveram que nossas convicções pessoais não somente ornamentam nossa busca pelo saber como também facilitam o processo da compreensão.

O Saber como Algo Bom

Finalmente, podemos ratificar a rejeição pós-moderna à suposição do Iluminismo de que o saber seja inerentemente bom.

Os acontecimentos do século XX testemunham de maneira pungente o fato de que, apesar de seus benefícios, a explosão do saber não produzirá a utopia. Os avanços tecnológicos tornam possível não apenas o advento do bem, como o do mal. Um exemplo óbvio disso é a divisão do átomo. Essa descoberta abriu a porta para o Armagedom nuclear e gerou um novo tipo de lixo não-descartável. Tudo o que podemos fazer é imaginar os efeitos terríveis que advirão das investigações sobre a estrutura genética humana.

A compreensão cristã da situação humana dispõe de fundamento próprio para a rejeição da suposição do Iluminismo de que o saber é bom e que isto lhe é inerente. Cremos que o problema humano seja uma questão, não de mera ignorância, mas também de vontade mal direcionada. Para nós, o mito do saber que expulsa a ignorância e traz a era de ouro está calcada numa perigosa meia-verdade. Não precisamos ser salvos apenas de nossa ignorância, é preciso que passemos também por uma renovação e por um redirecionamento de nossa vontade.

Contornos de um Evangelho Pós-moderno

Uma parte da vocação cristã consiste em avaliar todos os novos espíritos característicos que moldam a cultura na qual Deus chama os crentes para viverem como povo seu. Um dos objetivos dessa tarefa consiste em equipar a igreja de modo que ela expresse claramente o evangelho e o encarne no contexto daquela cultura. Atualmente, somos desafiados a viver em conformidade com nosso compromisso cristão em meio a uma cultura e a proclamar o evangelho a uma geração que, cada vez mais, é pós-moderna em seu modo de pensar.

Essa ordem exige que exploremos os contornos do evangelho num contexto pós-moderno. Que ênfases bíblicas relativas à obra redentora de Deus soam conformes aos desejos e preocupações da geração em ascensão? De que modo podemos expressar o evangelho mediante as categorias do novo contexto social?

A situação pós-moderna exige que encarnemos o evangelho de modo *pós-individualista, pós-racionalista, pós-dualista e pós-noeticêntrico*.

Um Evangelho Pós-individualista

Em primeiro lugar, uma expressão pós-moderna do evangelho cristão será de caráter pós-individualista.

Uma das marcas da modernidade é a promoção do indivíduo. O mundo moderno é individualista, um reino da pessoa humana autônoma dotada de direitos que lhe são inatos.

Esse enfoque moderno corresponde a certas dimensões centrais do ensino escriturístico. Conseqüentemente, não devemos perder totalmente a ênfase na importância da pessoa humana individual como indicadora de modernidade. Na verdade, devemos ter sempre em vista os temas bíblicos do cuidado de Deus para com cada pessoa, a responsabilidade de todo ser humano diante de Deus e a orientação individual que faz parte da mensagem de salvação.

Além disso, os exemplos de totalitarismo do século XX são lembretes marcantes de que devemos nos opor continuamente à tirania do coletivo em suas diversas formas.

Todavia, embora conservemos a ênfase individual em nossas apresentações do evangelho, devemos nos libertar do individualismo radical que veio a caracterizar a mentalidade moderna. É preciso que afirmemos, em coro com os pensadores pós-modernos, que o saber — inclusive o que se refere a Deus — não é simplesmente objetivo, descoberto meramente pelo eu conhecedor neutro.

Neste ponto podemos aprender com os eruditos contemporâneos que advogam a vida em comunidade e que uniram-se ao ataque pós-moderno à fortaleza epistemológica do modernismo. Eles rejeitam o paradigma moderno com seu enfoque no sujeito auto-reflexivo, autodeterminante e autônomo que se situa fora de toda tradição ou comunidade. Em seu lugar, os novos adeptos da vida comunitária apresentam uma alternativa construtiva: o indivíduo-no-interior-da-comunidade.

Os comunitários assinalam o papel inevitável da comunidade ou da rede social na vida da pessoa humana. Eles dizem, por exemplo, que a comunidade é essencial no processo do conhecimento. Os indivíduos somente se aproximam do saber por meio de uma estrutura cognitiva mediada pela comunidade da qual participam. De modo semelhante, a comunidade de participação é essencial para a formação da identidade. Um sentido de identidade pessoal se desenvolve por intermédio da exposição de uma narrativa pessoal, a qual está sempre contida na história das comunidades das quais participamos.[4] A comunidade é mediadora de uma história transcendental que é comunicada a seus membros e que apresenta as tradições da virtude, do bem comum e do significado último.[5]

Devemos levar a sério as descobertas dos comunitários contemporâneos.[6] Eles estão ecoando o grande tema bíblico de que o objetivo do plano de Deus é o estabelecimento da comunidade em seu sentido mais elevado.

No mundo pós-moderno, não podemos mais seguir o caminho que nos aponta a modernidade, que situa o indivíduo no centro dos acontecimentos. Em vez disso, é preciso que nos lembremos de que nossa fé é altamente social. O fato de que Deus é a trindade social — Pai, Filho e Espírito — dá-nos uma certa indicação de que o propósito divino para a criação tem como alvo o inter-relacionamento do indivíduo. Nosso evangelho deve se dirigir à pessoa humana no contexto das comunidades a que ela pertence.

Tendo por foco a comunidade, o mundo pós-moderno nos estimula a reconhecer a importância da comunidade de fé em nossos esforços evangelísticos. Os membros da nova geração, geralmente, não se impressionam com nossas apresentações verbais do evangelho. O que desejam ver são pessoas que vivenciam o evangelho em relacionamentos integrais, autênticos e terapêuticos. Centrando-se no exemplo de Jesus e dos apóstolos, o evangelho cristão da era pós-moderna convidará outras pessoas a participarem da comunidade daqueles cujo alvo de lealdade maior é o Deus revelado em Cristo. Os participantes dessa comunidade procurarão atrair outros a Cristo incorporando o evangelho à comunhão de que partilham.

---

[4] Ver, *Habits of the heart: individualism and commitment in american life*, de Robert Bellah et al.(Berkeley and Los Angeles, University of California Press, 1985, p. 81).

[5] Por exemplo, "Confession and community: an Israel-like view of the church", de George A. Lindbeck, *Christian century*, de 9 maio de 1990, p. 495.

[6] Ver, e.g., "Human solidarity and collective union in Christ", de Daniel A. Helminiak, *Anglican theological review* 70 (janeiro de 1988): 37.

Um Evangelho Pós-racionalista

Além de pós-individualista, um expressão pós-moderna do evangelho cristão será também pós-racionalista.

Uma segunda marca da modernidade é a valorização da razão. O enfoque na argumentação lógica e no método científico livrou-nos de uma série de superstições que grassavam entre os povos pré-modernos. Esse enfoque equipou-nos também com as ferramentas necessárias à edificação da sociedade moderna, a qual oferece tantos benefícios a seus cidadãos.

A despeito dos desafios à fé que afligiam os cristãos na era da razão, o cristianismo conseguiu encontrar um lar no mundo moderno. Os evangélicos modernos contribuíram para com esse processo. Eles demonstraram detalhadamente que a fé cristã não é necessariamente irracional. Em resposta aos céticos modernos, declararam corajosamente que ninguém precisa cometer suicídio intelectual para se tornar cristão.

A incorporação pós-moderna do evangelho não deve se tornar antiintelectual e abandonar completamente o que foi ganho com o Iluminismo. Todavia, a crítica pós-moderna à modernidade apresenta-se como lembrete necessário de que nossa humanidade não consiste somente na dimensão cognitiva. Somos seres intelectuais, porém, somos mais do que simplesmente o "animal racional" de Aristóteles. É preciso reconhecer que a reflexão intelectual e a empresa científica, tão-somente, não nos podem colocar em contato com toda a dimensão da realidade ou conduzir-nos à descoberta de todos os aspectos da verdade divina.

Isto significa que não podemos simplesmente comprimir a verdade nas categorias de certeza racional que são típicas da modernidade. Em vez disso, ao entender e expressar a fé cristã, temos de dar espaço para o conceito de "mistério" —não como complemento irracional ao racional, mas como algo que nos lembra que a realidade fundamental de Deus transcende a racionalidade humana. Embora preserve a racionalidade, o apelo ao nosso evangelho não deve se limitar ao aspecto intelectual da pessoa humana. É preciso que ele compreenda outras dimensões de nosso ser também.

De fundamental importância para nossa tarefa de pensar segundo a fé num contexto pós-moderno é a obrigação de repensar a função das afirmações sobre a verdade ou proposições. Não devemos deixar de reconhecer a importância fundamental do discurso racional, porém, nossa compreensão da fé não deve se limitar à abordagem proposicional que nada mais vê na fé cristã a não ser a correção da doutrina ou a verdade doutrinária.

Os teóricos pós-modernos podem nos ajudar nisso. Esses pensadores estão tentando substituir o racionalismo de fundamento individualista do pensamento ocidental moderno por uma compreensão do conhecimento e da crença como elementos de constituição social e lingüística.[7] Assim procedendo, oferecem-nos *insights* muito úteis sobre o papel das proposições para nossas vidas.

Nenhuma experiência ocorre no vácuo; nenhuma transformação nos chega à parte de uma interpretação facilitada por conceitos — a "teia da crença" — que trazemos conosco. Pelo contrário, a experiência e os conceitos interpretativos relacionam-se reciprocamente. Nossos conceitos facilitam o entendimento das experiências que temos em vida; nossa experiência molda os conceitos interpretativos que empregamos ao falar sobre nossas vidas.

O âmago da experiência cristã é um encontro pessoal com Deus em Cristo que nos dá forma e expressão. Com base nesse encontro, procuramos acolher num todo inteligível os diversos fios de nossa vida pessoal recorrendo a certas categorias. Dentre estas, as mais importante são "pecado" e "graça", "alienação" e "reconciliação", "desamparo" e "poder divino", "estava perdido" e "agora fui salvo". É nesse contexto de vida assim entendida, no qual narramos a história de uma experiência religiosa transformadora, que as proposições doutrinárias tornam-se importantes. Portanto, o encontro com Deus em Cristo é facilitado e expresso em categorias de natureza proposicional. As categorias que formam o berço dessa experiência, por sua vez, formam a grade por meio da qual o crente passa a ver toda a vida.

---

[7] Ver "Confession and community", de Lindbeck, p. 495.

As proposições, por conseguinte, pode-se dizer que têm importância secundária. Servem tanto para a experiência da conversão quanto resultam de nosso *status* como crentes. Conseqüentemente, nosso objetivo ao proclamarmos o evangelho não deve se resumir a fazer com que outros concordem com uma lista de proposições corretas. Em vez disso, devemos empregar proposições teológicas tais como "pecado" e "graça" para que outros encontrem a Deus em Cristo e, em seguida, unam-se a nós na grandiosa jornada que busca compreender o significado daquele encontro para toda a vida.

O pós-racionalismo é uma das formas por meio da qual o evangelho pode se exprimir. Neste caso, a ênfase não recai mais sobre as proposições como conteúdo central da fé cristã. Em vez disso, leva-se a sério a compreensão dinâmica do papel da dimensão intelectual da experiência humana e nossas tentativas de compreender a vida.

Um Evangelho Pós-dualista

Em terceiro lugar, uma expressão pós-moderna do evangelho será também pós-dualista. É preciso que ele extraia coragem da crítica pós-moderna ao dualismo modernista para que se desenvolva um holismo bíblico.

O projeto iluminista ergueu-se com base na divisão da realidade em "mente" e "matéria". Esse dualismo fundamental afetou a visão iluminista da pessoa humana como "alma" (substância pensante) e "corpo" (substância física).

Não podemos negar que esse dualismo há muito tem influenciado o pensamento cristão. Os cristãos impregnados da perspectiva do Iluminismo freqüentemente dão expressão a um evangelho dualista. Sua preocupação principal, senão única, consiste em salvar "almas". É possível que cultivem um interesse secundário pelos "corpos", mas estão convencidos de que a dimensão física da pessoa humana não tem importância eterna.

Se, porém, vamos ministrar no contexto pós-moderno, devemos estar cientes de que a nova geração está cada vez mais interessada na pessoa humana como um todo. O evangelho que proclamamos deve se dirigir às pessoas humanas em toda a sua inteireza. Isto não significa dar mais ênfase, pura e simplesmente, aos aspectos emocionais e afetivos da vida juntamente com o aspecto racional. Pelo contrário, o evangelho que proclamamos implica a integração do aspecto emocional-afetivo, bem como físico-sensual, juntamente com o intelectual-racional, tendo em vista a pessoa humana como um todo. Em outras palavras, parafraseando *Jornada nas estrelas: a nova geração*, devemos estar dispostos a reconhecer que, em nosso interior, o Conselheiro Trói e Spock (ou Data) dependem um do outro.

O holismo cristão pós-moderno, porém, deve fazer mais do que unir novamente a alma e o corpo separados pelo Iluminismo. Conforme observamos anteriormente, nosso evangelho deve também situar a pessoa humana novamente no contexto social e ambiental que nos forma e nos nutre. Não devemos nos delongar unicamente no indivíduo em si mesmo, mas também no indivíduo como ser que se relaciona.

Nossa antropologia deve encarar com seriedade a verdade bíblica de que nossa identidade compreende um relacionamento com a natureza, com outros, com Deus e, conseqüentemente, com nós mesmos de maneira genuína. Todas essas ênfases são óbvias no ministério de nosso Senhor, que falou sobre as pessoas e a elas ministrou como seres integrais e que se relacionam.

Um Evangelho Pós-noeticêntrico

Finalmente, uma expressão pós-moderna do evangelho será também noeticêntrica. Isto é, nosso evangelho deve afirmar que o objetivo de nossa existência implica mais do que a mera acumulação de conhecimento. Temos de declarar que o objetivo da doutrina correta consiste em propiciar a obtenção da *sabedoria*.

O Iluminismo deu à humanidade um grande legado quando privilegiou o conhecimento. Ele concentrou os esforços humanos na busca por conhecimento, que passou a ser visto como algo inerentemente bom.

Na verdade, o conhecimento é *um* bem. Como herdeiros cristãos do Iluminismo, temos de centrar nossos esforços intelectuais na descoberta do conhecimento sobre Deus em suas várias formas. Podemos afirmar também que o pensar correto é um objetivo importante no processo de santificação, pois estamos convencidos de que as crenças corretas e as doutrinas corretas são vitais para a vida cristã.

Não devemos, porém, restringir nosso objetivo ao acúmulo de riqueza de conhecimento em si mesmo. Tampouco devemos nos iludir de que a posse do conhecimento — mesmo o conhecimento bíblico ou a doutrina correta — seja inerentemente boa. Paulo condenou terminantemente tais crenças entre os coríntios (1Co 8.1). O conhecimento é bom quando facilita a produção de um bom resultado — especificamente, quando fomenta a sabedoria (ou a espiritualidade) no conhecedor.

O evangelho cristão pós-noeticêntrico ressalta a relevância da fé em todas as dimensões da vida. Ela não permite de forma alguma que o comprometimento com Cristo estacione simplesmente num esforço intelectual, deixando que se transforme unicamente num assentimento a proposições ortodoxas. O comprometimento com Cristo deve também achar guarida no coração. Na verdade, o mundo pós-moderno dá-nos ocasião para que nos reapoderemos da velha crença pietista segundo a qual uma cabeça boa não tem valor se o coração também não for bom. O evangelho cristão cuida não somente da reformulação de nossos compromissos intelectuais, mas também da transformação de nosso caráter e da renovação de toda a nossa vida como crentes que somos.

Para isso, um evangelho pós-noeticêntrico estimula um ordenamento conveniente de ativismo e quietismo. Já não podemos mais obedecer à perspectiva moderna, que vê na atividade não dissimulada, na conduta ou em decisões específicas, o único parâmetro de espiritualidade. No fim, essa ênfase leva apenas a uma espiritualidade árida que acaba se deteriorando completamente. O espírito pós-moderno entende corretamente que o ativismo deve ser o resultado de recursos interiores. O evangelho pós-moderno nos fará lembrar de que seremos capazes de manter a ação correta somente quando ela fluir dos recursos do Espírito Santo, o qual nos renova continuamente em nossa pessoa interior.

Esse enfoque nos leva novamente ao papel auxiliar do conhecimento. As crenças são importantes porque moldam a conduta. Nossa estrutura fundamental de crença reflete-se em nossas ações. Como cristãos, portanto, devemos nos preocupar em obter conhecimento e nos manter apegados à doutrina correta *a fim de que* possamos atingir a sabedoria para a vida e assim agradar a Deus com nosso viver.

Na opinião de muitos, nossa sociedade está no limiar de uma transição monumental: da modernidade para a pós-modernidade. Seja como for, a geração em ascensão — os que pertencem ao mundo de *Jornada nas estrelas: A nova geração* e seus sucessores — está impreg-nada de muitos dos aspectos da mente pós-moderna. Nossa tarefa não consiste em defender o modernismo, fazendo com que a maré atual favoreça novamente o Iluminismo. Pelo contrário, somos chamados para compreender o novo clima intelectual segundo a ótica cristã.

Esse projeto implica a utilização das ferramentas da nossa fé para avaliar os pontos fortes e fracos do espírito pós-moderno. O pós-modernismo têm muitas deficiências em diversas áreas. Portanto, não devemos simplesmente "acompanhar os novos tempos" e abraçar acriticamente a última moda intelectual. Ao mesmo tempo, o envolvimento crítico com o pós-modernismo não pode terminar com uma rejeição simplista de todo o seu espírito. Nossas reflexões críticas devem nos levar a determinar os contornos do evangelho que falará aos corações dos indivíduos pós-modernos. Devemos nos envolver com o pós-modernismo para que possamos discernir a melhor maneira de expressar a fé cristã para a próxima geração.

O evangelho de Jesus Cristo foi proclamado em todas as eras com poder para converter os corações humanos. Hoje em dia, o evangelho é a resposta para os anseios da geração pós-moderna. Nossa missão como discípulos de Cristo consiste em encarnar e expressar as boas novas eternas de salvação de modo que a nova geração possa compreendê-las. Somente desse modo poderemos nos tornar veículos do Espírito Santo, possibilitando assim às pessoas experimentarem o mesmo encontro transformador com o Deus trino de quem toda a nossa vida extrai significado.

BIBLIOGRAFIA

ARTAUD, Antonin. *O teatro e seu duplo*. São Paulo, Martins Fontes, 1993.
BAYNES, Kenneth; BOHMAN, James & MCCARTHY, Thomas. *After philosophy:* end of transformation? Cambridge, MIT Press, 1987.
BECKER, Carl L. *The heavenly city of the eighteenth-century philosophers*. New Haven, Yale University Press, 1932.
BELLAH, Robert et alli. *Habits of the heart: individualism and commitment in Americans life*. Berkeley/Los Angeles, University of California Press, 1985.
BENAMOU, Michael e CARAMELLO, Charles (eds.) *Performance culture*. Milwaukee, Center for Twentieth Century Studies, University Wisconsin Press, 1977.
BENJAMIN, Walter. *Illuminations*. Trad. Harry Zohn. London: Fontana, 1970.
BENVENISTE, Emile. *Problems in general linguistics*. Trad. Mary Elizabeth Meek. Coral Gables, University of Miami Press, 1971.
BERLIN, Isaiah. *The age of enlightenment*. New York, Mentor Books, 1956.
CLIVE, Geoffrey. *The philosophy of Nietzsche*. New York, Mentor Books, 1965.
COLLINS, Anthony. *A discourse of the grounds and reasons of the Christian religion*. New York, AMS Press, 1992.
CONNOR, Steven. *Postmodernist culture*. Oxford, Basil Blackwell, 1989.
CONRADS, Ulrich. *Programmes and manifestoes on twentieth-century architecture*. Trad. Michael Bullock. London, Lund Humphries, 1970.
CULLER, Jonathan. *On deconstruction:* theory and criticism after structuralism. Ithaca, N.Y., Cornell University Press, 1982.
_____. *Structuralist poetics: structuralism, linguistics and the study of literature*. Ithaca, N.Y., Cornell University Press, 1975.

DAVANEY, Sheila Greeve (ed.) *Theology at the end of modernity:* essays in honor of Gordon D. Kaufman. Philadelphia, Trinity Press International, 1991.

DERRIDA, Jacques. *Of spirit:* Heidegger and the question. Trad. Geoffrey Bennington & Rachel Bowlby. Chicago, University of Chicago Press, 1989.

_____. *Margins of philosophy.* Trad. Alan Bass. Chicago, University of Chicago Press, 1982.

_____. *Of grammatology.* Trad. Gayatri Chakravorty Spivak. Baltimore, The Johns Hopkins University Press, 1976.

_____. *Positions.* Trad. Alan Bass. Chicago, University of Chicago Press, 1981.

DESCARTES, René. *The philosophical works of Descartes.* Trad. Elizabeth R. Haldane e G. R. T. Ross. New York, Dover Publications, 1951.

EAGLETON, Terry. *Literary theory.* Minneapolis University of Minnesota Press, 1983.

ECO, Umberto. *Postscript to "The name of the rose".* New York, Harcourt Brace Jovanovitch, 1984.

ERIBON, Didier. *Michel Foucault.* Trad. Betsy Wing. Cambridge, Harvard University Press, 1991.

FERRÉ, Frederick. *Hellfire and lightning rods:* liberating science, technology, and religion. Maryknoll, N.Y., Orbis Books, 1993.

FIEDLER, *The collected essays of Leslie Fiedler*, v. 2. New York, Stein & Day, 1971.

FOSTER, Hal (ed.) *The anti-aesthetic:* essays on postmodern culture. Port Townsend, Washington, Bay Press, 1983.

FOUCAULT, Michel. *The archaeology of knowledge and the discourse on language.* Trad. A. M. Sheridan Smith. New York, Pantheon Books, 1972.

_____. *Discipline and punish: the birth of the prison.* Trad. Alan Sheridan. New York, Pantheon Books, 1977.

_____. *Language, counter-memory and practice:* selected essays and interviews. Trad. Donald F. Bouchard & Sherry Simon. Ithaca, N.Y., Cornell University Press, 1977.

_____. *Politics, philosophy, culture:* interviews and other writings, 1977-1984. Ed. Lawrence D. Kritzman. Trad. Alan Sheridan et alli. New York, Routledge, 1988.

_____. *Power/knowledge:* selected interviews and other writings, 1972-1977. Ed. Collins Gordon. Trad. Collins Gordon et alli. New York, Pantheon Books, 1980.

_____. *The history of sexuality:* The use of pleasure (v. 2). Trad. Robert Hurley. New York, Pantheon Books, 1985.

_____. *The order of things:* an archaeology of the human sciences. New York, Random House Pantheon, 1971.

FRASCINA, Francis. *Pollock and after:* the critical debate. London, Harper & Row, 1985.

GADAMER, Hans-Georg. *Truth and method.* Trad. Garrett Barden & John Cumming. New York, Crossroad, 1984.

GARVIN, Harry R. *Romanticism, modernism, post-modernism.* Toronto, Bucknell University Press, 1980.

GONZALES, Justo L. *A history of christian thought*, v. 3. Nashville, Abingdon Press, 1975.

GRENZ Stanley J. & OLSON Roger E. *Twentieth-century theology:* God and the world in a transitional age. Downers Grove, Illianois, InterVarsity Press, 1993.

GRENZ, Stanley J. *Revisioning evangelical theology.* Downers Grove, Illinois, InterVarsity Press, 1993.

GRIFIN, David Ray. *The reenchantment of science:* postmodern proposals. Albany, State University of New York Press, 1988.

_____. *God and religion in the postmodern world: essays in postmodern theology.* Albany, State University of New York Press, 1989.

HAMPSHIRE, Stuart. *The age of reason:* seventeen century philosophers. New York, New American Library of World Literature, 1956.

HASSAN, Ihab. *The dismemberment of orpheus:* towards a postmodern literature. New York, Oxford University Press, 1971.

HEIDEGGER, Martin. *Being and time.* Trad. John Macquarrie & Edward Robinson. New York, Harper & Row, 1962.

_____. *An introduction to metaphysics.* Trad. Ralph Manheim. New York, Doubleday-Anchor, 1961.

_____. *Basic problems of phenomenology*. Trad. Albert Hofstadter, Bloomington, Indiana, Indiana University Press, 1982.

_____. *Basic writings*. Ed. por David Farrell Krell. New York, Harper & Row, 1976.

_____. *Discourse on thinking*. Trad. John M. Anderson & E. Hans Freund. New York, Harper & Row, 1966.

_____. *On the way to language*. Trad. Peter D. Hertz. New York, Harper & Row, 1971.

_____. *On time and being*. Trad. Joan Stambaugh. New York, Harper & Row, 1972.

_____. *Poetry, language, thought*. Trad. Albert Hofstadter. New York, Harper & Row, 1971.

_____. *The end of philosophy*. Trad. Joan Stambaugh. New York, Harper & Row, 1973.

_____. *The question concerning technology and other essays*. Trad. William Lovitt. New York, Harper & Row, 1977.

_____. *What is called thinking?* Trad. Peter D. Hertz. New York, Harper & Row, 1971.

HODGES, H. A. *The philosophy of Wilhelm Dilthey*. Westport, Conn., Greenwood Press, 1974.

HOLDCROFT, David. *Saussure: Signs, system, and arbitrariness*. Cambridge, Cambridge University Press, 1991.

JENCKS, Charles (ed.) *The post-modern reader*. New York, St. Martin's Press, 1992.

_____. *The language of post-modern architecture*. London, Academy Editions, 1984.

_____. *What is post-modernism?* New York, St. Martin's Press, 1989.

KAMUF, Peggy (ed.) *A Derrida reader:* between the blinds. New York, Columbia University Press, 1991.

KANT, Immanuel. *Fundamental principles of the metaphysic of morals*. Trad. Thomas K. Abbot. Indianapolis, Bobbs-Merrill, 1949.

KUHN, Thomas S. *The structure of scientific revolutions*. Chicago, University of Chicago Press, 1970.

KROEKER, Arthur & COOK, David. *The post-modern scene: excremental culture and hyper-aesthetics*. New York, St. Martin's Press, 1986.

LAWSON, Hilary & APPIGNANESI, Lisa (eds.) *Dismantling truth:* reality in the post-modern world. New York, St. Martin's Press, 1989.

LAWSON, Hilary. *Reflexivity: the post-modern predicament.* London, Hutchinson, 1985.

LEMERT, Charles C. & GILLAN, Garth. *Michel Foucault:* social theory and transgression. New York, Columbia University Press, 1980.

LENTRICCHIA, Frank. *After the new criticism.* Chicago, University of Chicago Press, 1980.

LEVINAS, Emmanuel. *Existence and existents.* Trad. Alphonso Lingis. The Hague, Martinus Nijhoff, 1978.

LYOTARD, Jean-François. *The post-modern condition:* a report on knowledge. Trad. Geoff Bennington & Brian Massumi. Minneapolis, University of Minnesota, 1984.

MACIVER, R. M. *The web of government.* New York, Macmillan, 1947.

MACKSEY, Richard & DONATO, Eugenio. *Structuralist controversy:* the language of criticism and the sciences of man. Baltimore, The Johns Hopkins University Press, 1972.

MATTHEWS, Robert. *Unravelling the mind of God.* London, Virgin Books, 1992.

MARSDEN, George (ed.) *Evangelicalism and modern América.* Grand Rapids, William B. Eerdmans, 1984.

MCFAGUE, Sallie. *Metaphorical theology.* Philadelphia, Fortress Press, 1982.

MCGIFFERT, Arthur C. *Protestant thought before Kant.* London, Duckworth, 1911.

MCHALE, Brian. *Postmodernist fiction.* New York, Methuen, 1987.

MEGILL, Allan. *Prophets of extremity:* Nietzsche, Heidegger, Foucault, Derrida. Berkeley/Los Angeles, University of California Press, 1985.

MILLER, James. *The passion of Michel Foucault.* New York, Simon & Schuster, 1993.

_____. *Postmodern theology:* christian faith in a pluralist world. San Francisco, Harper & Row, 1989.

MOORE, Merritt H. *Movements of thought in the nineteenth century.* Chicago, University of Chicago Press, 1936.

MURPHY, John P. *Pragmatism: from Peirce to Davidson.* Boulder, Westview Press, 1990.

NAGEL, Thomas. *The view from nowhere*. New York, Oxford University Press, 1986.

NIETZSCHE, Friedrich. Early Greek Philosophy and Other Essays, v. 2 of Complete Works, 18 vols. Trad. Mazemilian A. Mugge. Ed. Oscar Levy. New York, Russell and Russell, 1964.

_____. *On truth and lie in an extra-moral sense*. In: *The portable Nietzsche*. Ed. e trad. Water Kaufmann. New York, Penguin Books, 1976.

_____. *The gay science*. Trad. Walter Kaufmann. New York, Random House, 1974.

_____. *The will to power*. Trad. Walter Kaufmann & R. J. Hollingdale. New York, Random House, 1967.

NORRIS, Christopher. *Derrida*. Cambridge, Harvard University Press, 1988.

_____. *What's wrong with postmodernism:* critical theory and the ends of philosophy. Baltimore, The Johns Hopkins University Press, 1990.

O'HARA Daniel T. (ed.) *Why Nietzsche now?* Bloomington, Ind., Indiana University Press, 1985.

PASSMORE, John. *A hundred years of philosophy*. London, Gerald Duckworth, 1957.

PEARCEY, Nancey R. & THAXTON, Charles B. (eds.) *The soul of science*: a christian map to the scientific landscape. Wheaton, Ill., Crossway Books, 1994.

PLACHER, William. *A history of christian theology*. Philadelphia, Westminster Press, 1983.

PORTOGHESI, Paolo. *After modern architecture*. Trad. Meg Shore. New York, Rizzoli, 1982.

POSTMAN, Neil. *Technopoly*: the surrender of culture to technology. New York, Vintage Books, 1993.

PUTNAM, Hilary. *Reason, truth and history*. Cambridge, Cambridge University Press, 1981.

RABINOW, Paul (ed.) *The Foucault reader*. New York, Pantheon Books, 1984.

REESE, W. L. (ed.) *Dictionary of philosophy and religion*. Atlantic Highlands, N.J., Humanities Press, 1980.

MACKSEY, Richard & DONATO, Eugenio. *Structuralist controversy:* the language of criticism and the sciences of man. Baltimore, The Johns Hopkins University Press, 1972.
RICKMAN, H. P (ed.) *Dilthey:* selected writings. Cambridge, Cambridge University Press, 1976.
RISATTI, Howard (ed.) *Postmodern perspective: issues in contemporary art*. Englewood Cliffs, N.J., Prentice-Hall, 1990.
RORTY, Richard. *The consequences of pragmatism*. Minneapolis, University of Minnesota Press, 1982.
_____. *Contingency, irony, and solidarity*. Cambridge, Cambridge University Press, 1989.
_____. *Objectivity, relativism, and truth*. Cambridge, Cambridge University Press, 1991.
_____. *Essays on Heidegger and others*. Cambridge, Cambridge University Press, 1991.
_____. *Philosophy and the mirror of nature*. Princeton, University of Princeton Press, 1979.
ROSE, Margaret A. *The post-modern and the post-industrial:* a critical analysis. Cambridge, Cambridge University Press, 1991.
RYLE, Gilbert. *The concept of mind*. New York, Barnes & Noble, 1949.
SANTILLANA, Giorgio de. *The age of adventure*. New York, New American Library of World Literature, 1956.
SAUSSURE, Ferdinand de. *Course in general linguistics*. Trad. Wade Baskin. New York, Philosophical Library, 1959.
SCHALERMANN, Robert P. (ed.) *Theology at the end of the century: a dialogue on the postmodern*. Charlottesville, University Press of Virginia, 1990.
SCHLEIERMACHER, F. D. E. *Hermeneutics:* the handwritten manuscripts. American academy of Religion Texts and Translation Series. Trad. James Duke & Jack Forstman. Atlanta, Scholars Press, 1977.
SPANOS, William V. (ed.) *Martin Heidegger and the question of literature: toward a postmodern literary hermeneutics*. Bloomington, Indiana, Indiana University Press, 1979.
SOLOMON, Robert C. *Continental philosophy since 1750:* the rise and fall of the self. Oxford University Press, 1988.

_____. *The rise and fall of the self*. Oxford University Press, 1988.

SPRETNAK, Charlene. *States of Grace:* the recovery of meaning in the postmodern age. San Francisco, HarperCollins, 1991.

TAYLOR, Mark C. *Deconstructing theology*. New York, Crossroad, 1982.

TILLICH, Paul. *A history of christian thought*. New York, Simon & Schuster, 1968.

TODOROV, Tzvetan. *Grammaire du Decameron*. The Hague, Mouton, 1969.

ULMER, Greg. *Applied grammatology:* post(e)-pedagogy from Jacques Derrida to Joseph Beuys. Baltimore, The Johns Hopkins University Press, 1985.

WESTPHAL, Merold. *Suspicion and faith:* the religious uses of modern atheism. Grand Rapids, William B. Eerdmans, 1993.

VENTURI, Robert. *Learning from Las Vegas*. Cambridge, M.I.T. Press, 1977.

WITTGENSTEIN, Ludwig. *Tractatus logico-philosophicus*. Trad. D. F. Pears & B.F. McGuinness. London, Routledge & Kegan Paul, 1961.

_____. *Investigações filosóficas*. Trad. G. E. M. Anscombe. Oxford, Basil Blackwell, 1953.

WOLTERSTORFF, Nicholas. *Reason within the bounds of religion*. Grand Rapids, William B. Eerdmans, 1984.

WYSCHOGROD, Edith. *Saints and postmodernism:* revisioning moral philosophy. Chicago, University of Chicago Press, 1990.

YOUNG, Robert. *Untying the text:* a post-structuralist reader. London, Routledge & Kegan Paul, 1981.

Bibliografia em português

Após a tradução deste livro, uma boa parte da bibliografia citada em inglês foi traduzida para o português. Com a finalidade de facilitar a procura do leitor, providenciamos a seguir uma lista de algumas destas obras já traduzidas.

ARTAUD, Antonin. *O teatro e seu duplo*. São Paulo, Martins Fontes, 1993.

BIBLIOGRAFIA

BENVENISTE, Émile. *Problemas de Lingüística Geral*. São Paulo, Nacional, 1977.

CONNOR, Steven. *Cultura pós-moderna:* introdução às teorias do contemporâneo. São Paulo, Edições Loyola, 1992.

DERRIDA, Jacques. *Do espírito:* Heidegger e a questão. Campinas, Papirus, 1990.

_____. *Margens da Filosofia*. Campinas, Papirus, 1991.

_____. *Gramatologia*. São Paulo, Perspectiva, 1999.

_____. *Posições*. Belo Horizonte, Autêntica Editora, 2001.

ECO, Umberto. *O nome da rosa*. Rio de Janeiro, Nova Fronteira, 1983.

ERIBON, Didier. *Michel Foucault*. Trad. Betsy Wing. Cambridge, Harvard University Press, 1991.

FOUCAULT, Michel. *A arqueologia do saber*. Rio de Janeiro, Forense Universitária, 1987.

_____. *Vigiar e Punir:* história da violência nas prisões. Petrópolis, Vozes, 1977.

_____. *História da sexualidade*. 3 vols. Rio de Janeiro, Editora Graal, 1985.

_____. *Arqueologia das ciências e história dos sistemas*. Rio de Janeiro, Forense Universitária, 2006.

GADAMER, Hans-Georg. *Verdade e Método*. 2 vols. Petrópolis, Vozes, 2004.

GONZALES, Justo L. *Uma história do pensamento cristão*. 3 vols. São Paulo, Cultura Cristã, 2004.

HEIDEGGER, Martin. *Ser e tempo*. Petrópolis, Vozes, 1997.

_____. *Introdução à metafísica*. Rio de Janeiro, Tempo Brasileiro, 1969.

_____. *Da experiência do pensar*. Porto Alegre, Editora Globo, 1969.

_____. *Conferências e escritos filosóficos*. Os Pensadores. São Paulo, Abril Cultural, 1973.

KANT, Immanuel. *Resposta à pergunta: O que é o Iluminismo?* In: A paz perpétua e outros ensaios, Lisboa, Edições 70, 1988.

KUHN, Thomas S. *A estrutura das revoluções científicas*. São Paulo, Perspectiva, 2003.

LEVINAS, Emmanuel. *Da existência ao existente*. Campinas, Papirus, 1998.
LYOTARD, Jean-François. *A condição pós-moderna*. Rio de Janeiro, José Olympio, 1998.
NIETZSCHE, Friedrich. *A gaia ciência*. São Paulo, Cia. das Letras, 2001.
PORTOGHESI, Paolo. *Depois da arquitetura moderna*. Rio de Janeiro, A Casa das Letras, 1985.
RORTY, Richard. *Contingência, ironia e solidariedade*. Porto, Editorial Presença,1994.
_____. *A filosofia e o espelho da natureza*. Rio de Janeiro, Relume-Dumará, 1994.
_____. *Conseqüências do pragmatismo*. Lisboa, Instituto Piaget, 1997.
_____. *Objetivismo, relativismo e verdade*. Rio de Janeiro, Relume-Dumará, 1997.
SAUSSURE, Ferdinand de. *Curso de lingüística geral*. São Paulo, Cultrix, 1975.
SCHLEIERMACHER, F. D. E. *Hermeneutica:* arte e técnica da interpretação. Bragança Paulista, EDUSF, 2003.
TILLICH, Paul. *A história do pensamento cristão*. São Paulo, Aste, 2004.
TODOROV, Tzvetan. *Gramática do Decameron*. São Paulo, Perspectiva, 1973.
WITTGENSTEIN, Ludwig. *Tractatus logico-philosophicus*. Lisboa, Fundação Calouste Gulbekian, 2002.
_____. *Investigações filosóficas*. Petrópolis: Vozes, 1994.